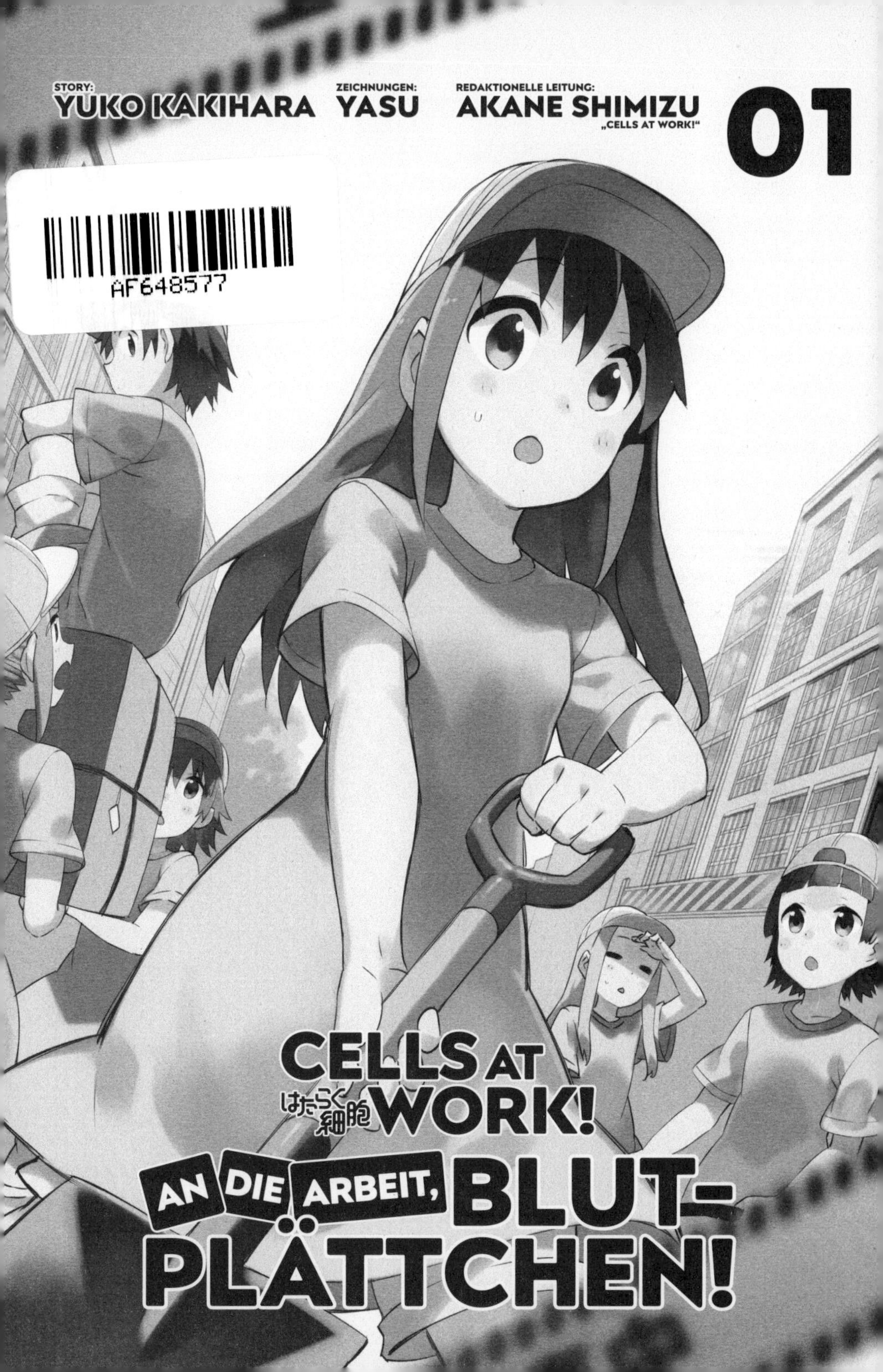
STORY:
YUKO KAKIHARA
ZEICHNUNGEN:
YASU
REDAKTIONELLE LEITUNG:
AKANE SHIMIZU
„CELLS AT WORK!“
01
CELLS AT WORK!
はたらく細胞
AN DIE ARBEIT, BLUT-PLÄTTCHEN!

INHALT

WAS SIND BLUTPLÄTTCHEN?

Sie sind Teil des Blutes. Ihre Aufgabe ist es, sich bei Verletzungen der Blutgefäße zu versammeln und die Wundöffnung zu verschließen. Im Vergleich zu anderen Zellen sind sie recht klein, aber sie sind Profis auf ihrem Gebiet.

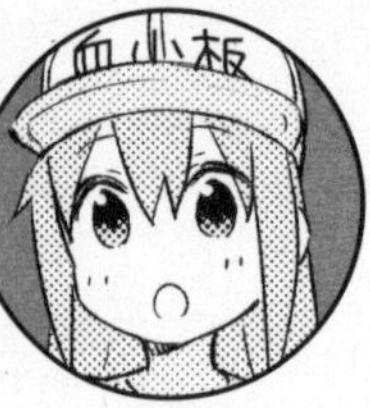

Leiterin
Als Leiterin ist es ihre Aufgabe, die Blutplättchen zu organisieren. Sie hat einen ausgeprägten Sinn für Perfektion.

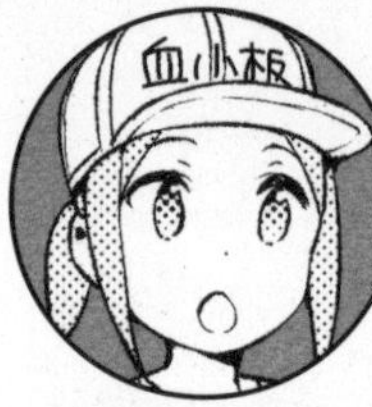

Vize-Leiterin
Sie liebt modische Frauen und bewundert die Makrophagen. Ohne böse Absicht spricht sie das, was sie denkt, unverblümt aus.

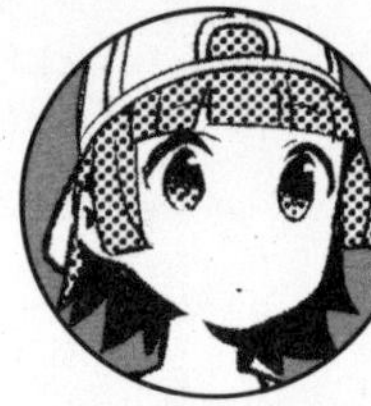

Verkehrti
Sie ist eher schüchtern und ihr mangelt es an Selbstbewusstsein. Sie versucht stetig, sich zu verbessern. Primäre Hämostase liegt ihr nicht.

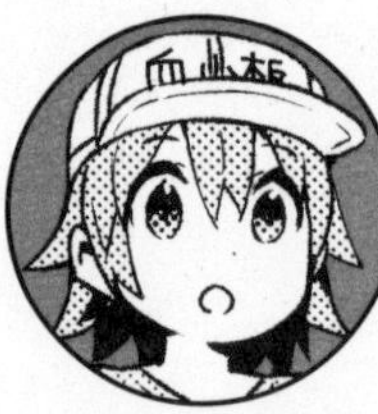

Stürmchen
Sie ist sehr geschickt, aber wenn sie in die Ecke getrieben wird, verfällt sie in Panik. Sie ist unkompliziert und wirkt, als hätte sie mit nichts etwas am Hut.

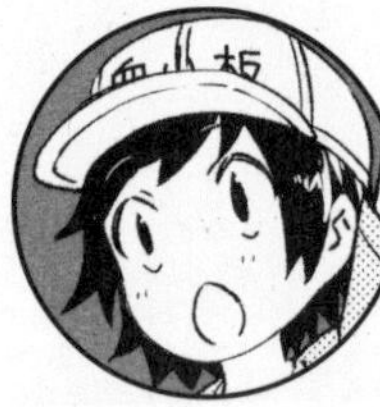

Glotzi
Sie ist extrem neugierig und ständig am Beobachten. Sie ist gelassen und macht die Dinge in ihrem eigenen Tempo.

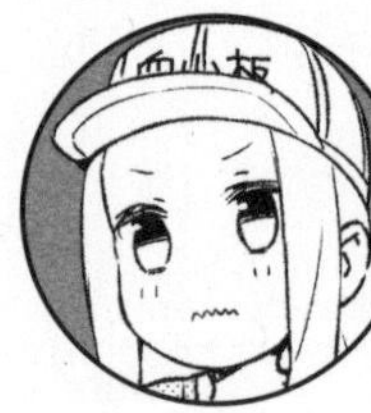

Starri
Häufig starrt sie etwas oder jemanden aus weiter Ferne an. Sie redet zwar nicht viel, hat aber einen starken Willen.

Kapitel 1: Eine Gruppe kleiner Arbeiterinnen!

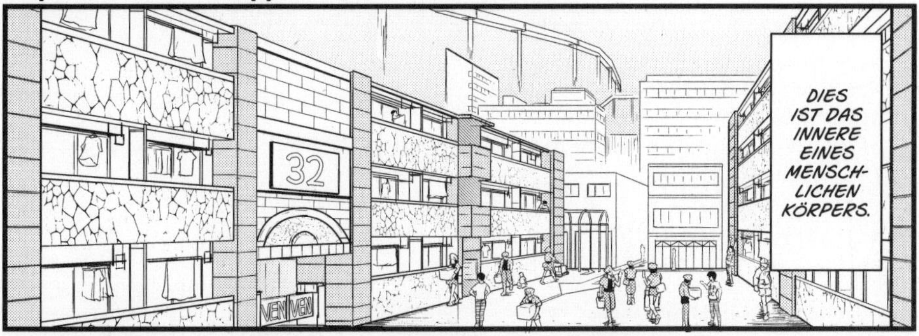

* WEISSES BLUTKÖRPERCHEN ** BLUTPLÄTTCHEN *** ZELLE

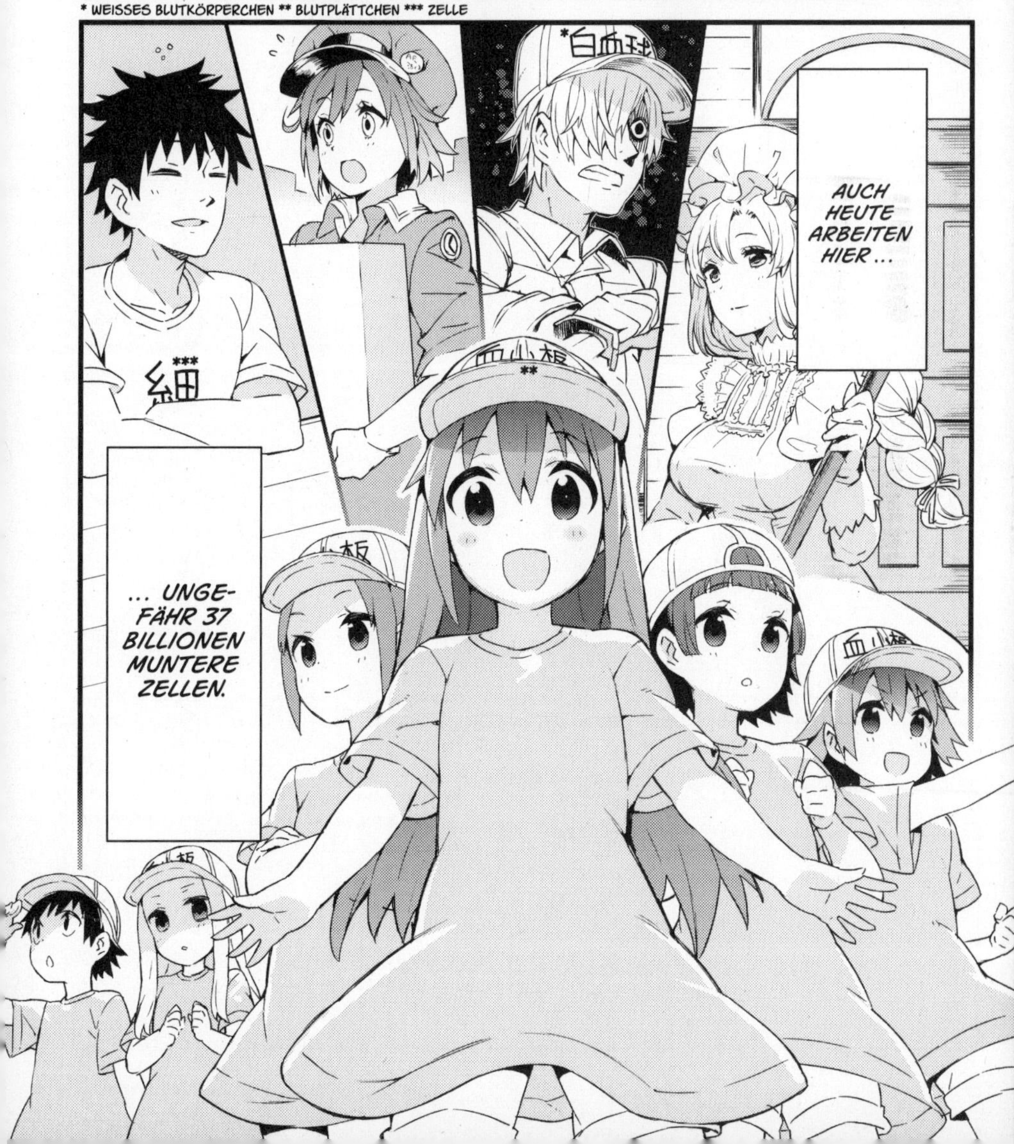

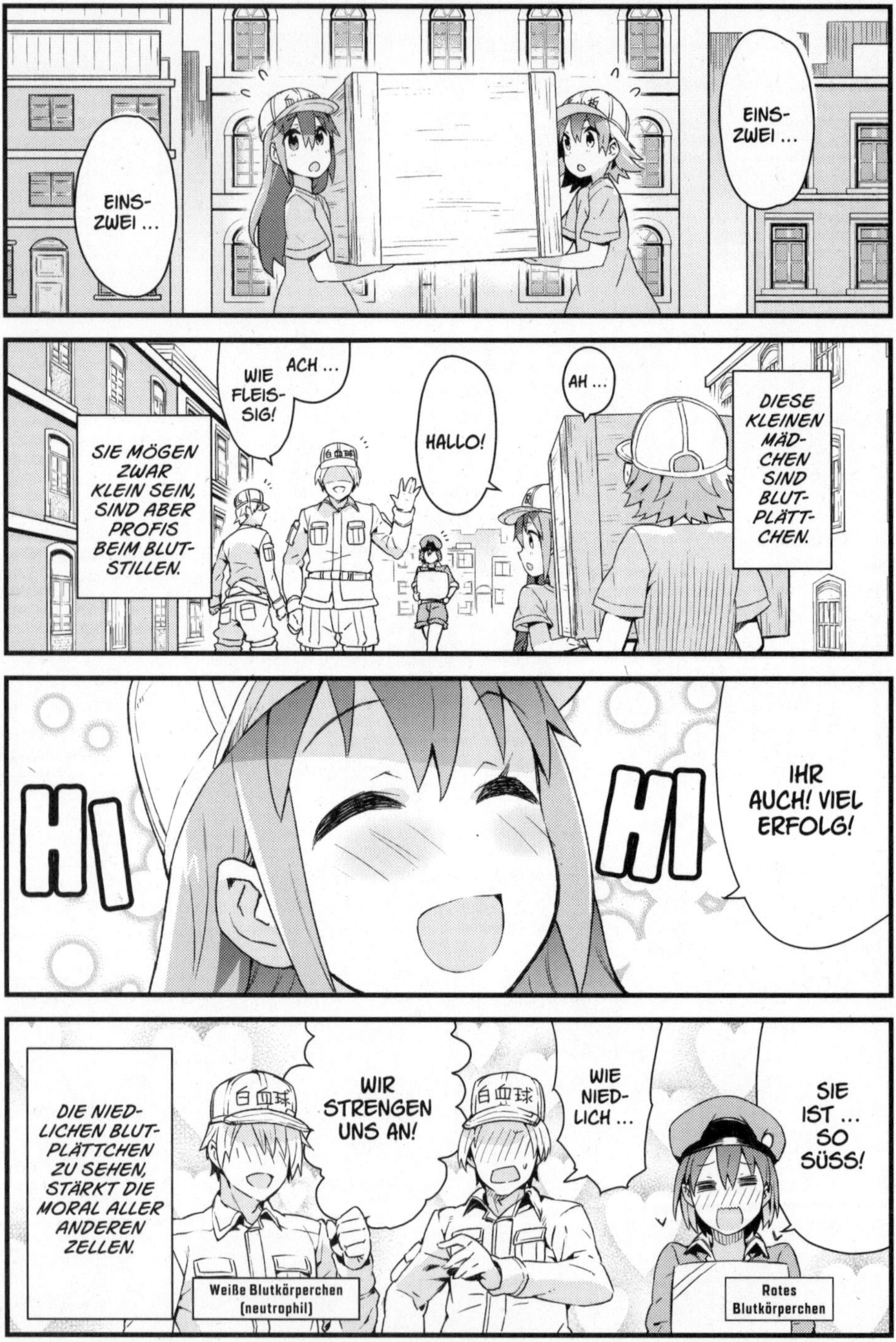

EINS-ZWEI …
EINS-ZWEI …
DIESE KLEINEN MÄDCHEN SIND BLUTPLÄTTCHEN.
AH …
HALLO!
ACH …
WIE FLEISSIG!
SIE MÖGEN ZWAR KLEIN SEIN, SIND ABER PROFIS BEIM BLUTSTILLEN.
IHR AUCH! VIEL ERFOLG!
HI HI
SIE IST … SO SÜSS!
Rotes Blutkörperchen
WIE NIEDLICH …
WIR STRENGEN UNS AN!
Weiße Blutkörperchen (neutrophil)
DIE NIEDLICHEN BLUTPLÄTTCHEN ZU SEHEN, STÄRKT DIE MORAL ALLER ANDEREN ZELLEN.

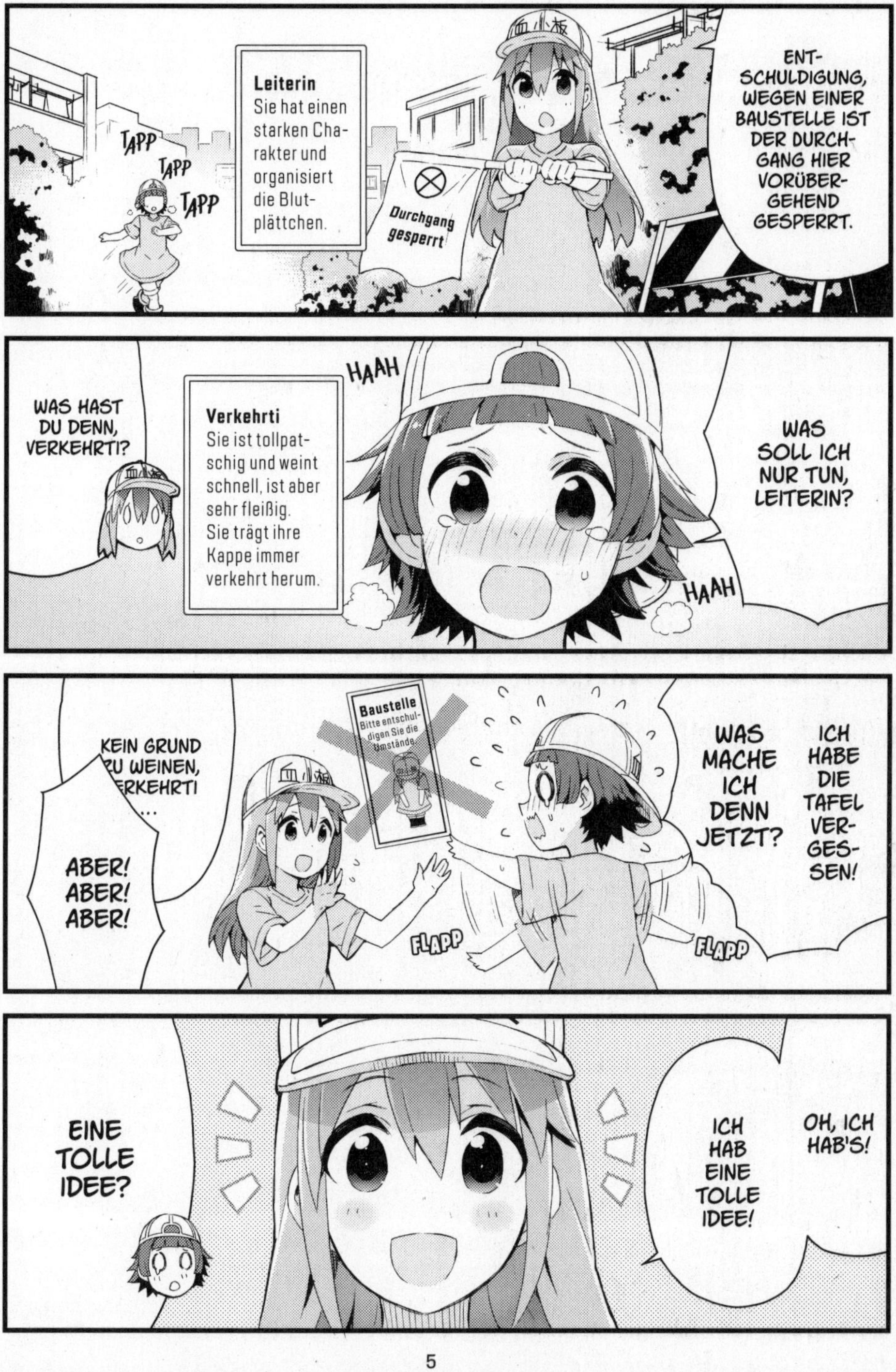

ENT-SCHULDIGUNG, WEGEN EINER BAUSTELLE IST DER DURCHGANG HIER VORÜBERGEHEND GESPERRT.
Durchgang gesperrt
Leiterin
Sie hat einen starken Charakter und organisiert die Blutplättchen.
TAPP
TAPP
TAPP
WAS SOLL ICH NUR TUN, LEITERIN?
HAAH
HAAH
Verkehrti
Sie ist tollpatschig und weint schnell, ist aber sehr fleißig. Sie trägt ihre Kappe immer verkehrt herum.
WAS HAST DU DENN, VERKEHRTI?
ICH HABE DIE TAFEL VERGESSEN!
WAS MACHE ICH DENN JETZT?
Baustelle
Bitte entschuldigen Sie die Umstände
FLAPP
FLAPP
KEIN GRUND ZU WEINEN, VERKEHRTI …
ABER! ABER! ABER!
OH, ICH HAB'S!
ICH HAB EINE TOLLE IDEE!
EINE TOLLE IDEE?

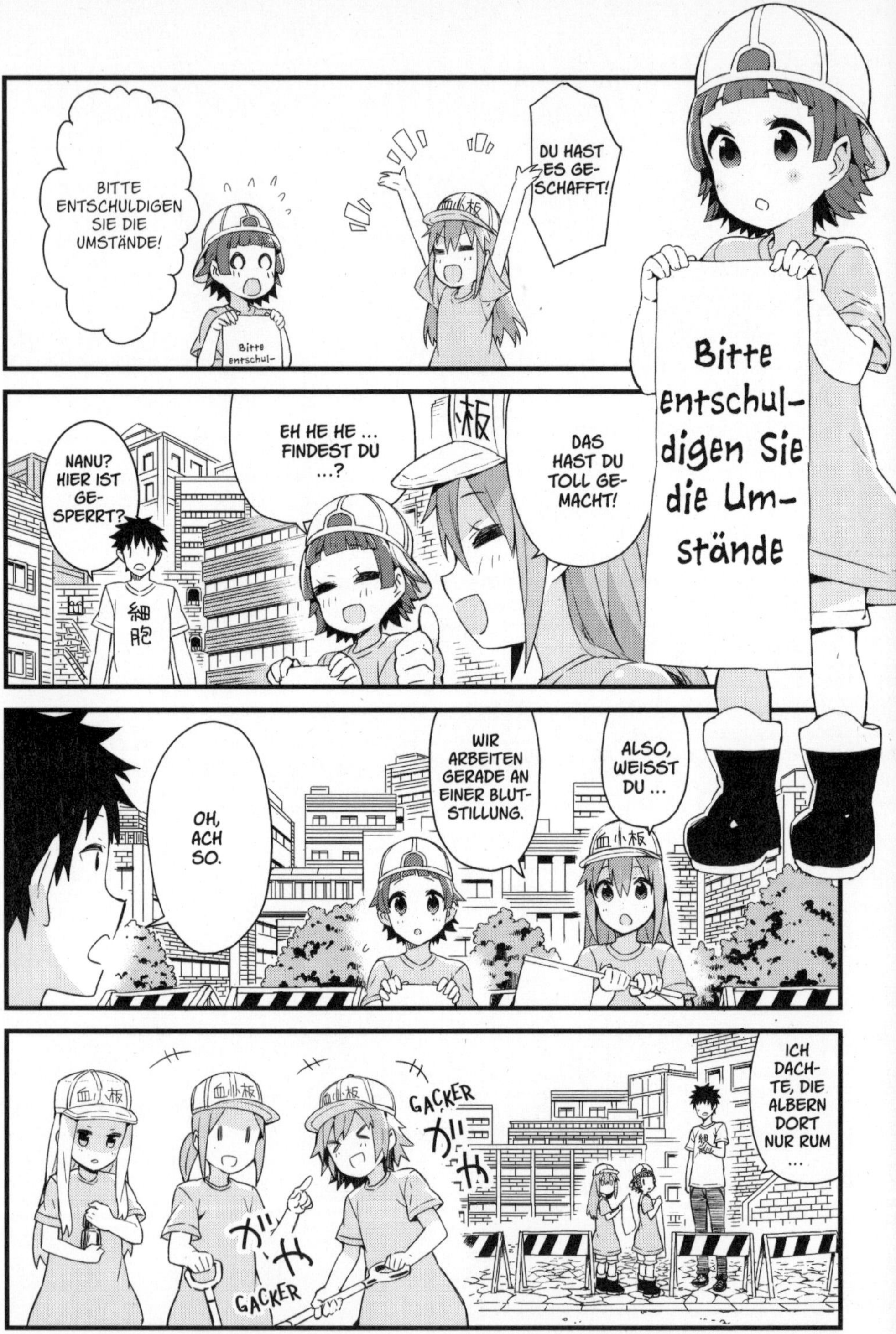
Bitte entschuldigen Sie die Umstände
DU HAST ES GESCHAFFT!
BITTE ENTSCHULDIGEN SIE DIE UMSTÄNDE!
Bitte entschul-
DAS HAST DU TOLL GEMACHT!
EH HE HE … FINDEST DU …?
NANU? HIER IST GESPERRT?
ALSO, WEISST DU …
WIR ARBEITEN GERADE AN EINER BLUTSTILLUNG.
OH, ACH SO.
ICH DACHTE, DIE ALBERN DORT NUR RUM …
GACKER
がや
がや
GACKER

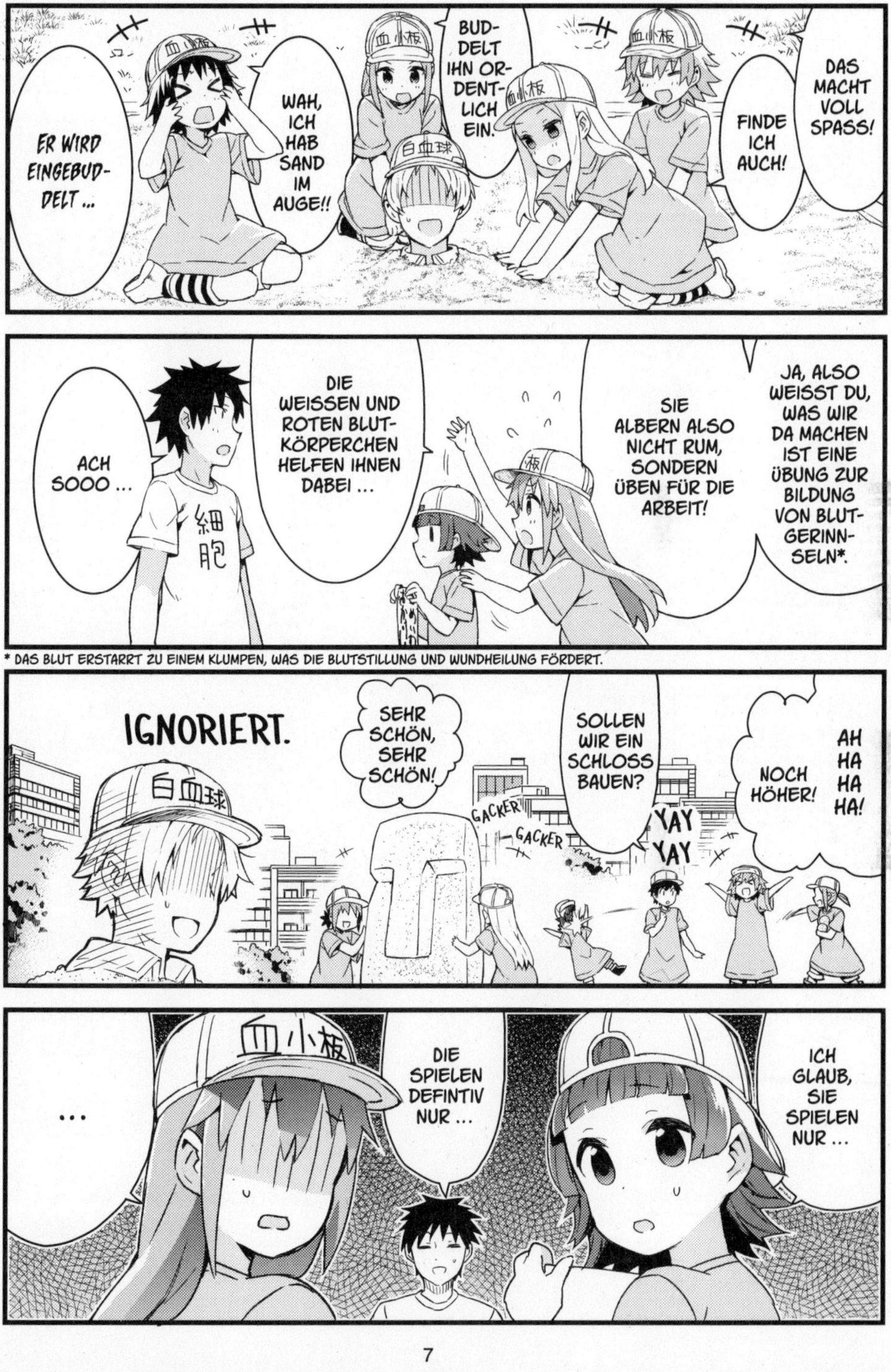

* DAS BLUT ERSTARRT ZU EINEM KLUMPEN, WAS DIE BLUTSTILLUNG UND WUNDHEILUNG FÖRDERT.

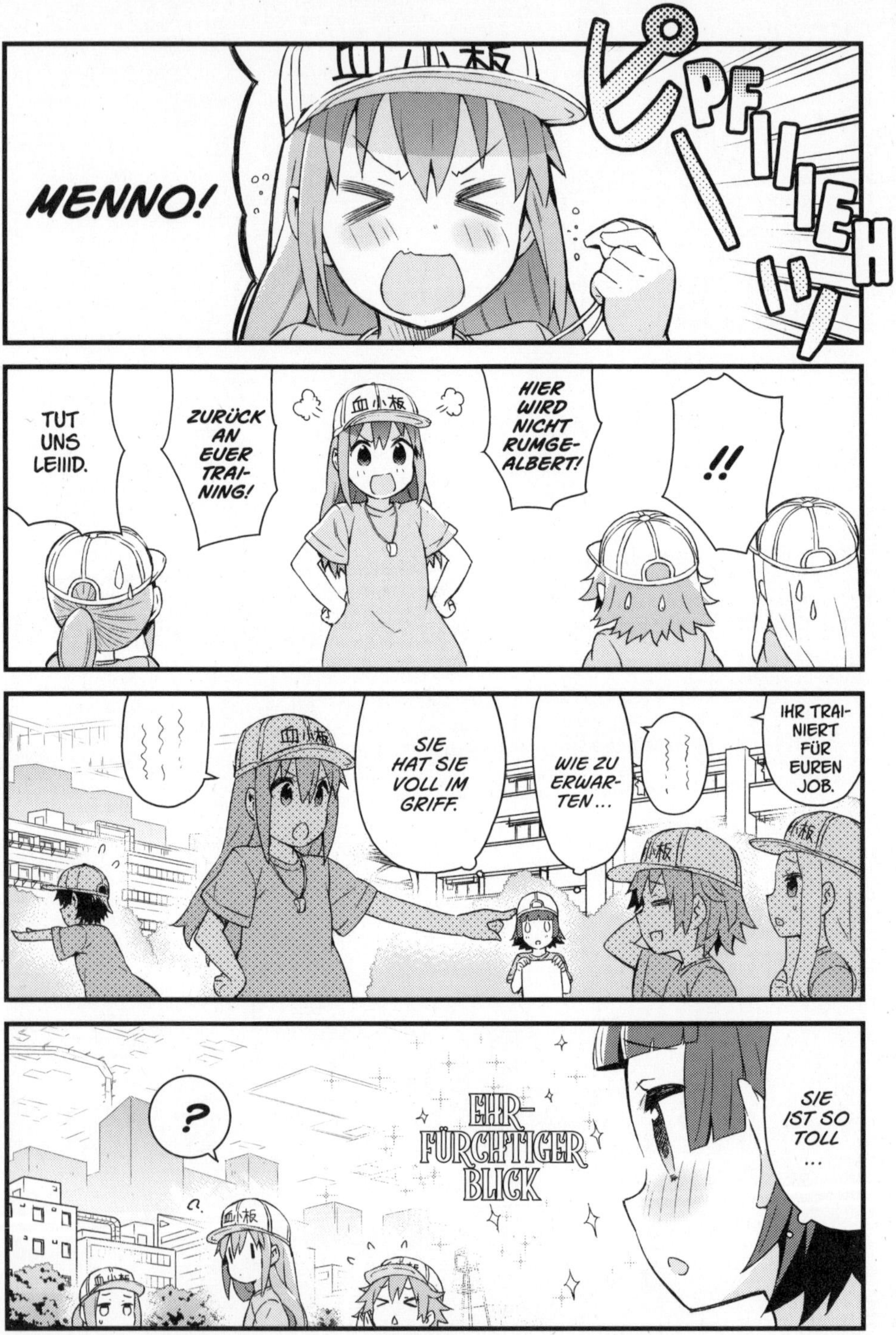
PFIIIEH
MENNO!
!!
HIER WIRD NICHT RUMGE-ALBERT!
ZURÜCK AN EUER TRAI-NING!
TUT UNS LEIIID.
IHR TRAI-NIERT FÜR EUREN JOB.
WIE ZU ERWAR-TEN …
SIE HAT SIE VOLL IM GRIFF.
SIE IST SO TOLL …
EHR-FÜRCHTIGER BLICK
?

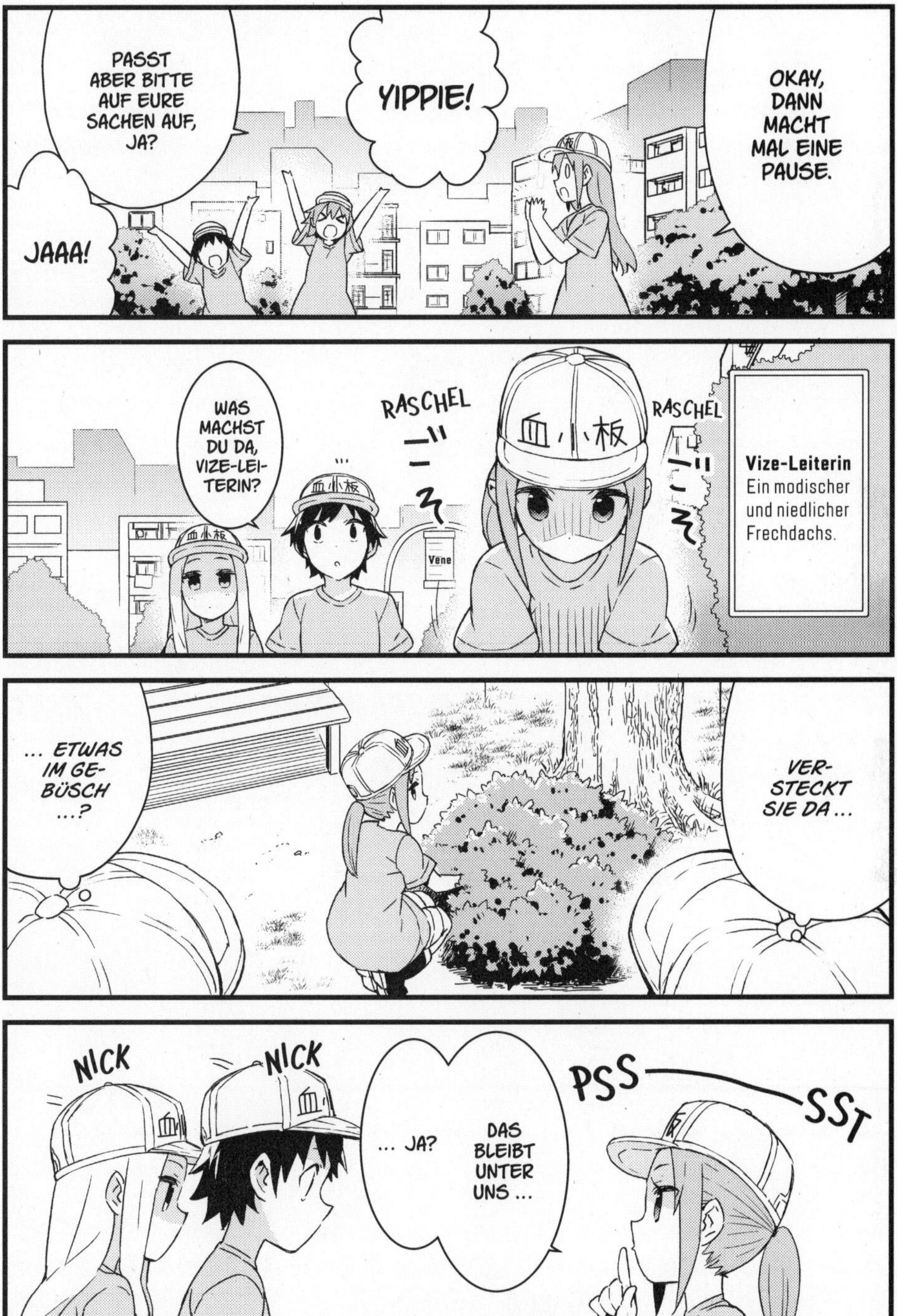
OKAY, DANN MACHT MAL EINE PAUSE.
YIPPIE!
PASST ABER BITTE AUF EURE SACHEN AUF, JA?
JAAA!
RASCHEL
RASCHEL
WAS MACHST DU DA, VIZE-LEITERIN?
Vene
Vize-Leiterin
Ein modischer und niedlicher Frechdachs.
VER-STECKT SIE DA …
… ETWAS IM GE-BÜSCH …?
PSS—SST
DAS BLEIBT UNTER UNS …
… JA?
NICK
NICK

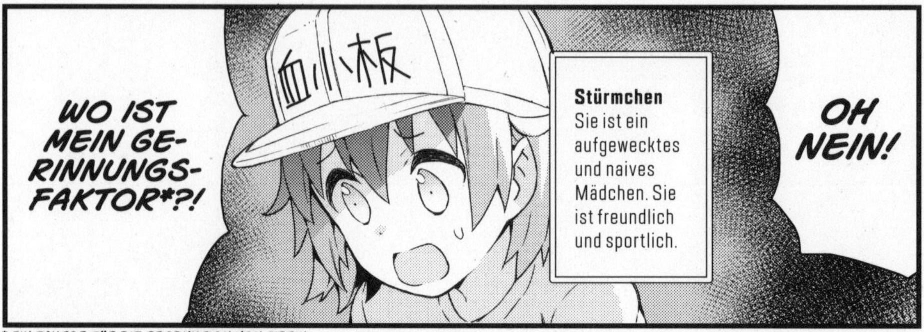

* EIN FAKTOR FÜR DIE PRODUKTION VON FIBRIN.

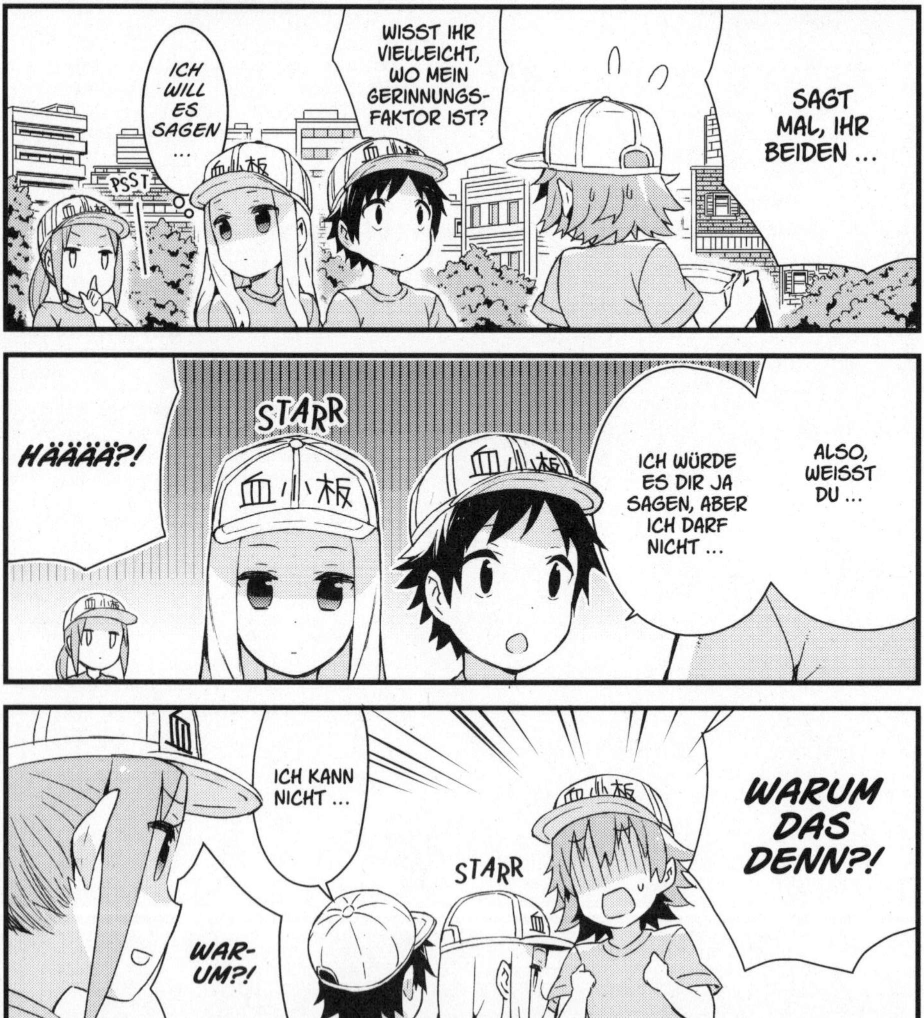

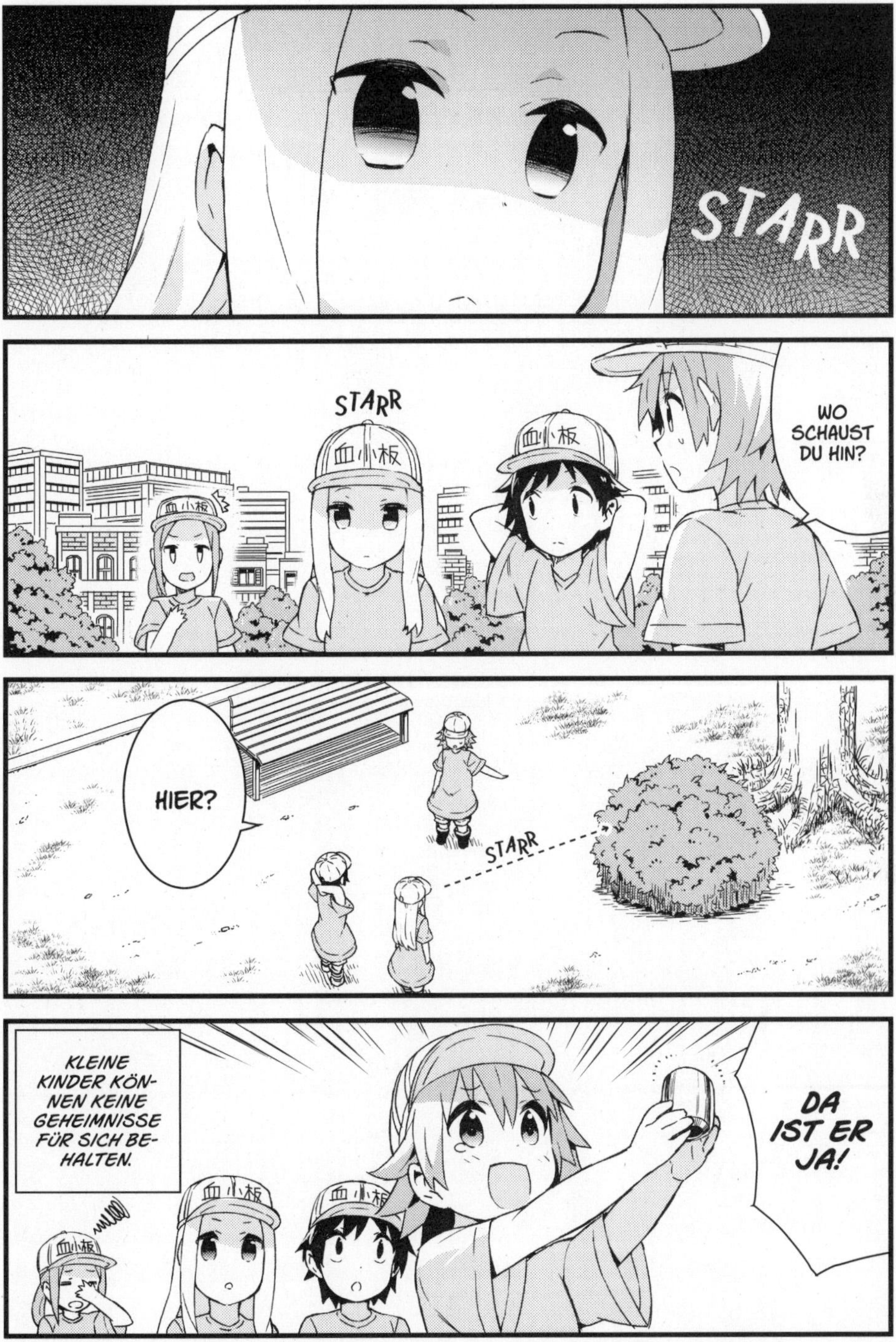

STARR
STARR
WO SCHAUST DU HIN?
HIER?
STARR
KLEINE KINDER KÖNNEN KEINE GEHEIMNISSE FÜR SICH BEHALTEN.
DA IST ER JA!

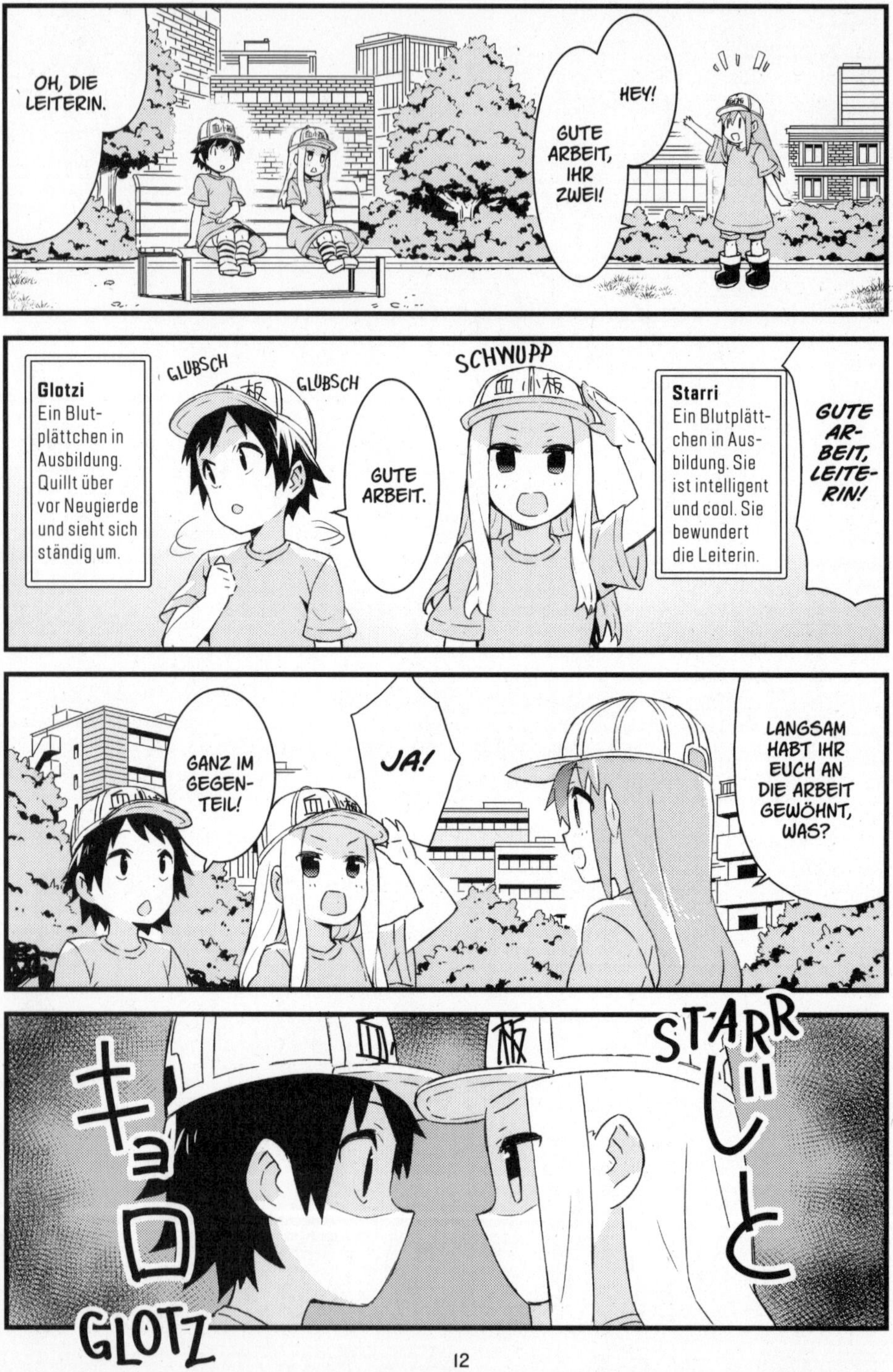
HEY!
GUTE ARBEIT, IHR ZWEI!
OH, DIE LEITERIN.
GUTE ARBEIT, LEITERIN!
Starri
Ein Blutplättchen in Ausbildung. Sie ist intelligent und cool. Sie bewundert die Leiterin.
SCHWUPP
GUTE ARBEIT.
GLUBSCH
GLUBSCH
Glotzi
Ein Blutplättchen in Ausbildung. Quillt über vor Neugierde und sieht sich ständig um.
LANGSAM HABT IHR EUCH AN DIE ARBEIT GEWÖHNT, WAS?
JA!
GANZ IM GEGENTEIL!
STARR
GLOTZ

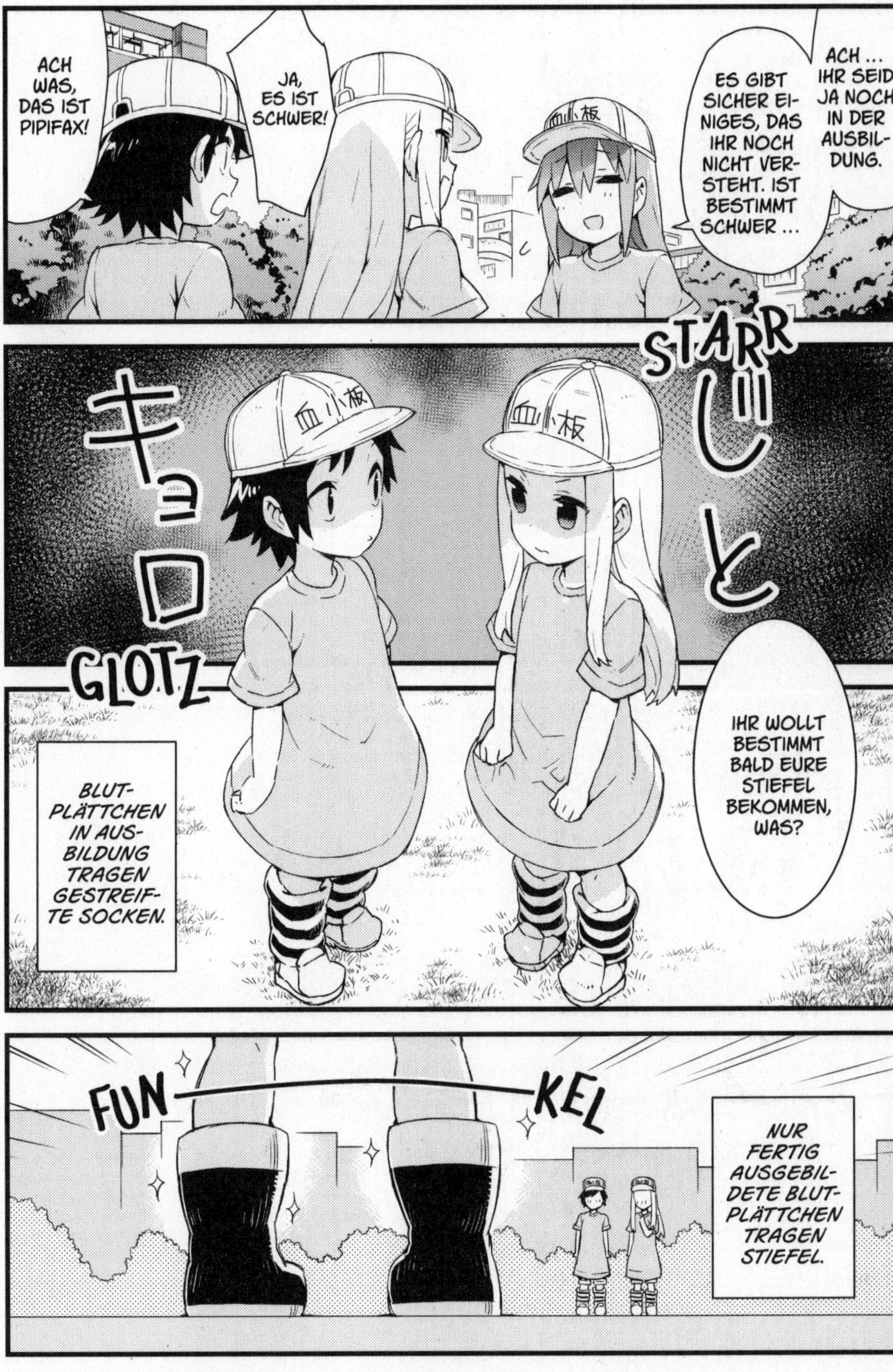

ACH … IHR SEID JA NOCH IN DER AUSBIL- DUNG.
ES GIBT SICHER EI- NIGES, DAS IHR NOCH NICHT VER- STEHT. IST BESTIMMT SCHWER …
JA, ES IST SCHWER!
ACH WAS, DAS IST PIPIFAX!
STARR
キョロ
GLOTZ
IHR WOLLT BESTIMMT BALD EURE STIEFEL BEKOMMEN, WAS?
BLUT- PLÄTTCHEN IN AUS- BILDUNG TRAGEN GESTREIF- TE SOCKEN.
FUN——KEL
NUR FERTIG AUSGEBIL- DETE BLUT- PLÄTTCHEN TRAGEN STIEFEL.

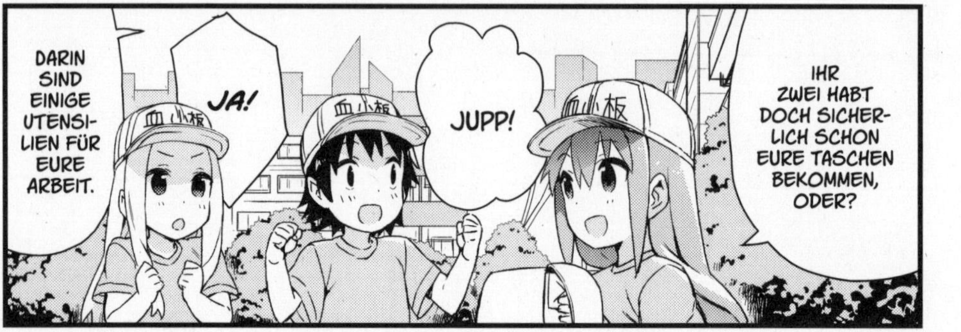

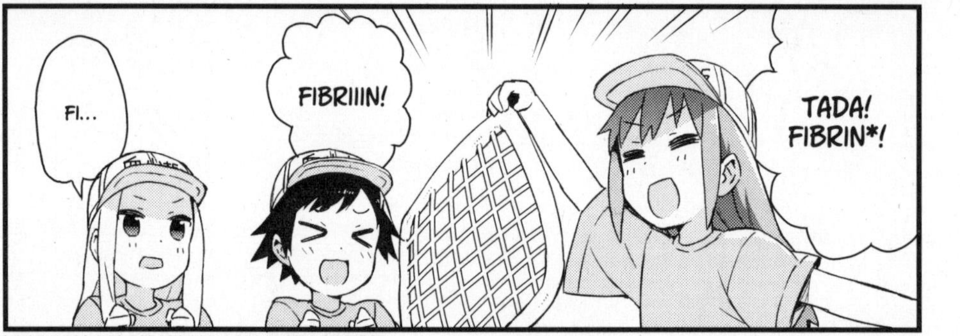

* EIN EIWEISS, DAS ZUR GERINNUNG DES BLUTES BEITRÄGT.

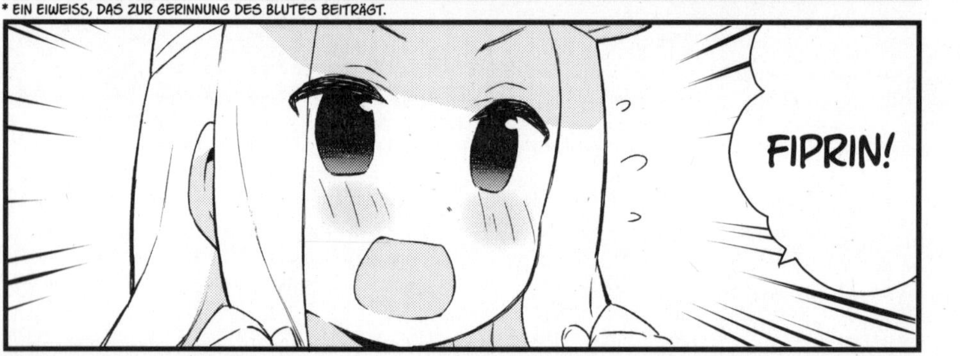

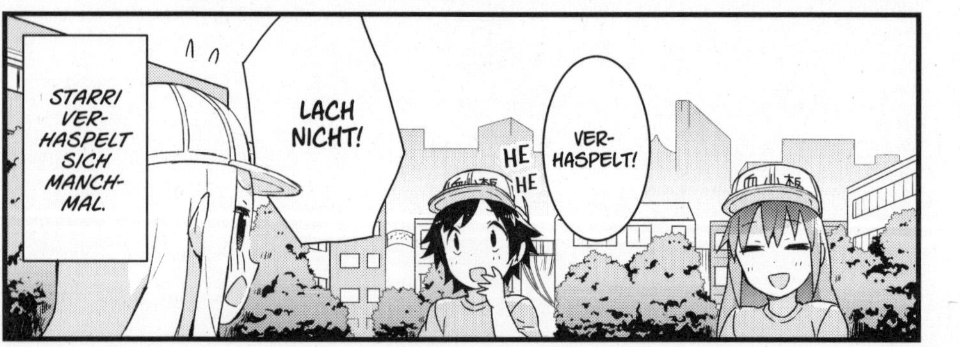

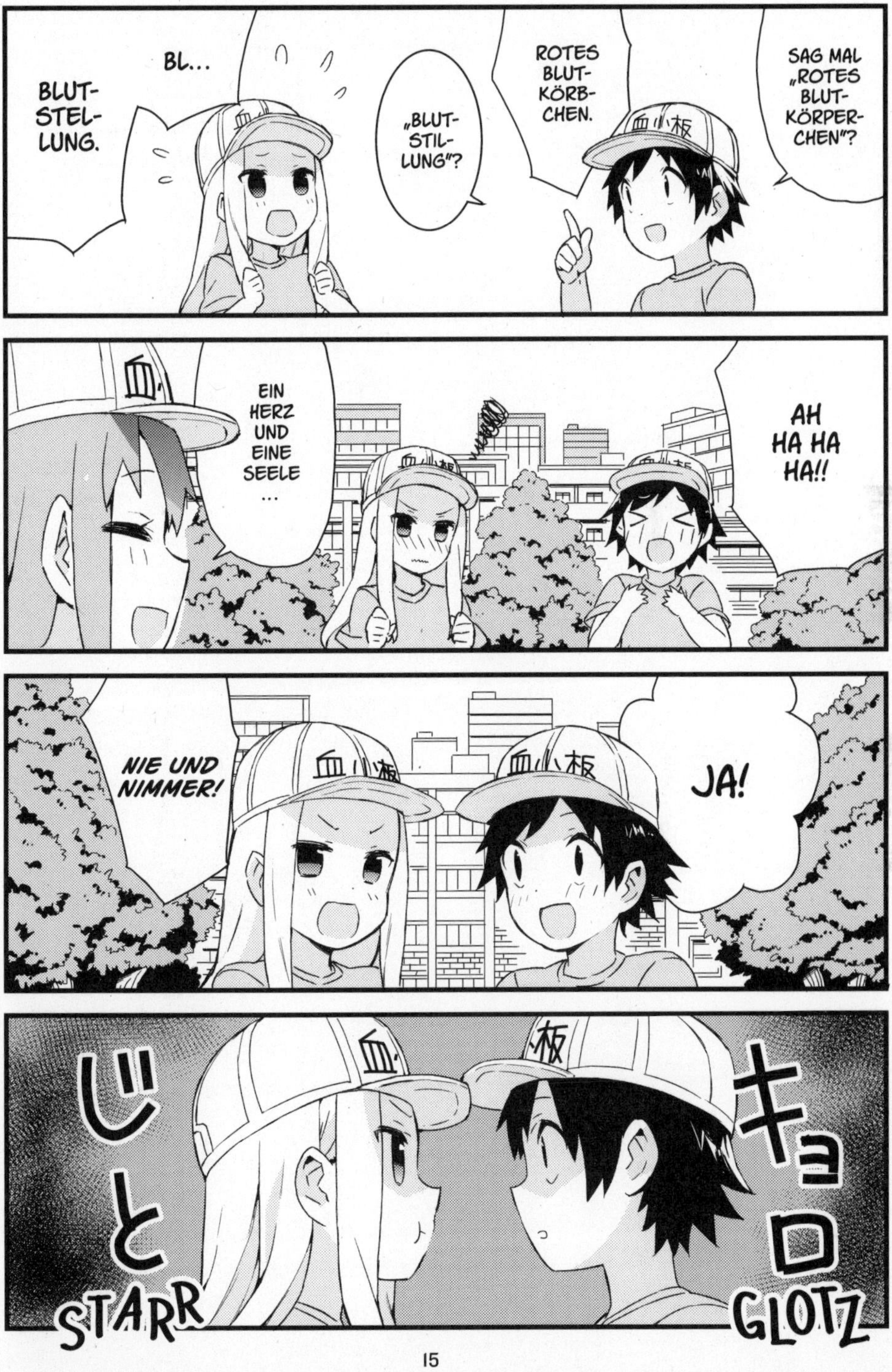
SAG MAL „ROTES BLUT-KÖRPER-CHEN"?
ROTES BLUT-KÖRB-CHEN.
„BLUT-STIL-LUNG"?
BL...
BLUT-STEL-LUNG.
AH HA HA HA!!
EIN HERZ UND EINE SEELE ...
JA!
NIE UND NIMMER!
キョロ
GLOTZ
じっと
STARR

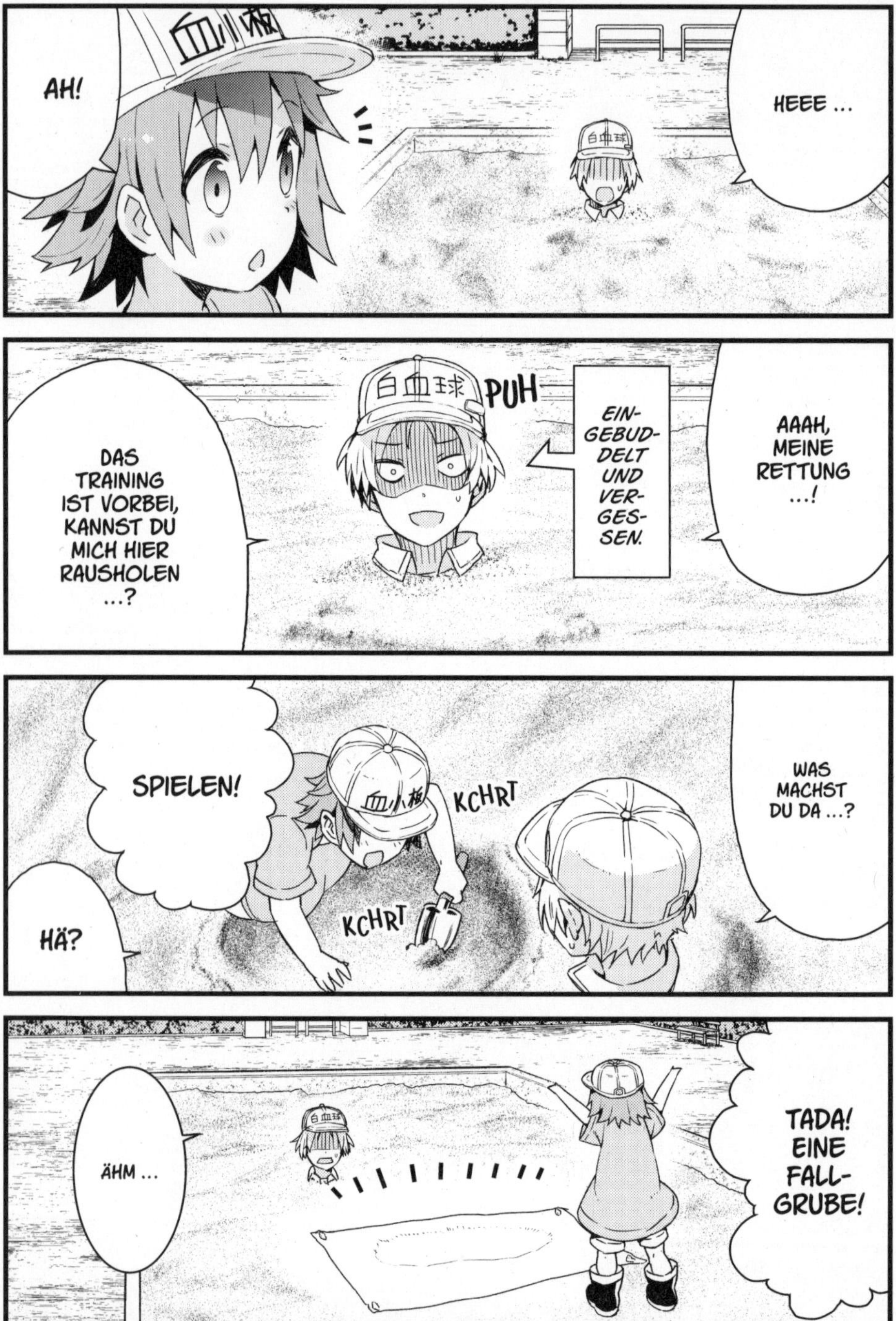
HEEE ...
AH!
AAAH, MEINE RETTUNG ...!
PUH
EIN-GEBUD-DELT UND VER-GES-SEN.
DAS TRAINING IST VORBEI, KANNST DU MICH HIER RAUSHOLEN ...?
WAS MACHST DU DA ...?
KCHRT
SPIELEN!
KCHRT
HÄ?
TADA! EINE FALL-GRUBE!
ÄHM ...

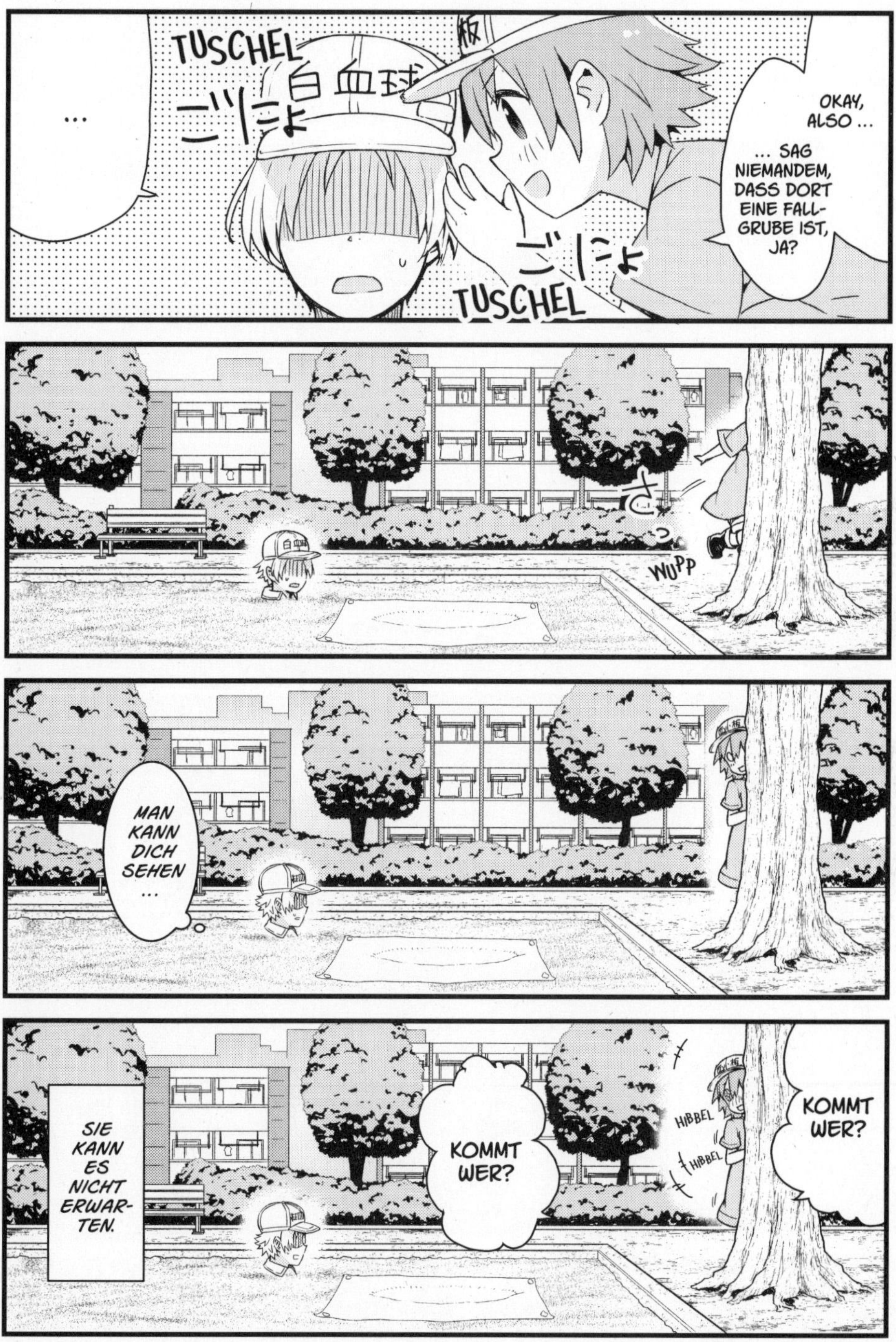
OKAY, ALSO …
… SAG NIEMANDEM, DASS DORT EINE FALL-GRUBE IST, JA?
TUSCHEL
ごにょ
TUSCHEL
ごにょ
…
さっ
WUPP
MAN KANN DICH SEHEN …
KOMMT WER?
HIBBEL
HIBBEL
KOMMT WER?
SIE KANN ES NICHT ERWAR-TEN.

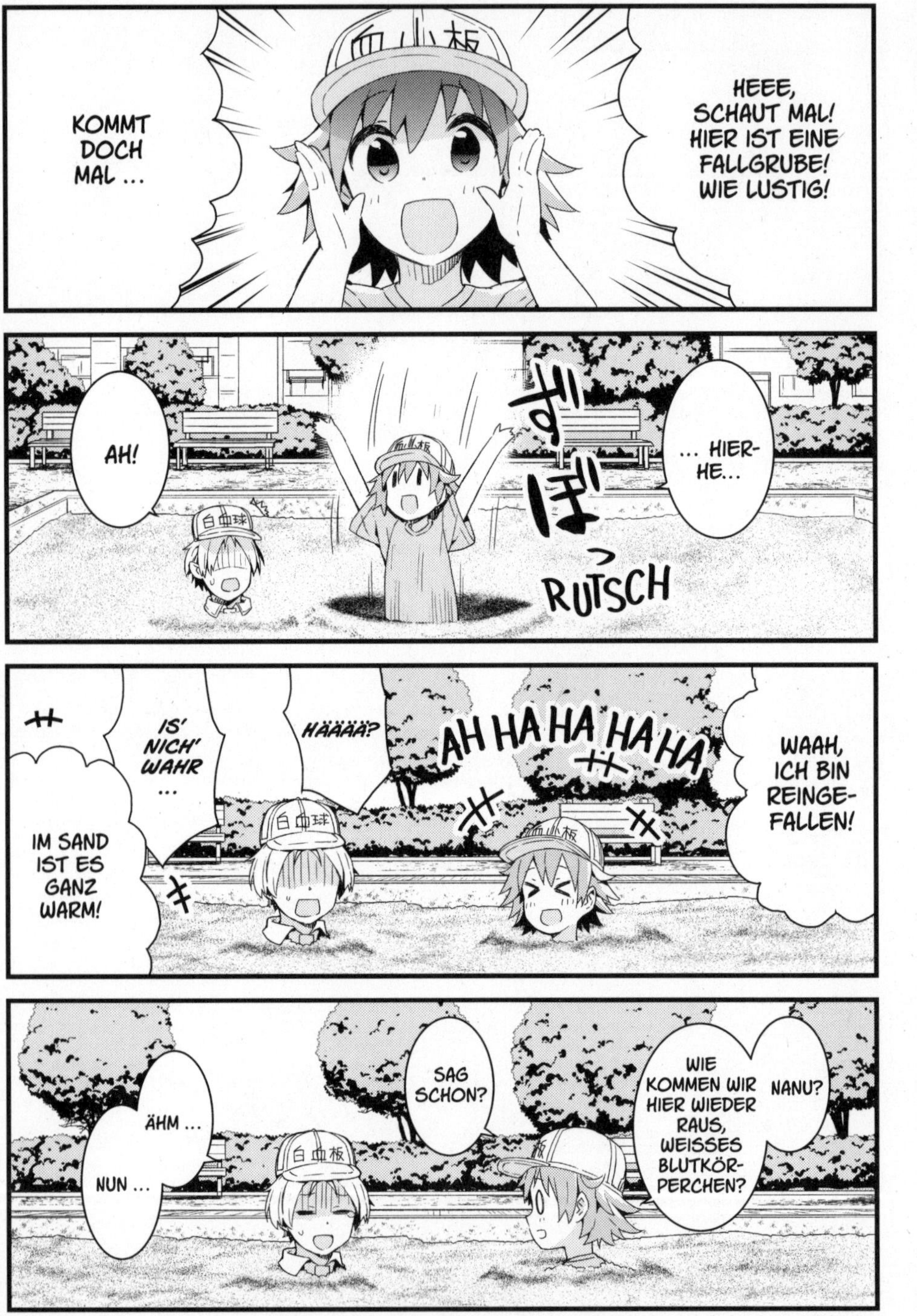
HEEE, SCHAUT MAL! HIER IST EINE FALLGRUBE! WIE LUSTIG!
KOMMT DOCH MAL ...
... HIER-HE...
RUTSCH
AH!
WAAH, ICH BIN REINGE-FALLEN!
AH HA HA HA HA
HÄÄÄÄ?
IS' NICH' WAHR ...
IM SAND IST ES GANZ WARM!
NANU?
WIE KOMMEN WIR HIER WIEDER RAUS, WEISSES BLUTKÖRPERCHEN?
SAG SCHON?
ÄHM ...
NUN ...

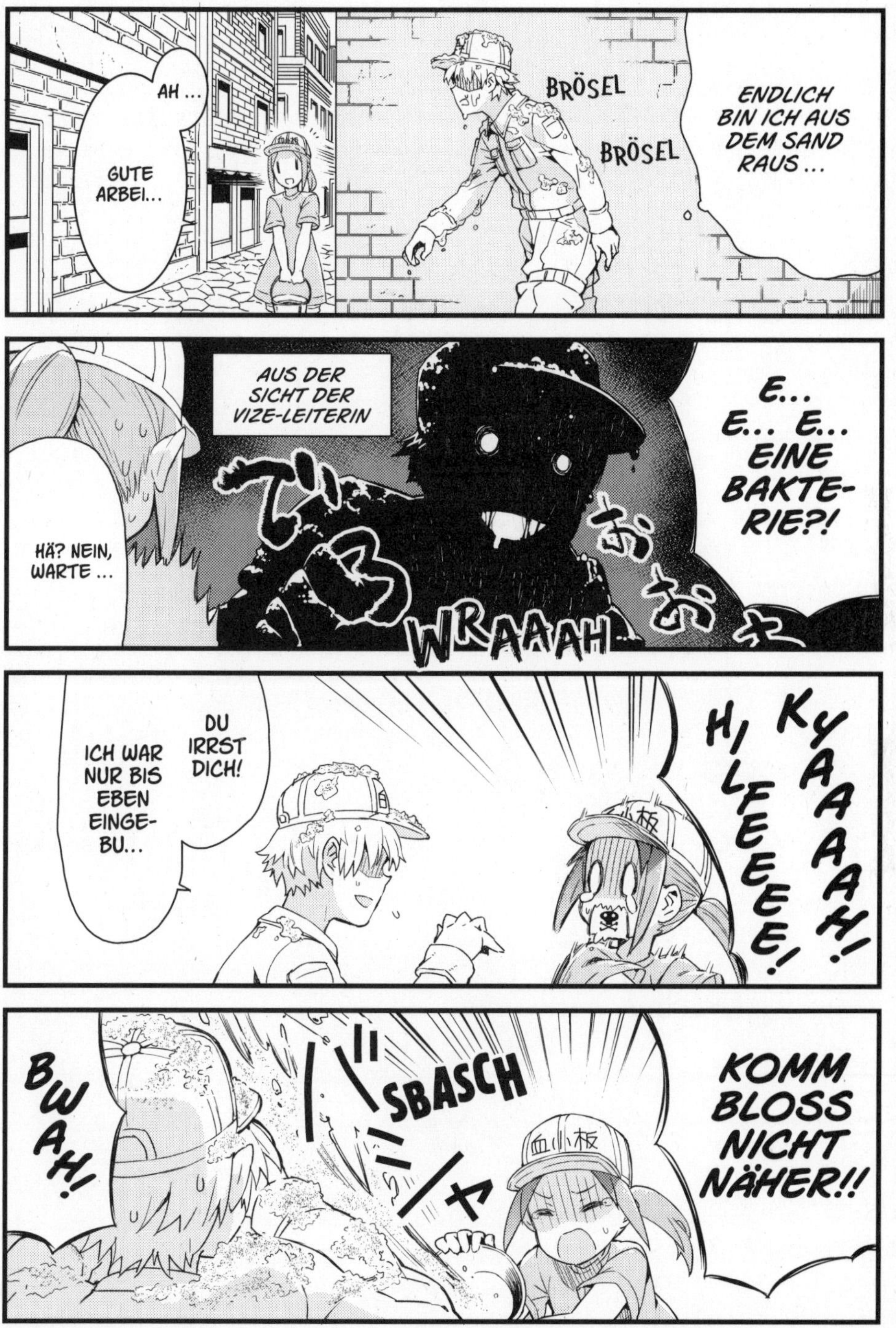
ENDLICH BIN ICH AUS DEM SAND RAUS …
BRÖSEL
BRÖSEL
AH …
GUTE ARBEI…
E… E… E… EINE BAKTERIE?!
AUS DER SICHT DER VIZE-LEITERIN
WRAAAH
HÄ? NEIN, WARTE …
KYAAAAAH!
HILFEEEE!
DU IRRST DICH!
ICH WAR NUR BIS EBEN EINGEBU…
KOMM BLOSS NICHT NÄHER!!
SBASCH
BWAH!

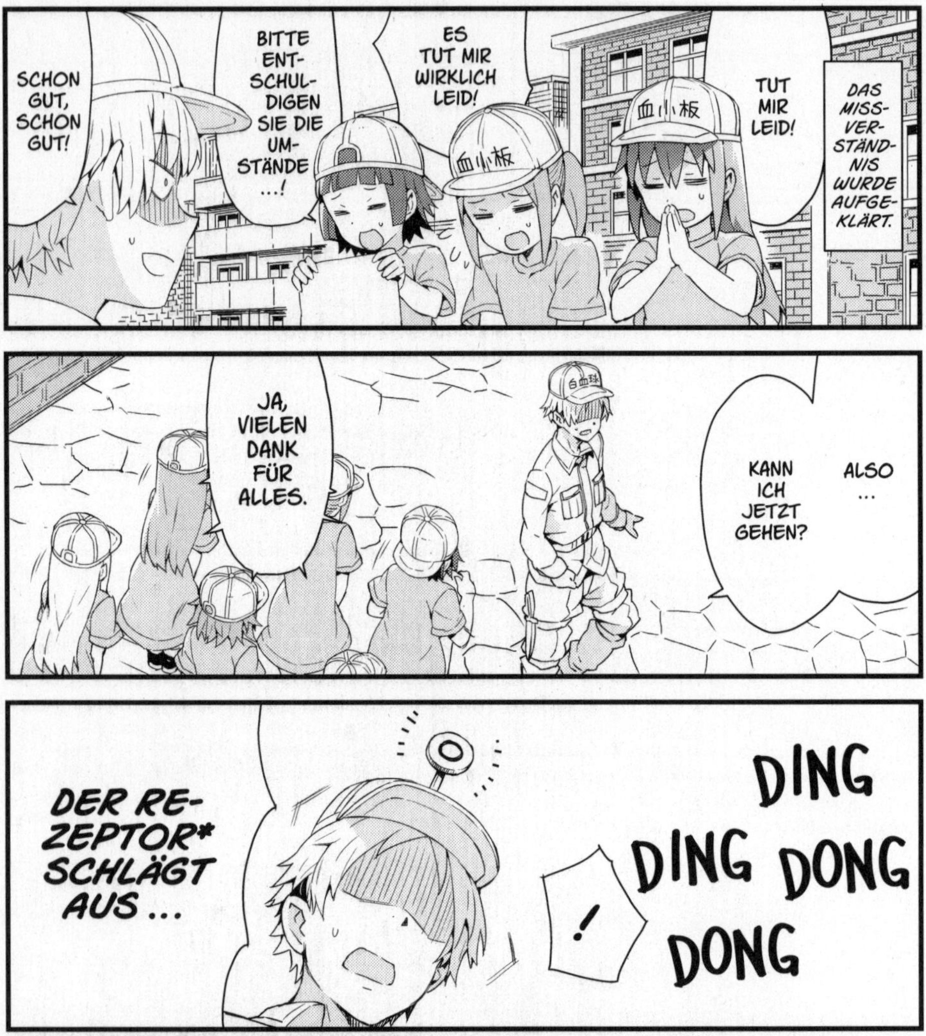

* EIN RADAR, DER UNTER ANDEREM BEI BAKTERIEN AUSSCHLÄGT.

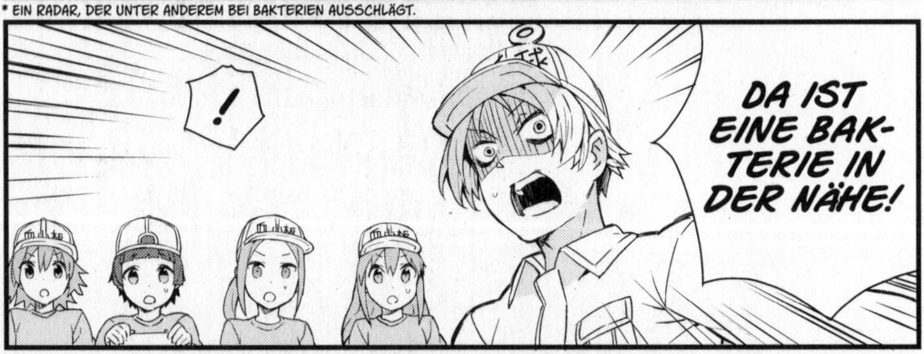

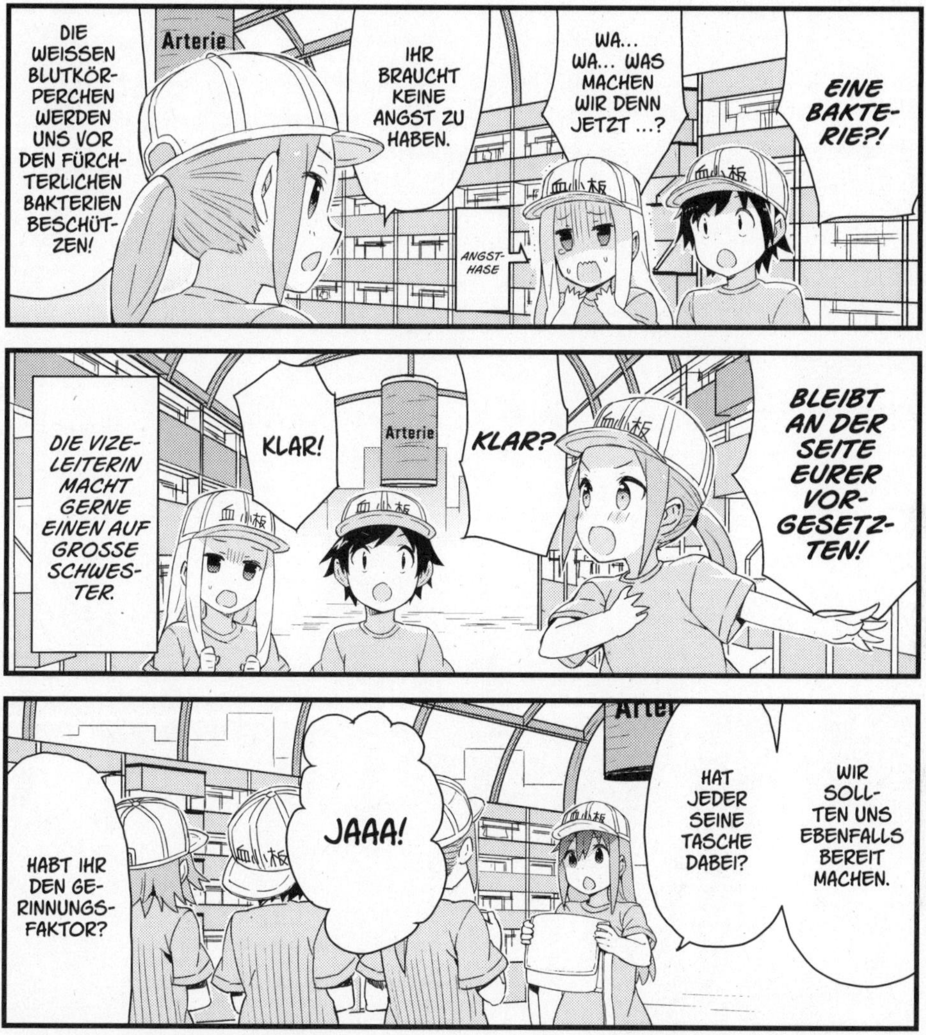
Arterie
EINE BAKTERIE?!
WA... WA... WAS MACHEN WIR DENN JETZT ...?
IHR BRAUCHT KEINE ANGST ZU HABEN.
DIE WEISSEN BLUTKÖRPERCHEN WERDEN UNS VOR DEN FÜRCHTERLICHEN BAKTERIEN BESCHÜTZEN!
ANGSTHASE
BLEIBT AN DER SEITE EURER VORGESETZTEN!
KLAR?
KLAR!
Arterie
DIE VIZELEITERIN MACHT GERNE EINEN AUF GROSSE SCHWESTER.
WIR SOLLTEN UNS EBENFALLS BEREIT MACHEN.
HAT JEDER SEINE TASCHE DABEI?
JAAA!
HABT IHR DEN GERINNUNGSFAKTOR?
JAWOH...
DO—NG
GYAH!

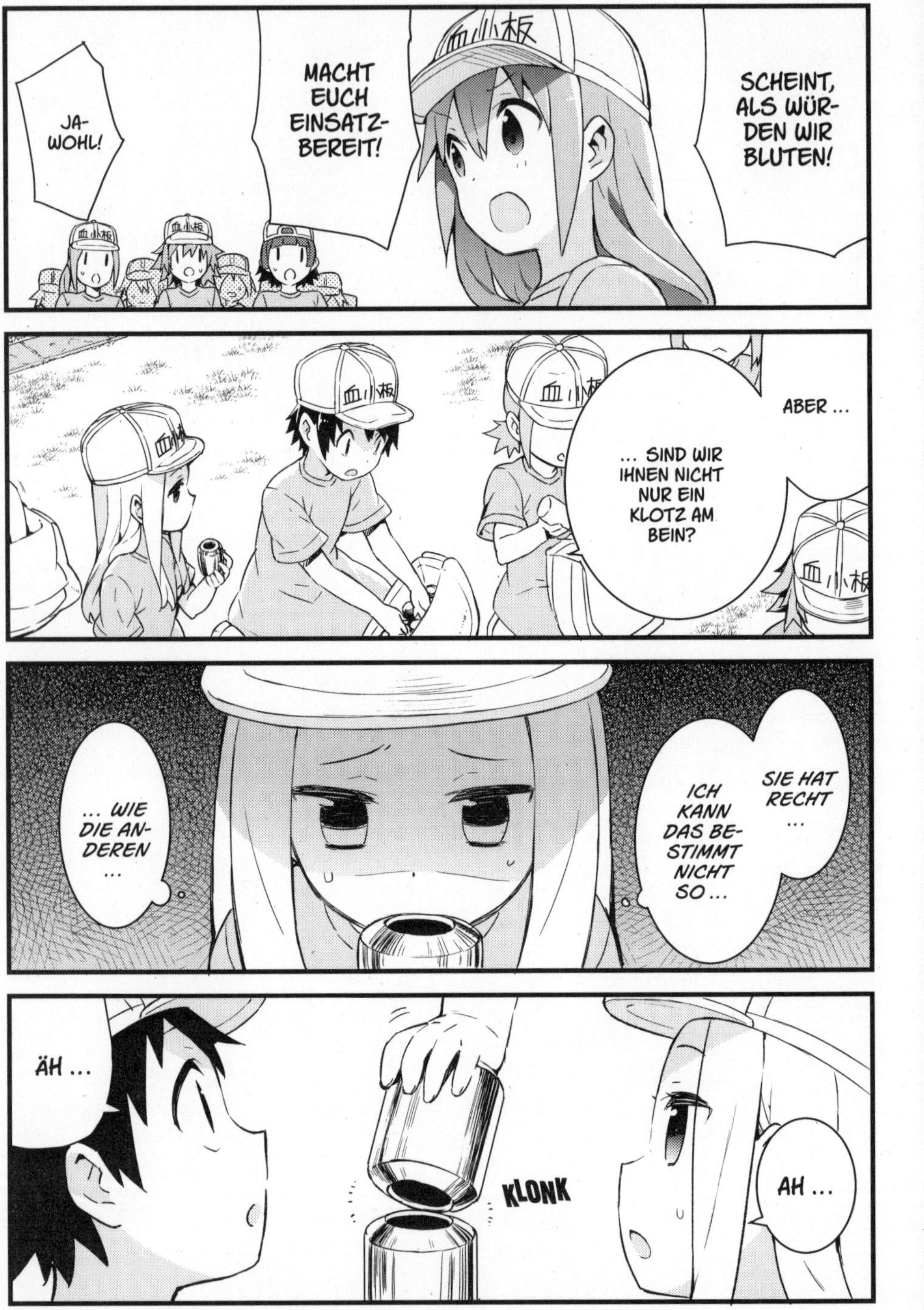
SCHEINT, ALS WÜRDEN WIR BLUTEN!
MACHT EUCH EINSATZBEREIT!
JAWOHL!
ABER …
… SIND WIR IHNEN NICHT NUR EIN KLOTZ AM BEIN?
SIE HAT RECHT …
ICH KANN DAS BESTIMMT NICHT SO …
… WIE DIE ANDEREN …
AH …
KLONK
ÄH …

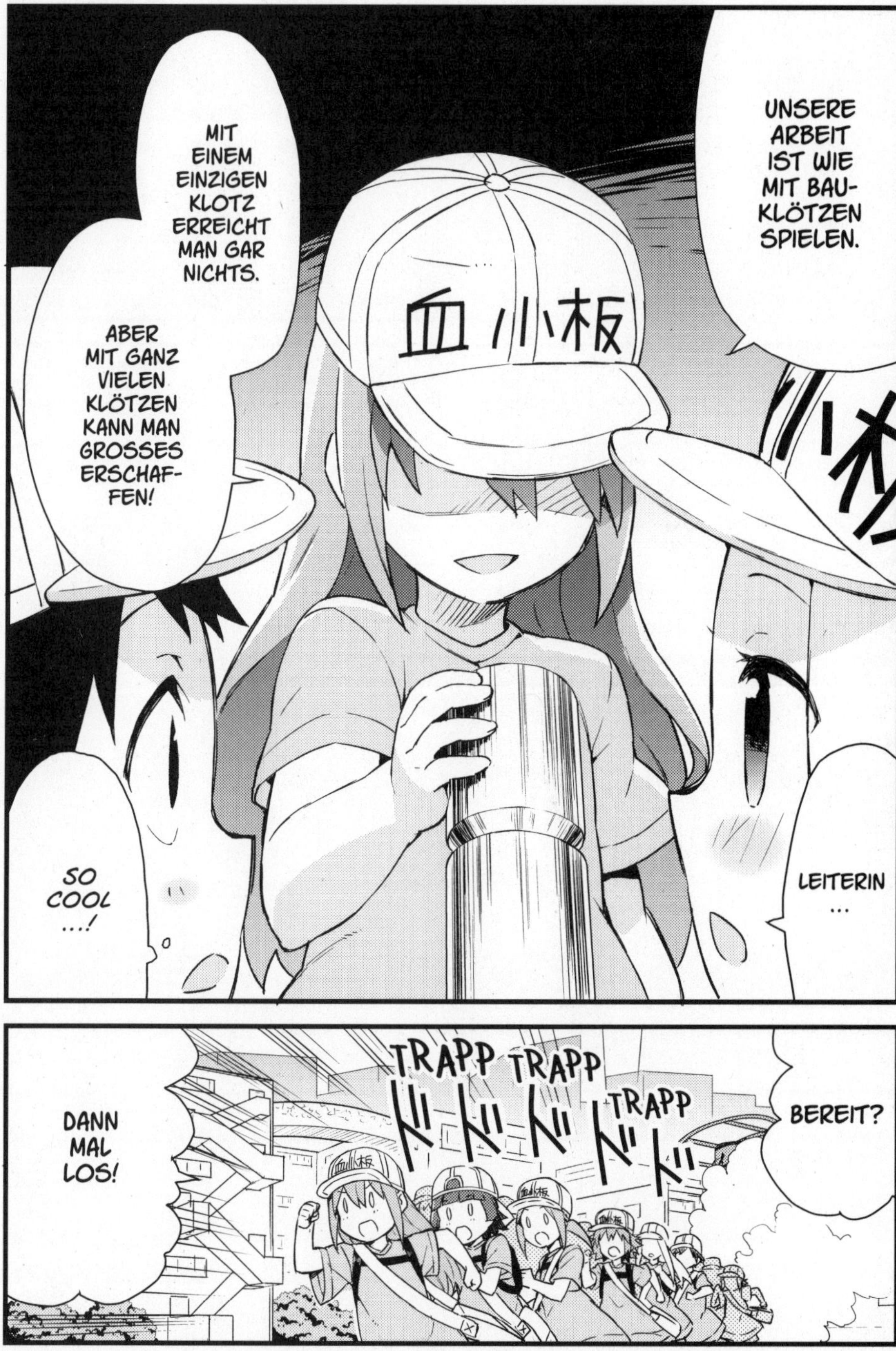
UNSERE ARBEIT IST WIE MIT BAU-KLÖTZEN SPIELEN.
MIT EINEM EINZIGEN KLOTZ ERREICHT MAN GAR NICHTS.
ABER MIT GANZ VIELEN KLÖTZEN KANN MAN GROSSES ERSCHAF-FEN!
血小板
LEITERIN …
SO COOL …!
BEREIT?
TRAPP TRAPP TRAPP
DANN MAL LOS!

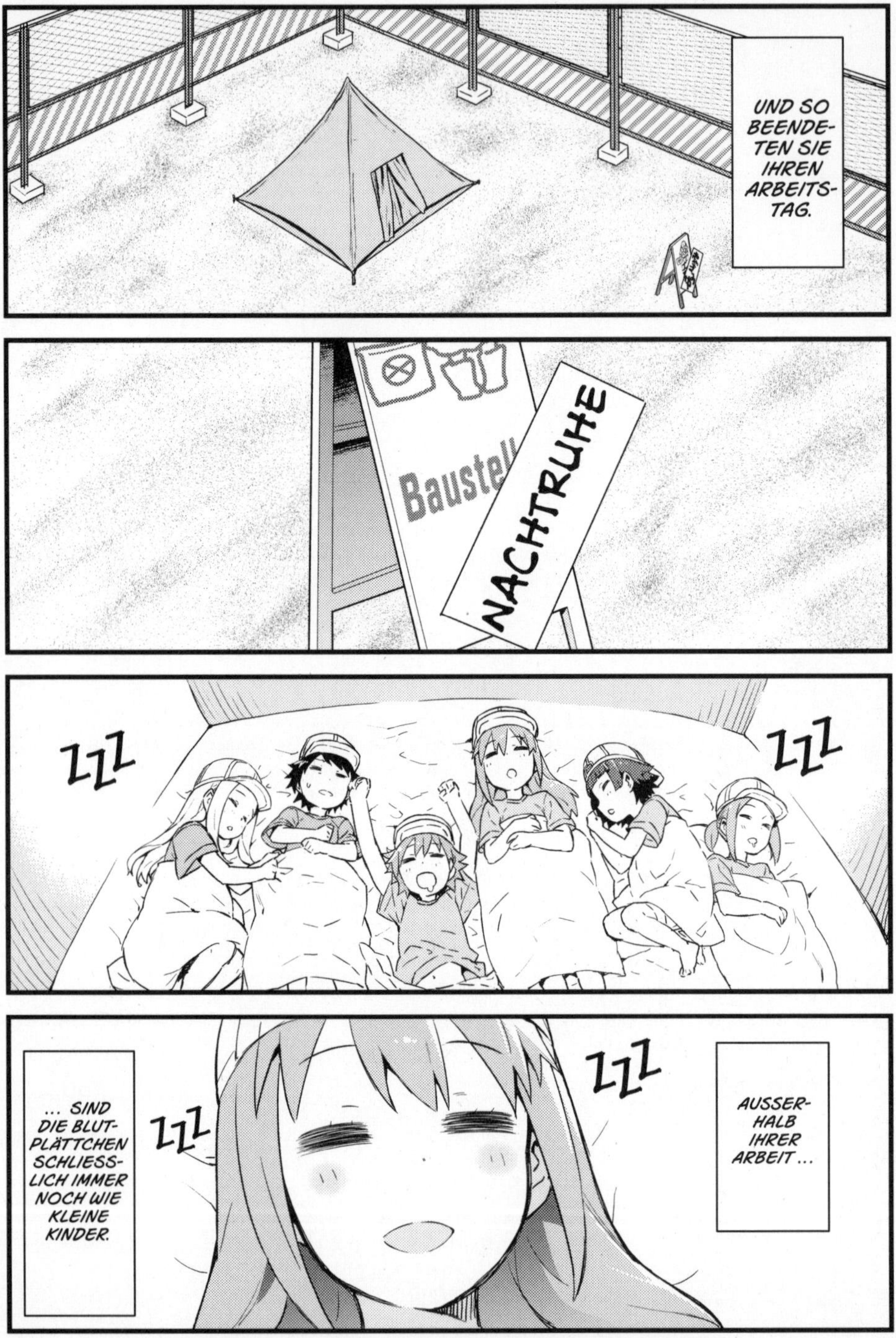

Kapitel 1: Eine Gruppe kleiner Arbeiterinnen! Ende

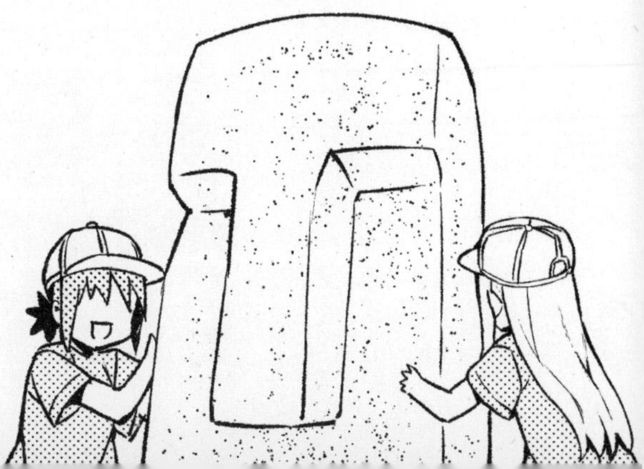

CELLS AT
はたらく細胞 WORK!

AN DIE ARBEIT, BLUT-
PLÄTTCHEN!

Kapitel 2: Ich möchte schnell ausgelernt haben!

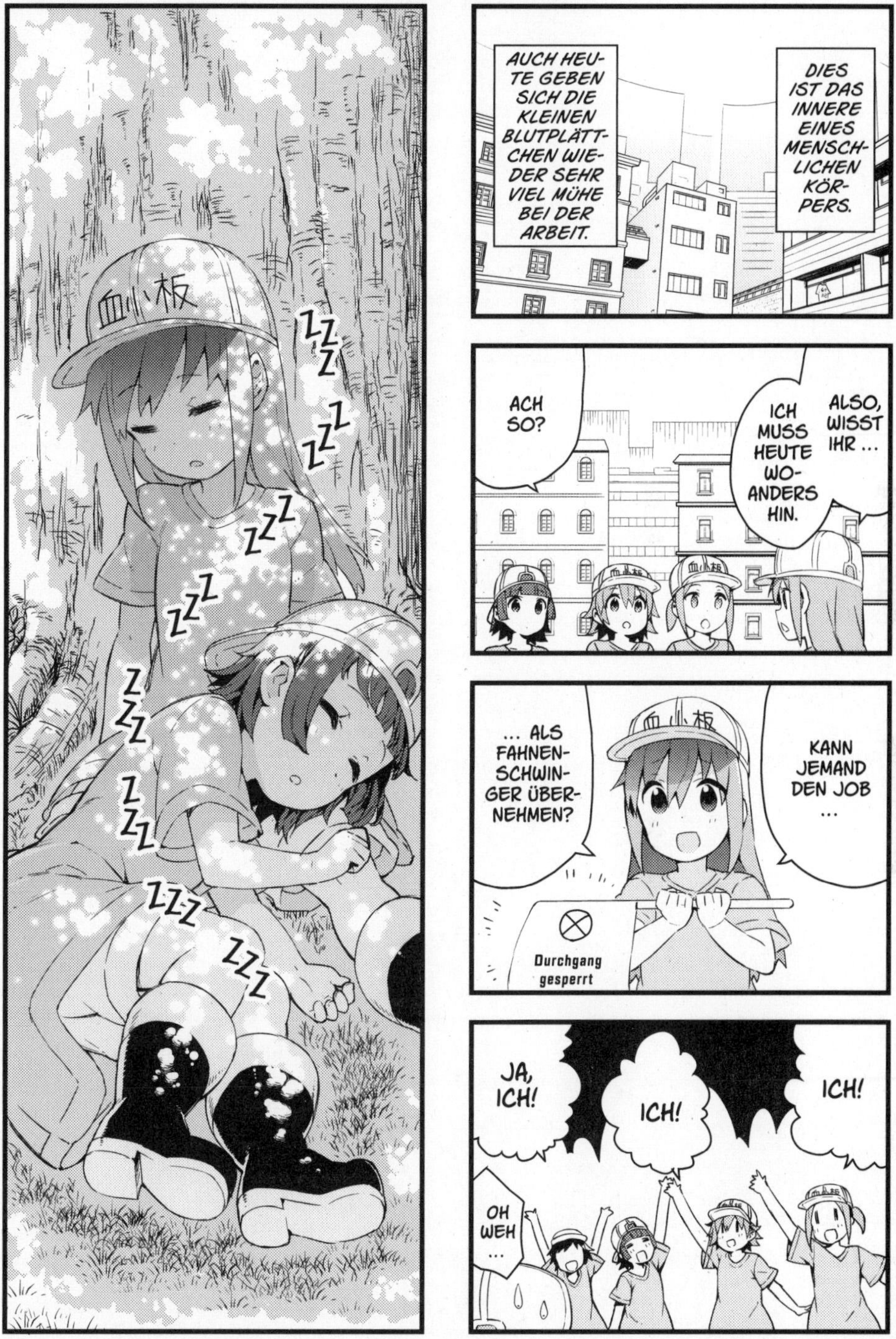

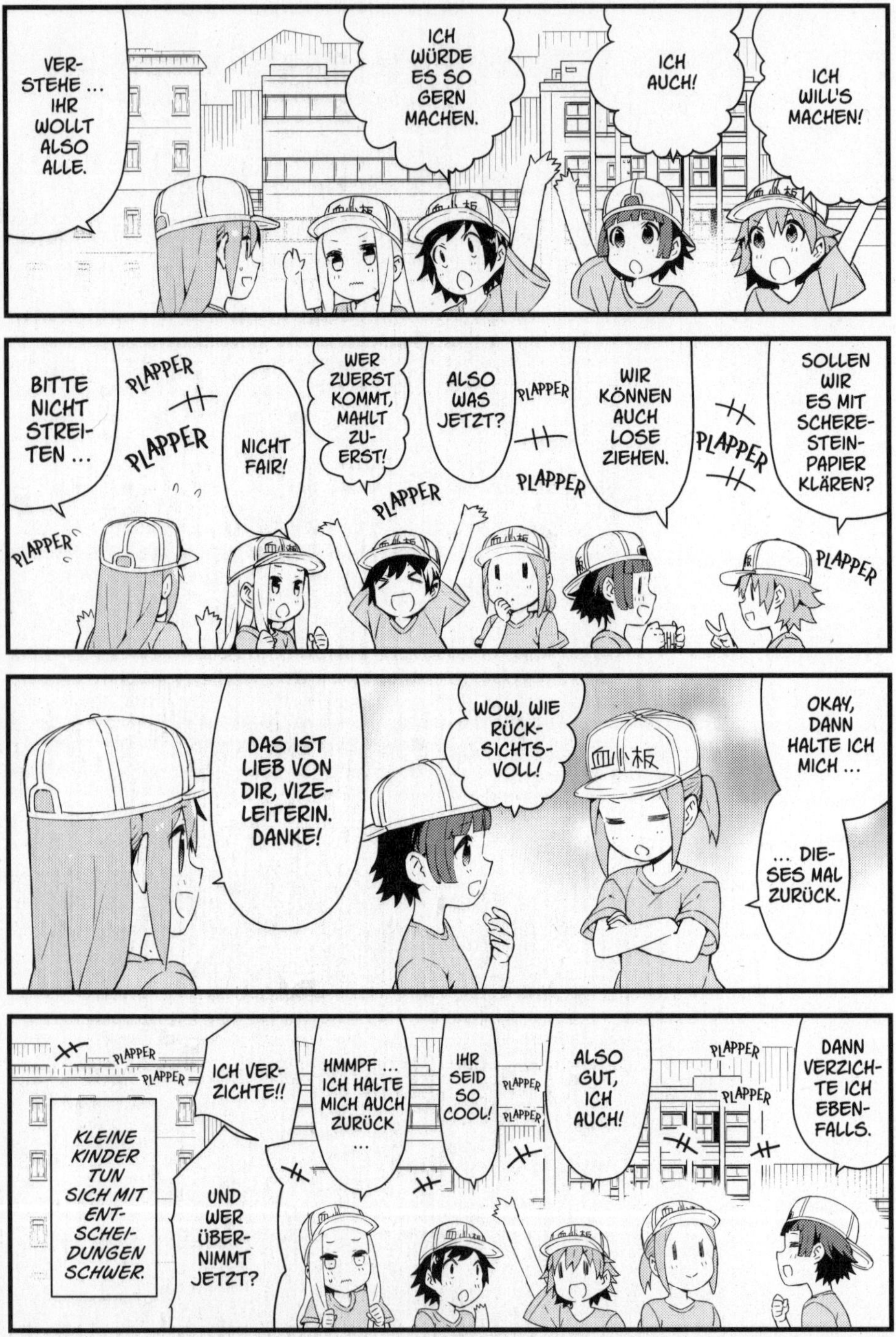
ICH WILL'S MACHEN!
ICH AUCH!
ICH WÜRDE ES SO GERN MACHEN.
VER- STEHE … IHR WOLLT ALSO ALLE.
SOLLEN WIR ES MIT SCHERE- STEIN- PAPIER KLÄREN?
WIR KÖNNEN AUCH LOSE ZIEHEN.
ALSO WAS JETZT?
WER ZUERST KOMMT, MAHLT ZU- ERST!
NICHT FAIR!
BITTE NICHT STREI- TEN …
PLAPPER
OKAY, DANN HALTE ICH MICH …
… DIE- SES MAL ZURÜCK.
WOW, WIE RÜCK- SICHTS- VOLL!
DAS IST LIEB VON DIR, VIZE- LEITERIN. DANKE!
DANN VERZICH- TE ICH EBEN- FALLS.
ALSO GUT, ICH AUCH!
IHR SEID SO COOL!
HMMPF … ICH HALTE MICH AUCH ZURÜCK …
ICH VER- ZICHTE!!
UND WER ÜBER- NIMMT JETZT?
PLAPPER
KLEINE KINDER TUN SICH MIT ENT- SCHEI- DUNGEN SCHWER.

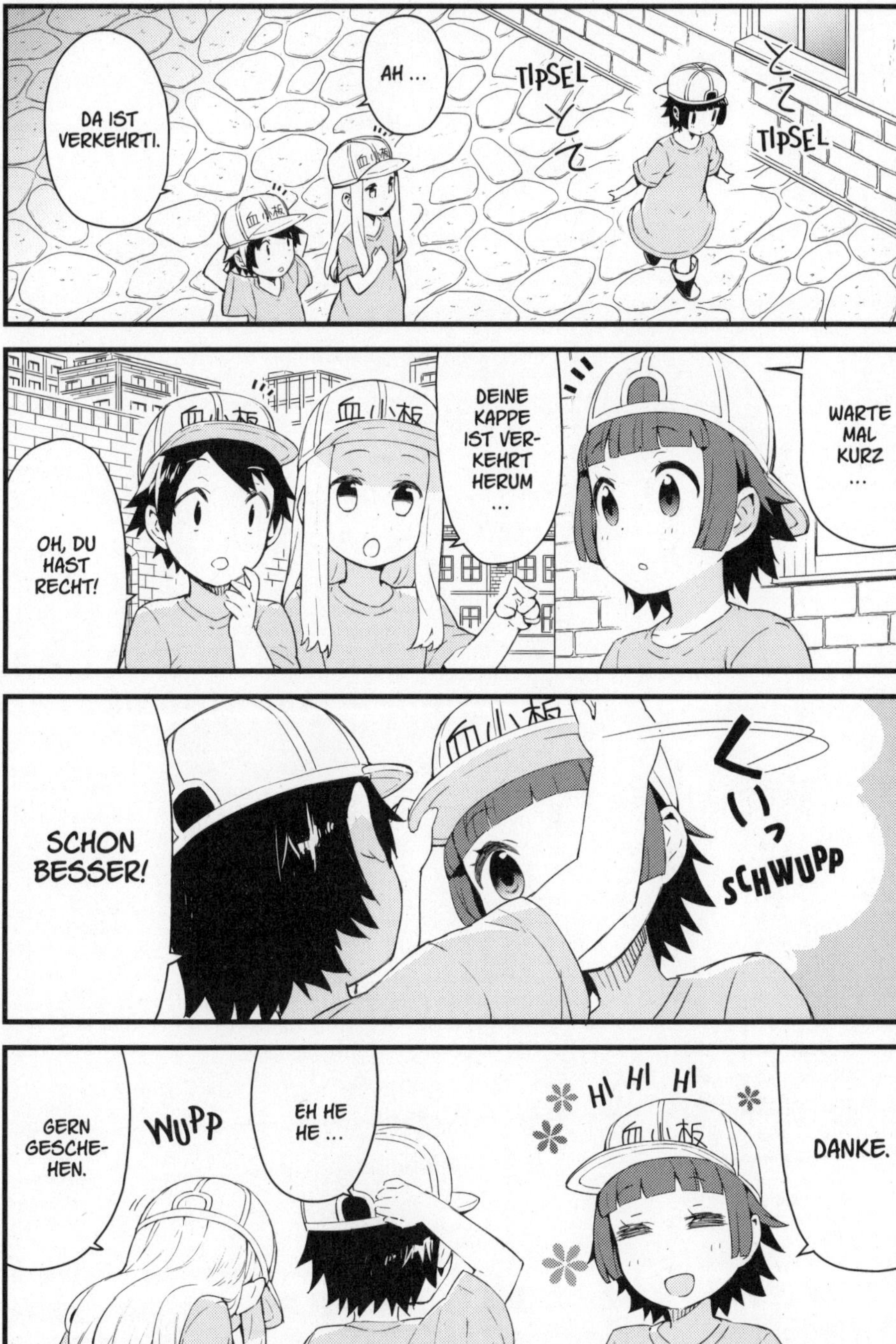
とて
TIPSEL
とて
TIPSEL
AH …
DA IST VERKEHRTI.
WARTE MAL KURZ …
DEINE KAPPE IST VER-KEHRT HERUM …
OH, DU HAST RECHT!
くいっ
SCHWUPP
SCHON BESSER!
DANKE.
HI HI HI
EH HE HE …
WUPP
GERN GESCHE-HEN.

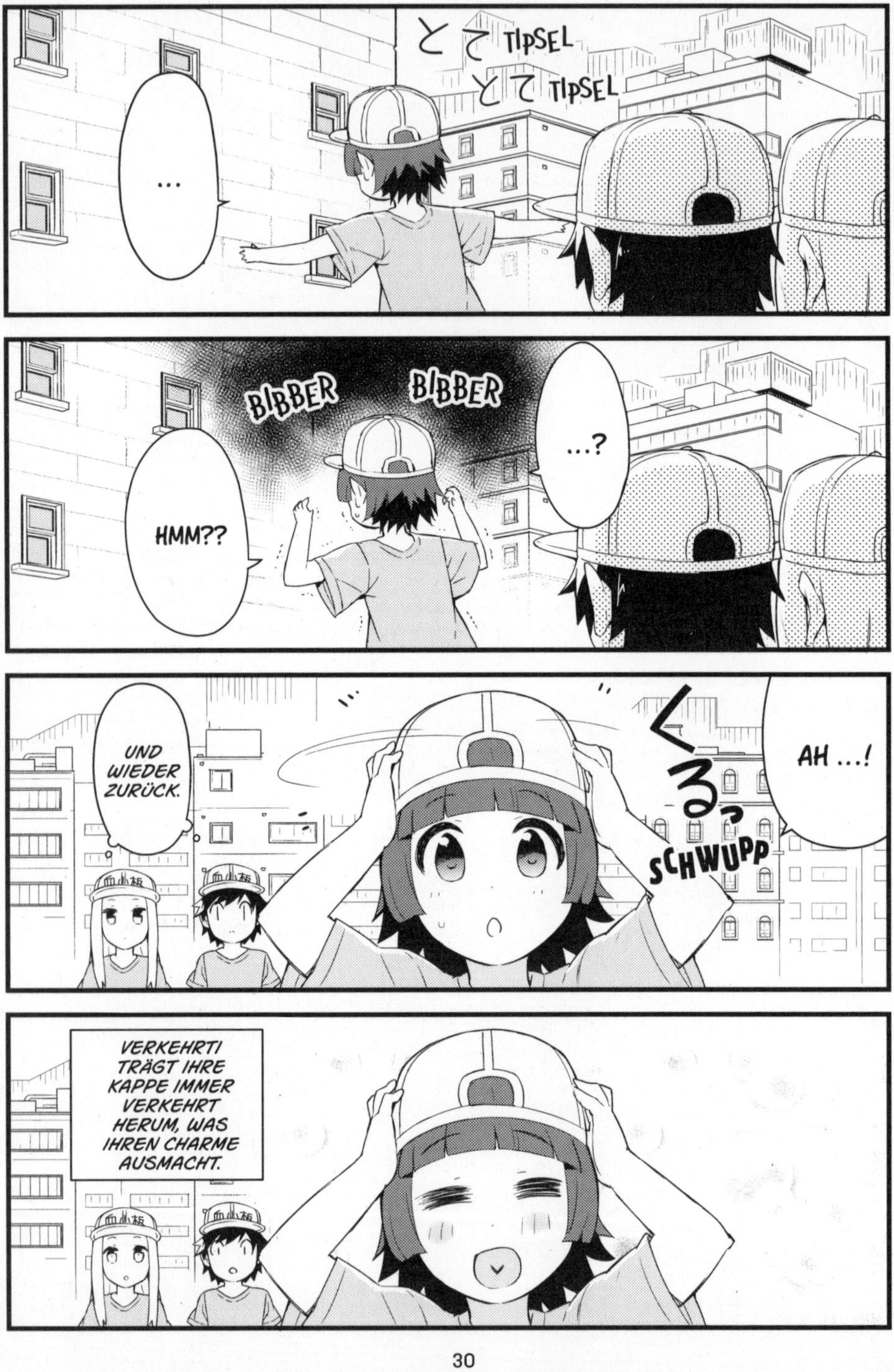
とて TIPSEL
とて TIPSEL
...
BIBBER
BIBBER
...?
HMM??
AH ...!
くるっ
SCHWUPP
UND WIEDER ZURÜCK.
VERKEHRTI TRÄGT IHRE KAPPE IMMER VERKEHRT HERUM, WAS IHREN CHARME AUSMACHT.

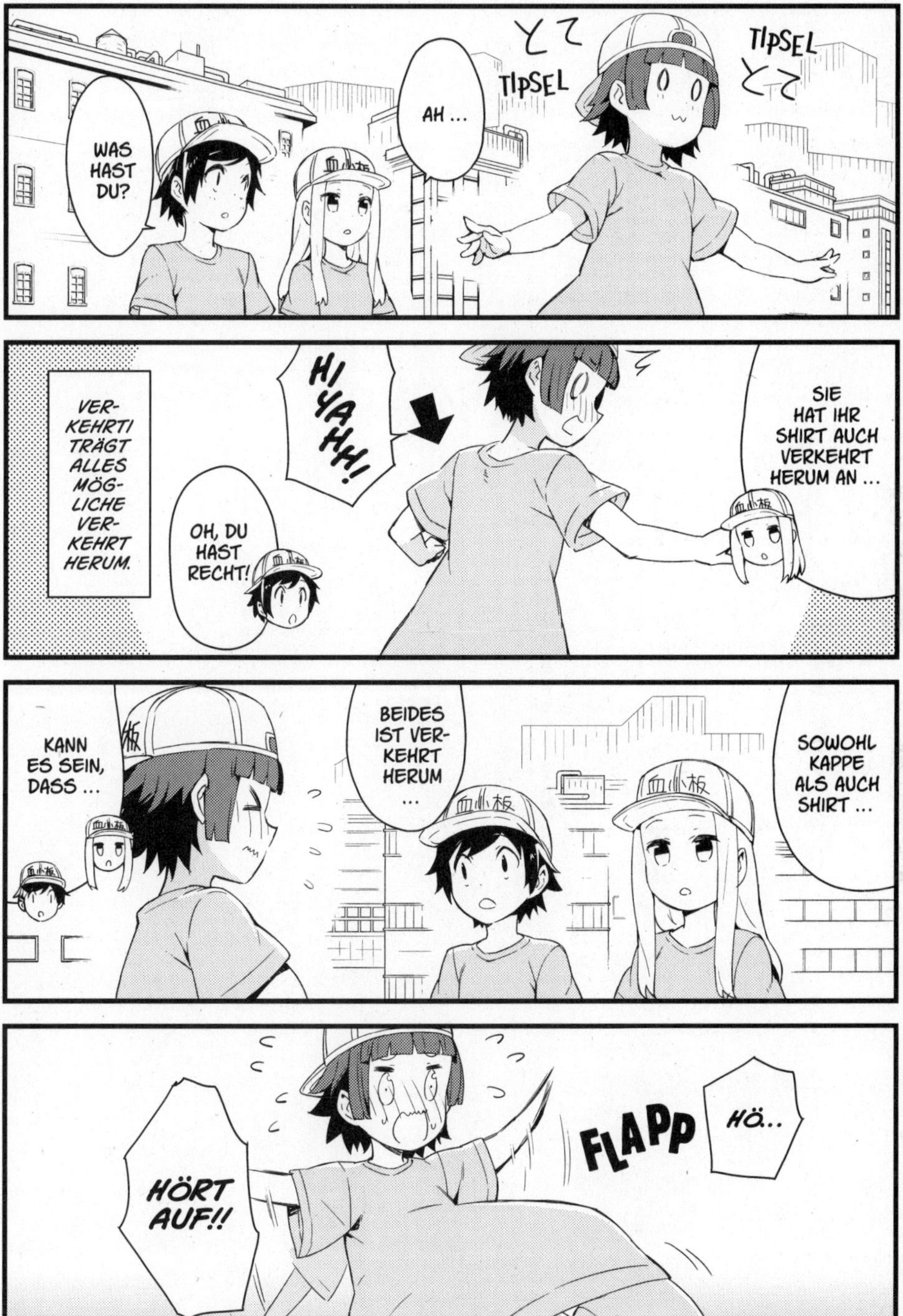
TIPSEL とて
とて TIPSEL
AH …
WAS HAST DU?
SIE HAT IHR SHIRT AUCH VERKEHRT HERUM AN …
HI YAHH!
OH, DU HAST RECHT!
VERKEHRTI TRÄGT ALLES MÖGLICHE VERKEHRT HERUM.
SOWOHL KAPPE ALS AUCH SHIRT …
BEIDES IST VERKEHRT HERUM …
KANN ES SEIN, DASS …
HÖ…
FLAPP
HÖRT AUF!!

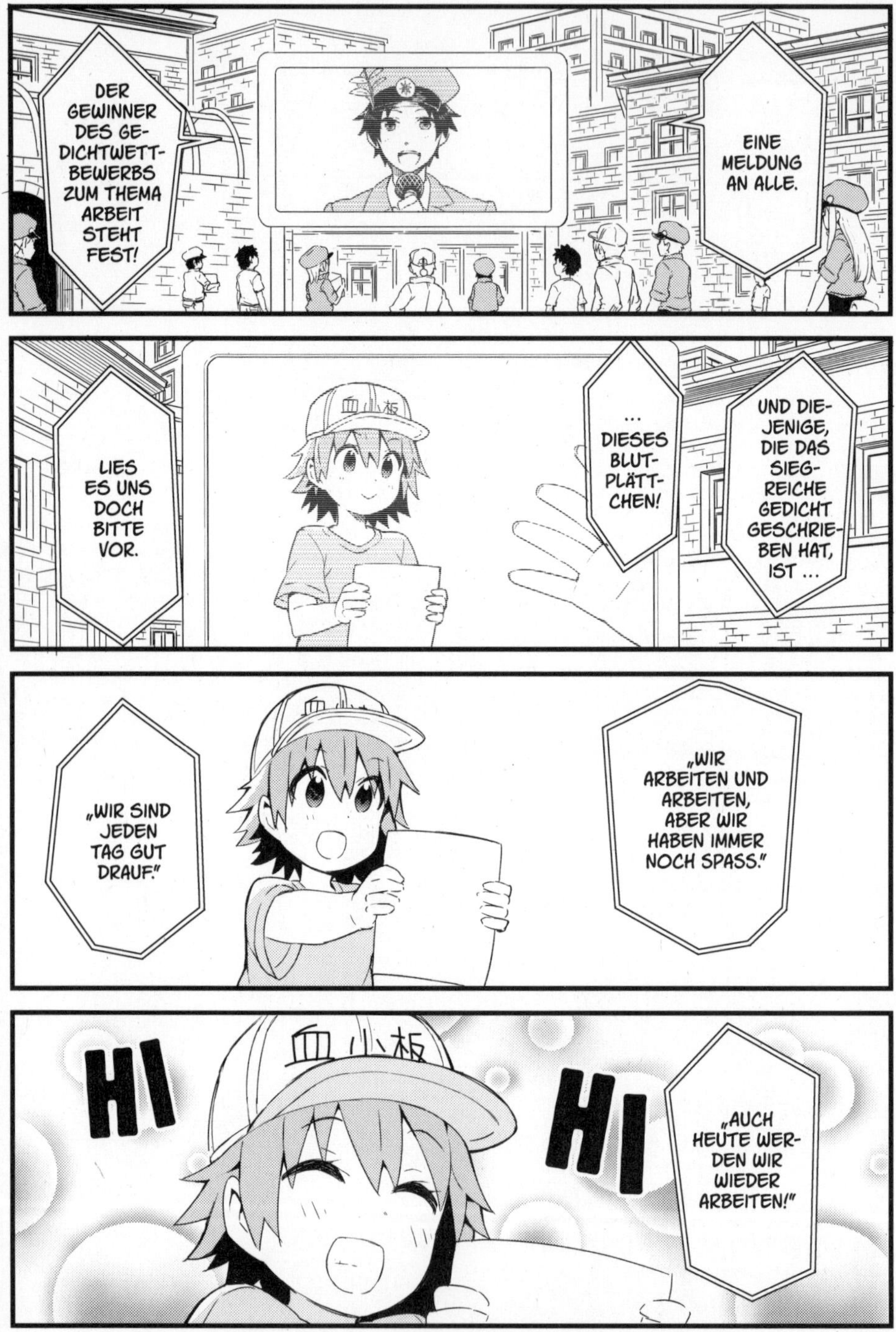
EINE MELDUNG AN ALLE.
DER GEWINNER DES GEDICHTWETTBEWERBS ZUM THEMA ARBEIT STEHT FEST!
UND DIEJENIGE, DIE DAS SIEGREICHE GEDICHT GESCHRIEBEN HAT, IST …
… DIESES BLUTPLÄTTCHEN!
LIES ES UNS DOCH BITTE VOR.
„WIR ARBEITEN UND ARBEITEN, ABER WIR HABEN IMMER NOCH SPASS."
„WIR SIND JEDEN TAG GUT DRAUF."
血小板
„AUCH HEUTE WERDEN WIR WIEDER ARBEITEN!"
HI
HI

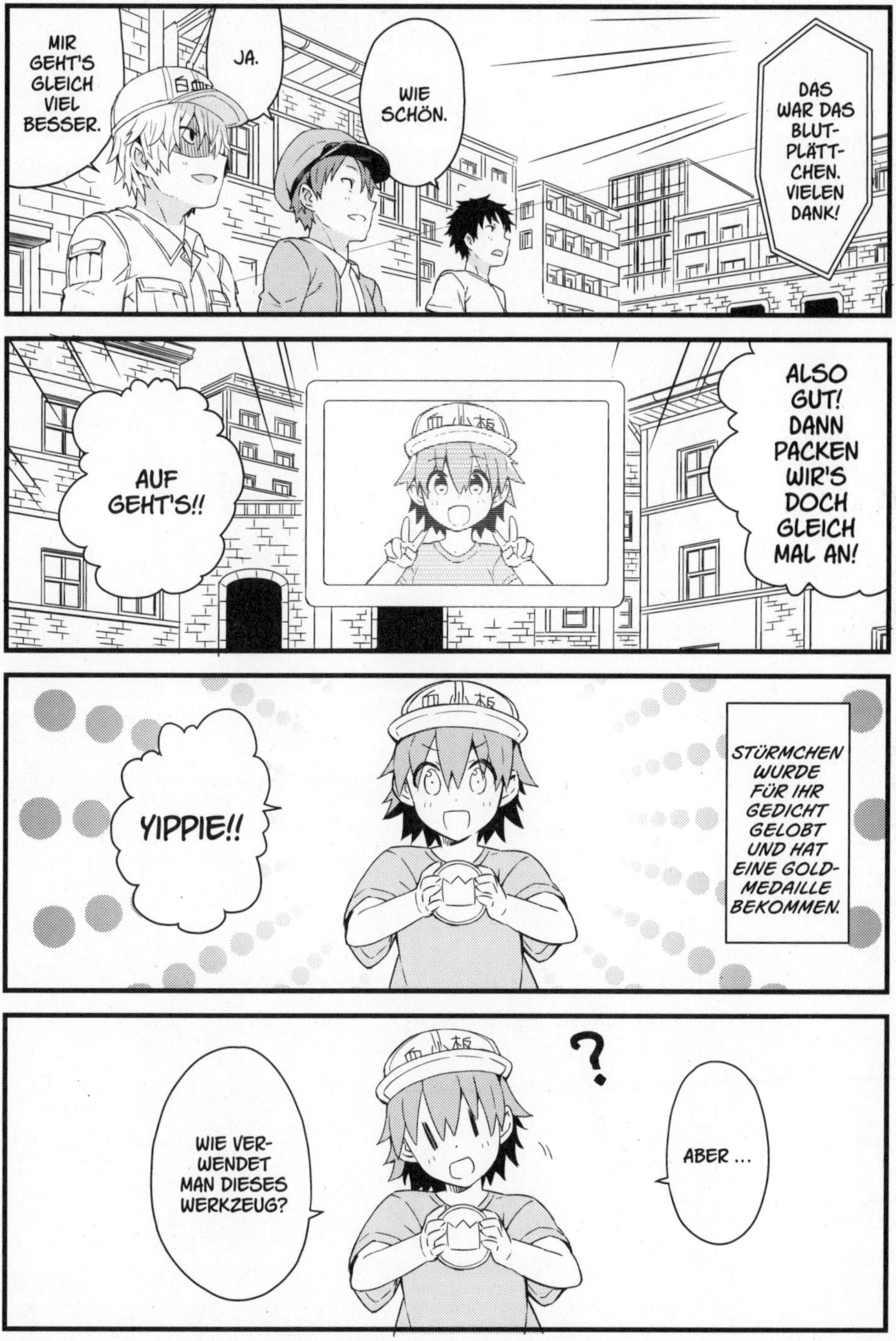
DAS WAR DAS BLUT-PLÄTT-CHEN. VIELEN DANK!
WIE SCHÖN.
JA.
MIR GEHT'S GLEICH VIEL BESSER.
ALSO GUT! DANN PACKEN WIR'S DOCH GLEICH MAL AN!
AUF GEHT'S!!
STÜRMCHEN WURDE FÜR IHR GEDICHT GELOBT UND HAT EINE GOLD-MEDAILLE BEKOMMEN.
YIPPIE!!
?
ABER ...
WIE VER-WENDET MAN DIESES WERKZEUG?

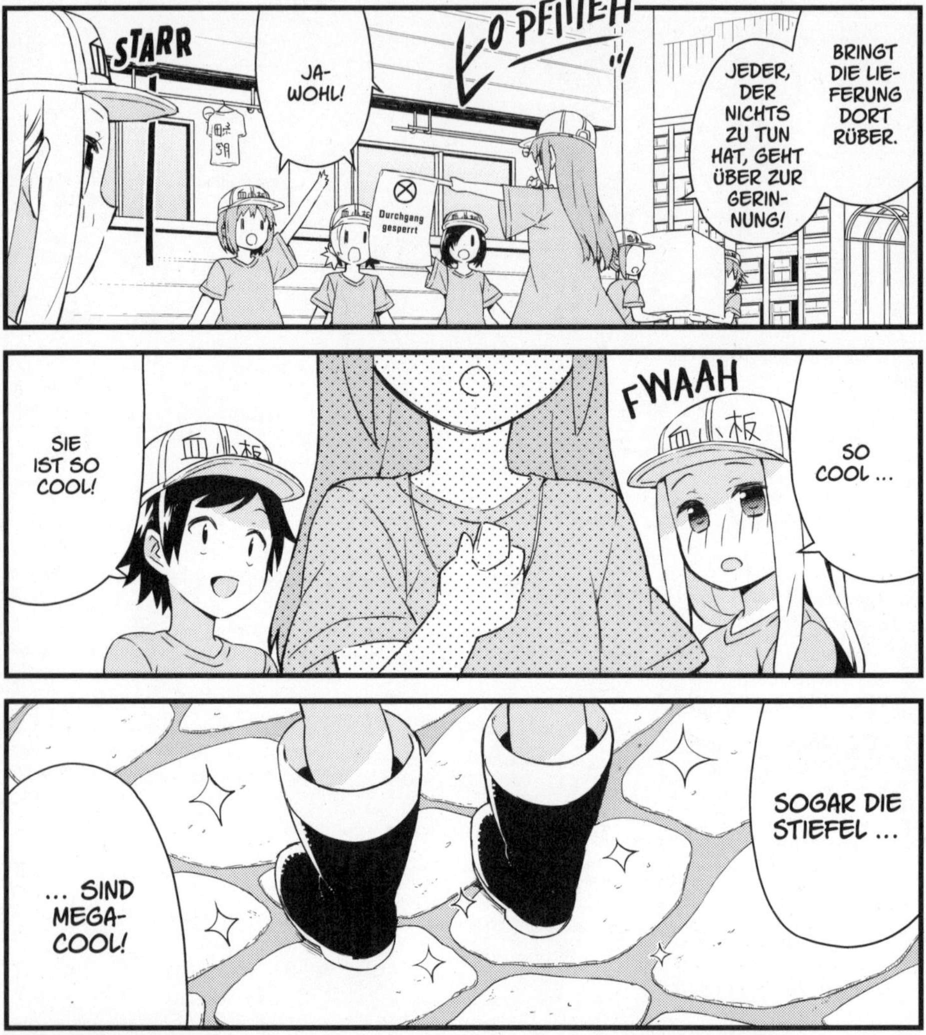
BRINGT DIE LIEFERUNG DORT RÜBER.
JEDER, DER NICHTS ZU TUN HAT, GEHT ÜBER ZUR GERINNUNG!
PFIIIEH
JA-WOHL!
STARR
Durchgang gesperrt
FWAAH
SO COOL …
SIE IST SO COOL!
SOGAR DIE STIEFEL …
… SIND MEGA-COOL!
ICH WILL AUCH SOLCHE STIEFEL TRAGEN …
GE-STREIF-TE SO-CKEN
…

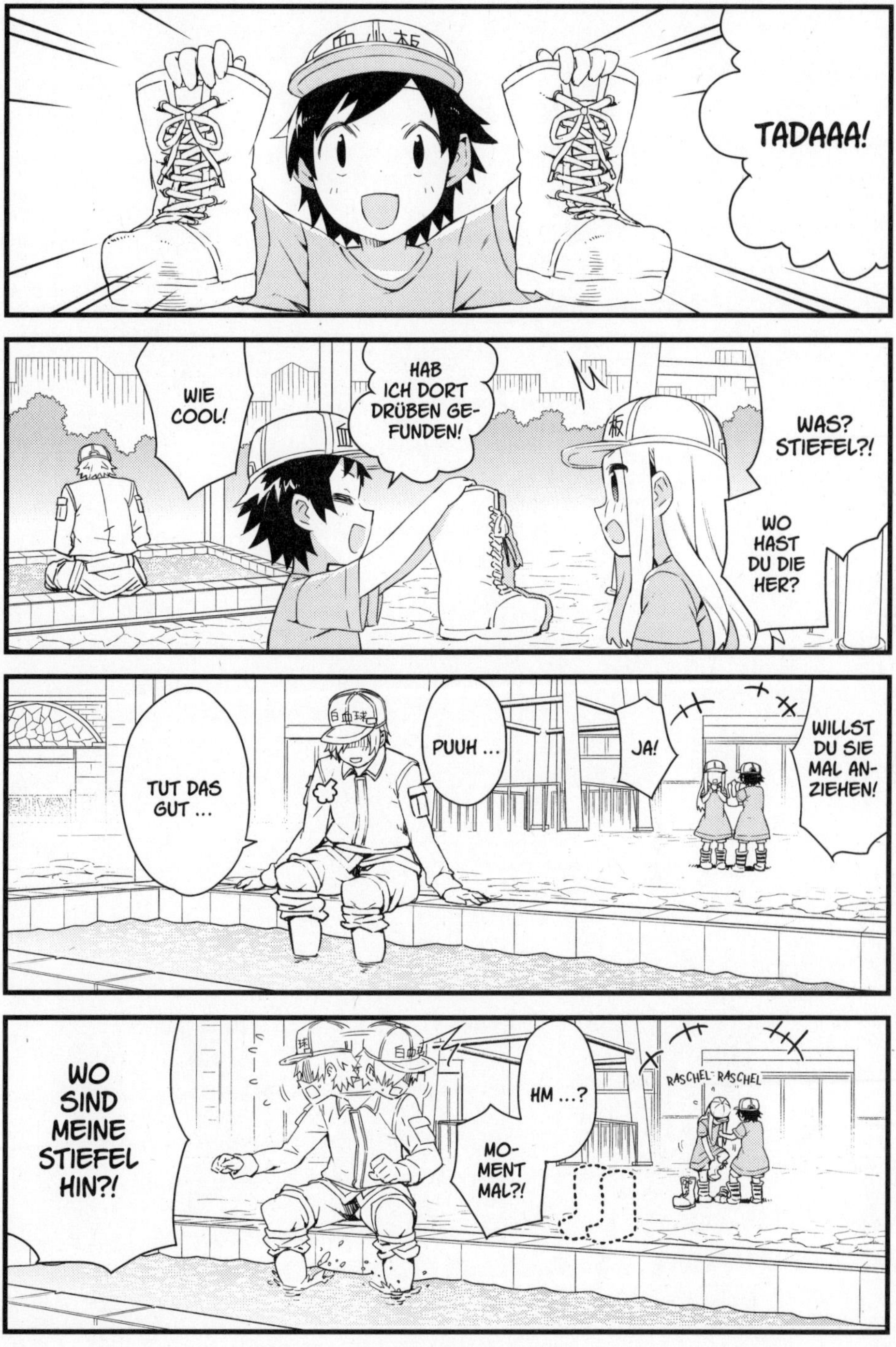
TADAAA!
WAS? STIEFEL?!
WO HAST DU DIE HER?
HAB ICH DORT DRÜBEN GE-FUNDEN!
WIE COOL!
WILLST DU SIE MAL AN-ZIEHEN!
JA!
PUUH …
TUT DAS GUT …
RASCHEL RASCHEL
HM …?
MO-MENT MAL?!
WO SIND MEINE STIEFEL HIN?!

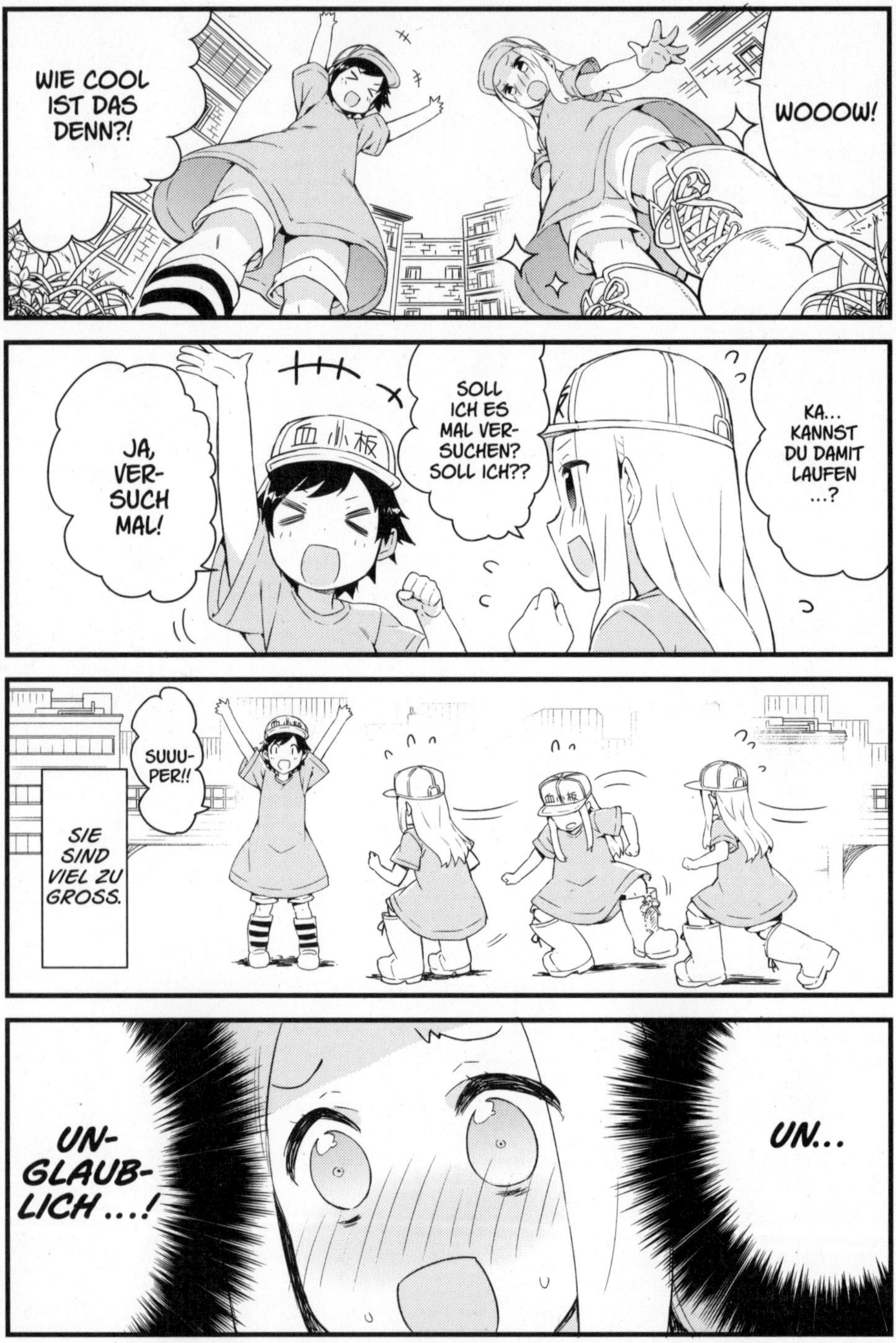
WOOOW!
WIE COOL IST DAS DENN?!
KA... KANNST DU DAMIT LAUFEN ...?
SOLL ICH ES MAL VER-SUCHEN? SOLL ICH??
JA, VER-SUCH MAL!
SUUU-PER!!
SIE SIND VIEL ZU GROSS.
UN...
UN-GLAUB-LICH ...!

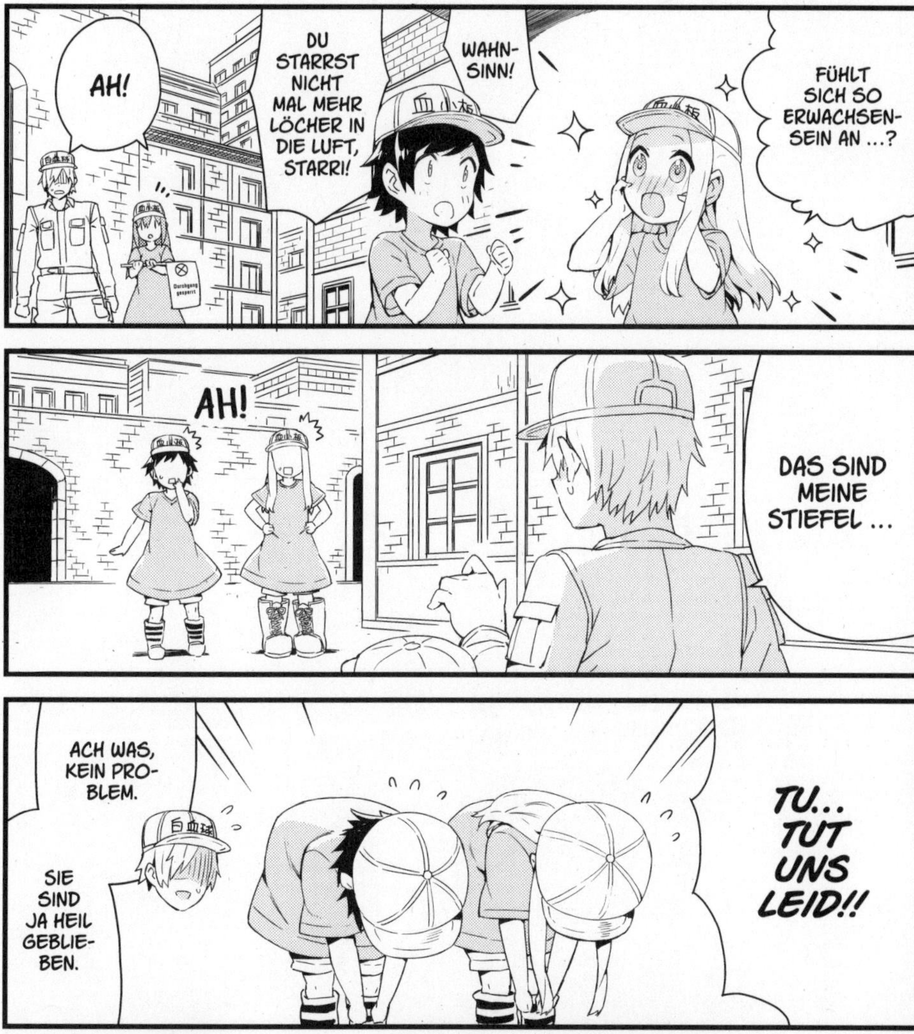
FÜHLT SICH SO ERWACHSEN-SEIN AN ...?
WAHN-SINN!
DU STARRST NICHT MAL MEHR LÖCHER IN DIE LUFT, STARRI!
AH!
DAS SIND MEINE STIEFEL ...
AH!
TU... TUT UNS LEID!!
ACH WAS, KEIN PRO-BLEM.
SIE SIND JA HEIL GEBLIE-BEN.
UND ...?
WARUM GENAU HATTEST DU SIE AN, STARRI?
HIL-FEEE!

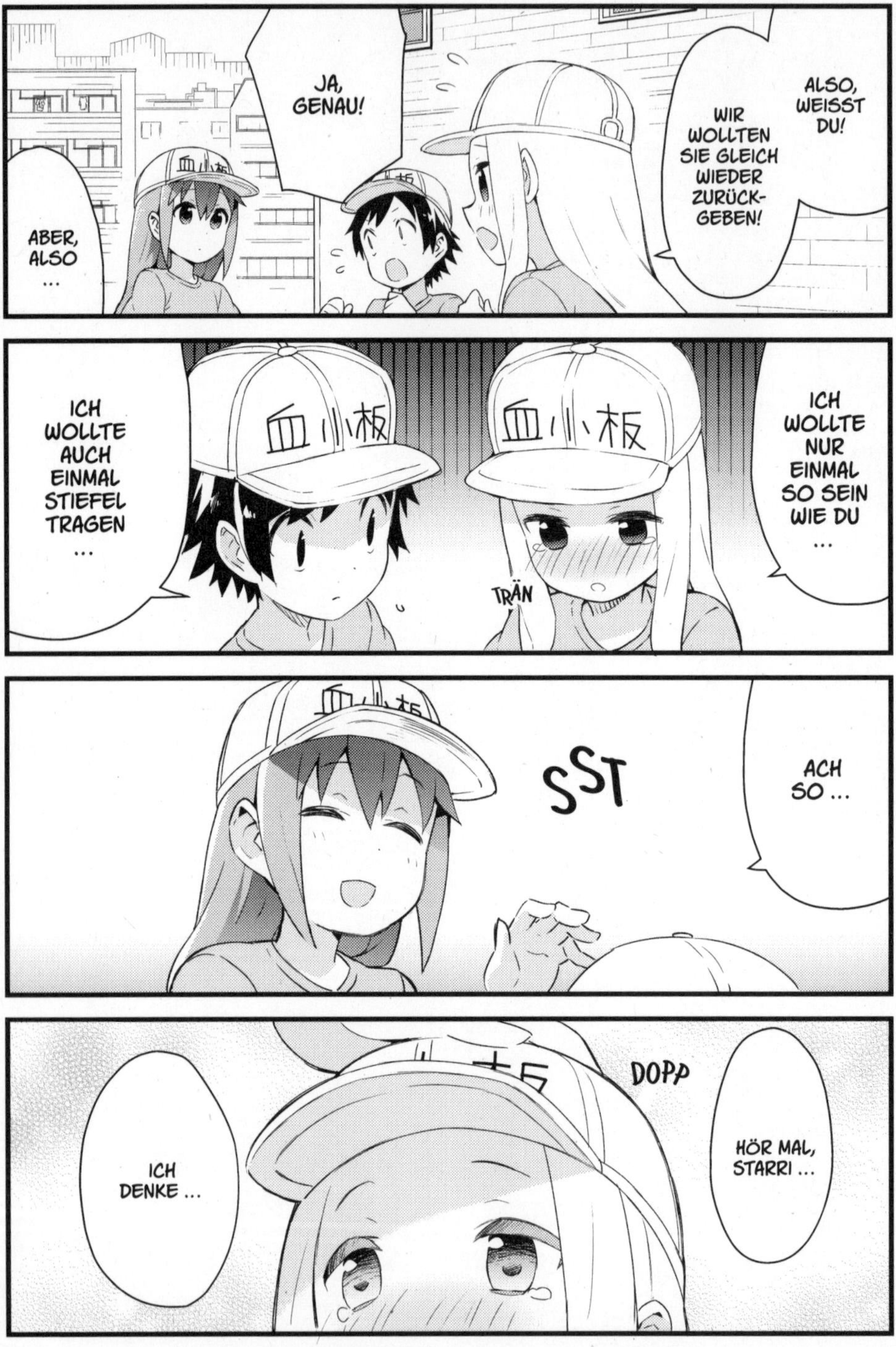
ALSO, WEISST DU!
WIR WOLLTEN SIE GLEICH WIEDER ZURÜCK-GEBEN!
JA, GENAU!
ABER, ALSO …
ICH WOLLTE NUR EINMAL SO SEIN WIE DU …
TRÄN
ICH WOLLTE AUCH EINMAL STIEFEL TRAGEN …
ACH SO …
SST
HÖR MAL, STARRI …
DOPP
ICH DENKE …

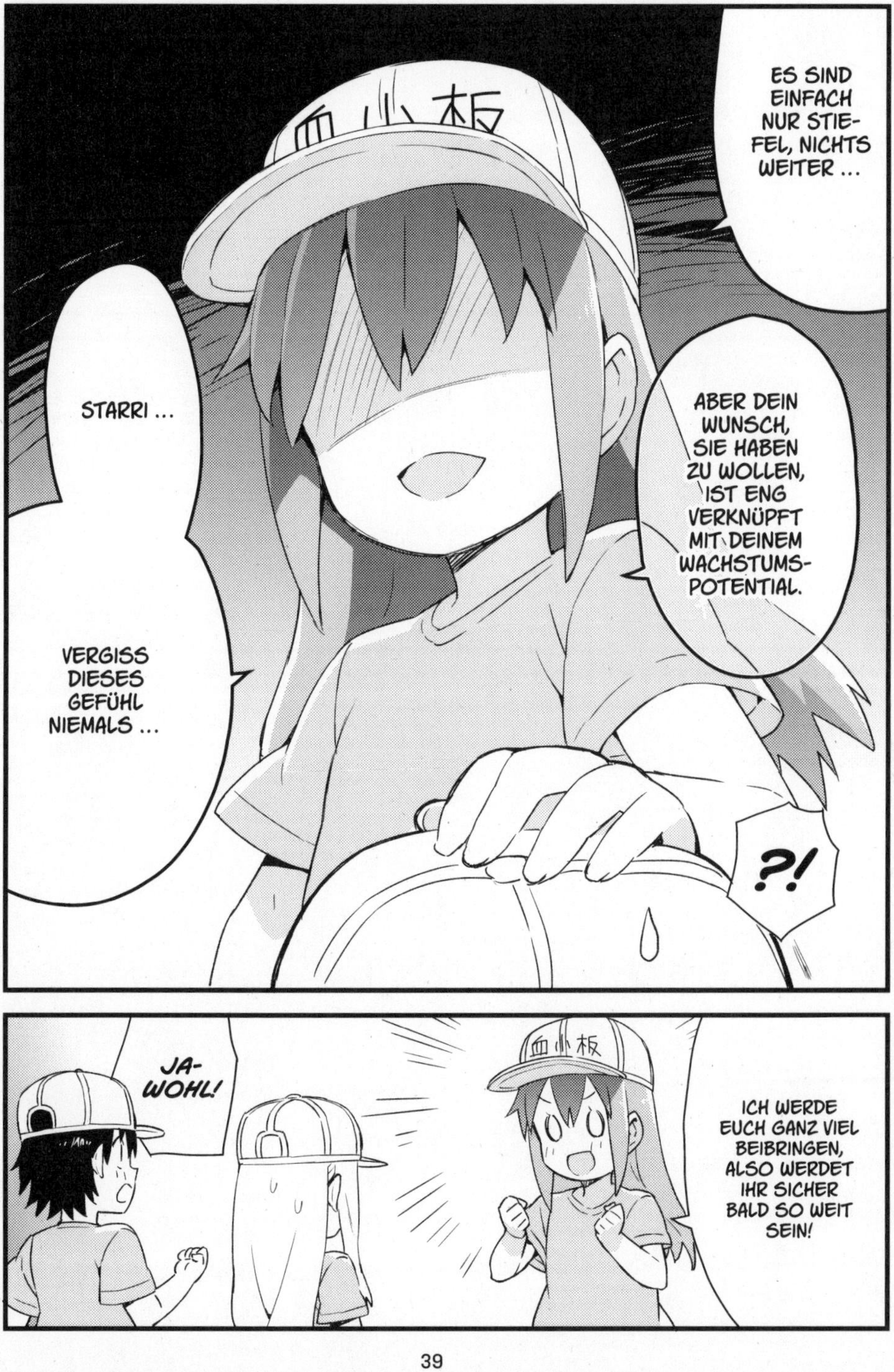
ES SIND EINFACH NUR STIEFEL, NICHTS WEITER …
STARRI …
ABER DEIN WUNSCH, SIE HABEN ZU WOLLEN, IST ENG VERKNÜPFT MIT DEINEM WACHSTUMS-POTENTIAL.
VERGISS DIESES GEFÜHL NIEMALS …
?!
ICH WERDE EUCH GANZ VIEL BEIBRINGEN, ALSO WERDET IHR SICHER BALD SO WEIT SEIN!
JA-WOHL!
血小板
血小板

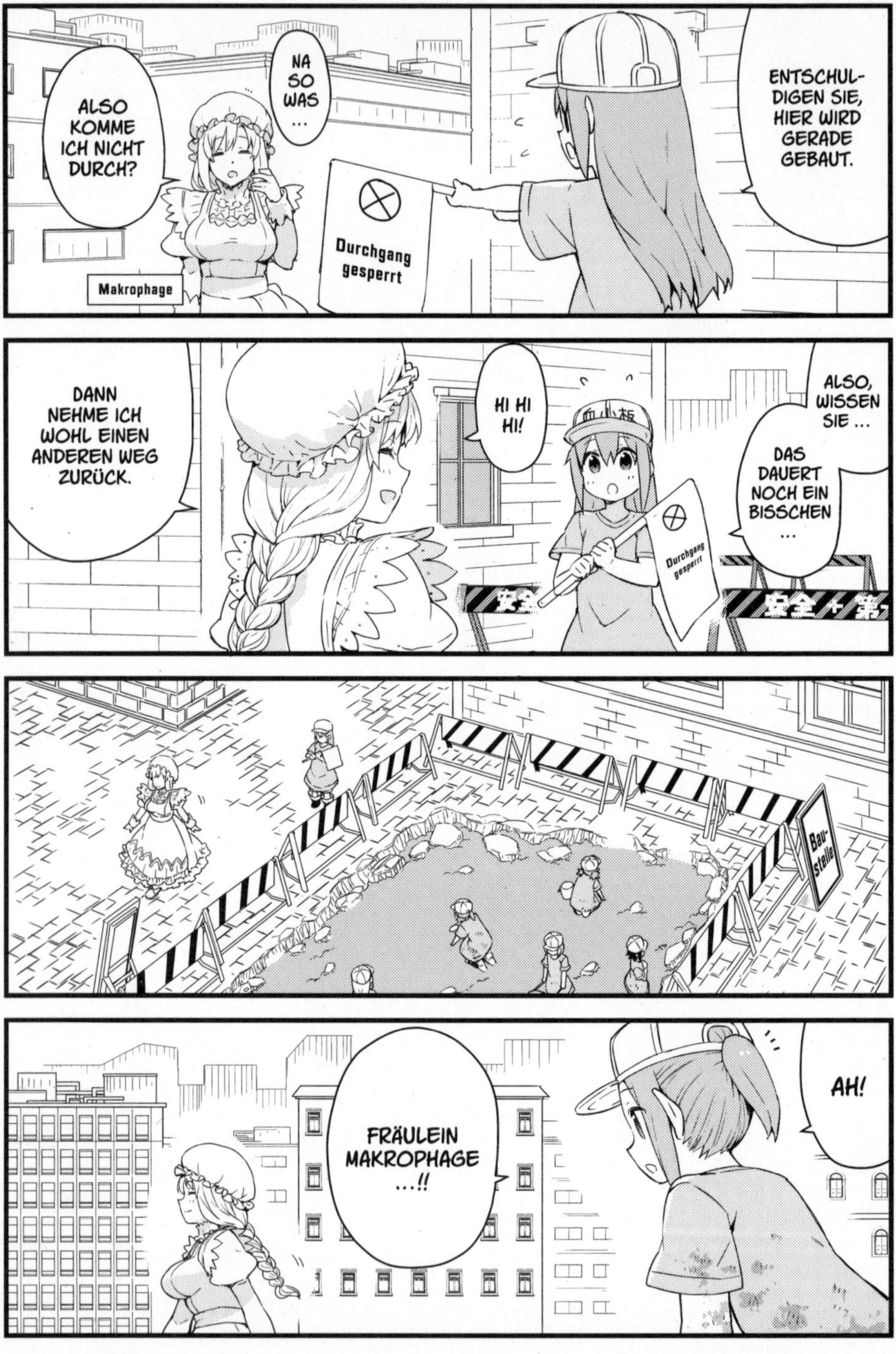
ENTSCHULDIGEN SIE, HIER WIRD GERADE GEBAUT.
NA SO WAS …
ALSO KOMME ICH NICHT DURCH?
Durchgang gesperrt
Makrophage
ALSO, WISSEN SIE …
DAS DAUERT NOCH EIN BISSCHEN …
HI HI HI!
DANN NEHME ICH WOHL EINEN ANDEREN WEG ZURÜCK.
Durchgang gesperrt
Baustelle
AH!
FRÄULEIN MAKROPHAGE …!!

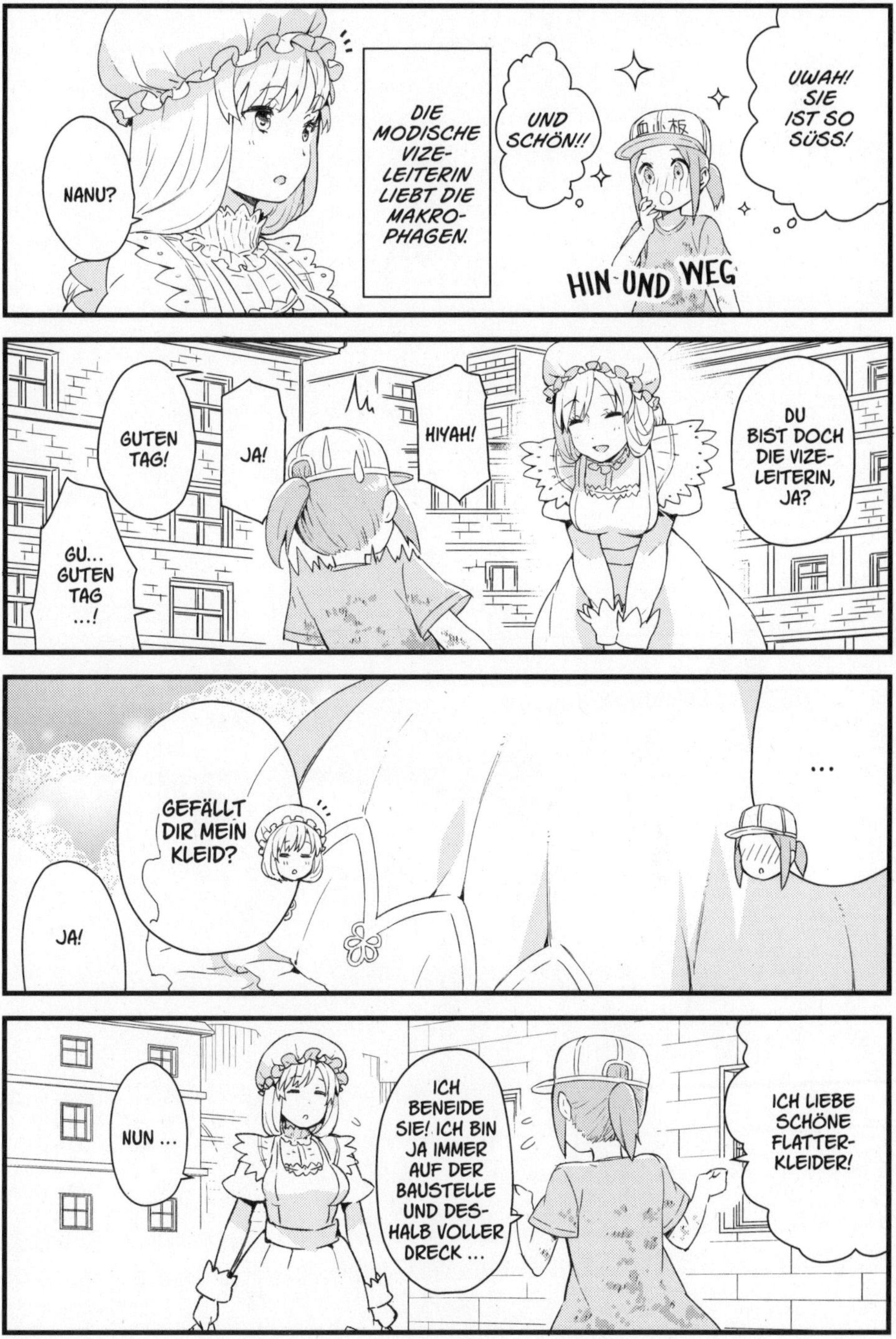
UWAH! SIE IST SO SÜSS!
UND SCHÖN!!
HIN UND WEG
DIE MODISCHE VIZE-LEITERIN LIEBT DIE MAKRO-PHAGEN.
NANU?
DU BIST DOCH DIE VIZE-LEITERIN, JA?
HIYAH!
JA!
GUTEN TAG!
GU... GUTEN TAG ...!
...
GEFÄLLT DIR MEIN KLEID?
JA!
ICH LIEBE SCHÖNE FLATTER-KLEIDER!
ICH BENEIDE SIE! ICH BIN JA IMMER AUF DER BAUSTELLE UND DES-HALB VOLLER DRECK ...
NUN ...

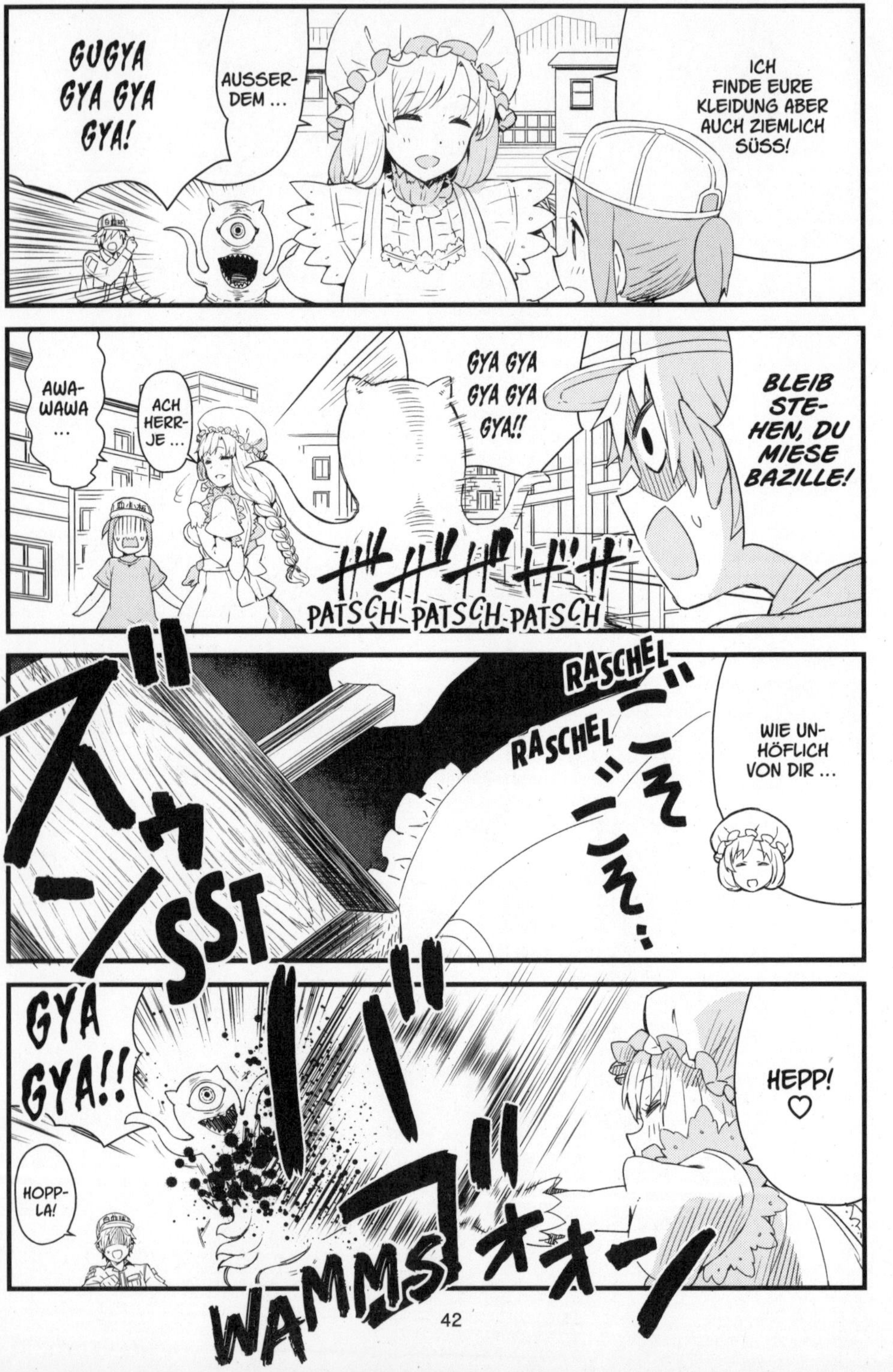
ICH FINDE EURE KLEIDUNG ABER AUCH ZIEMLICH SÜSS!
AUSSERDEM …
GUGYA GYA GYA GYA!
BLEIB STEHEN, DU MIESE BAZILLE!
GYA GYA GYA GYA GYA!!
PATSCH PATSCH PATSCH
ACH HERRJE …
AWAWAWA …
WIE UNHÖFLICH VON DIR …
RASCHEL RASCHEL
ごそごそ
SST
HEPP! ♡
GYA GYA!!
WAMMS!
HOPPLA!

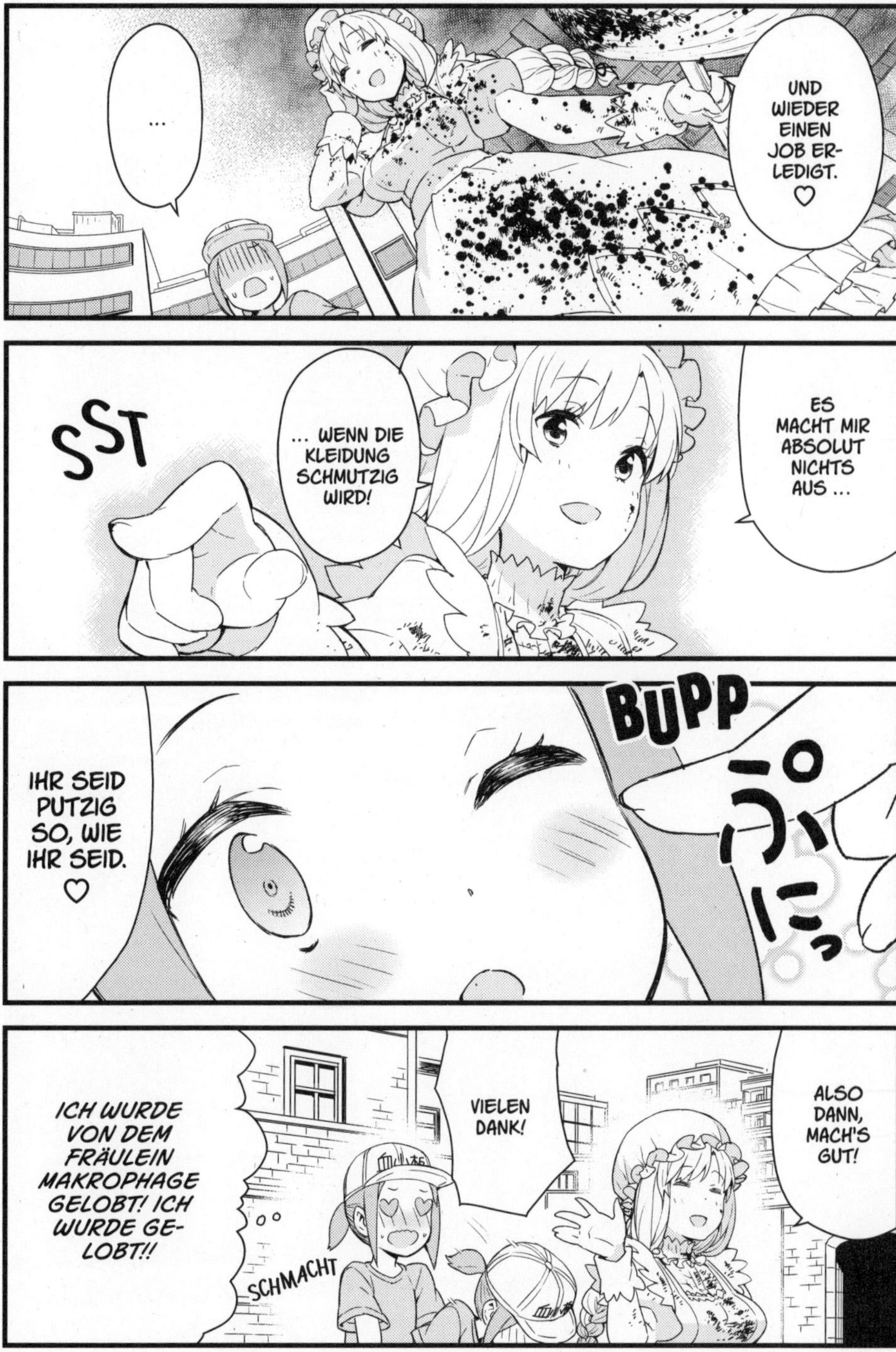
UND WIEDER EINEN JOB ERLEDIGT. ♡
...
ES MACHT MIR ABSOLUT NICHTS AUS ...
... WENN DIE KLEIDUNG SCHMUTZIG WIRD!
SST
BUPP
ぷにっ
IHR SEID PUTZIG SO, WIE IHR SEID. ♡
ALSO DANN, MACH'S GUT!
VIELEN DANK!
ICH WURDE VON DEM FRÄULEIN MAKROPHAGE GELOBT! ICH WURDE GELOBT!!
SCHMACHT

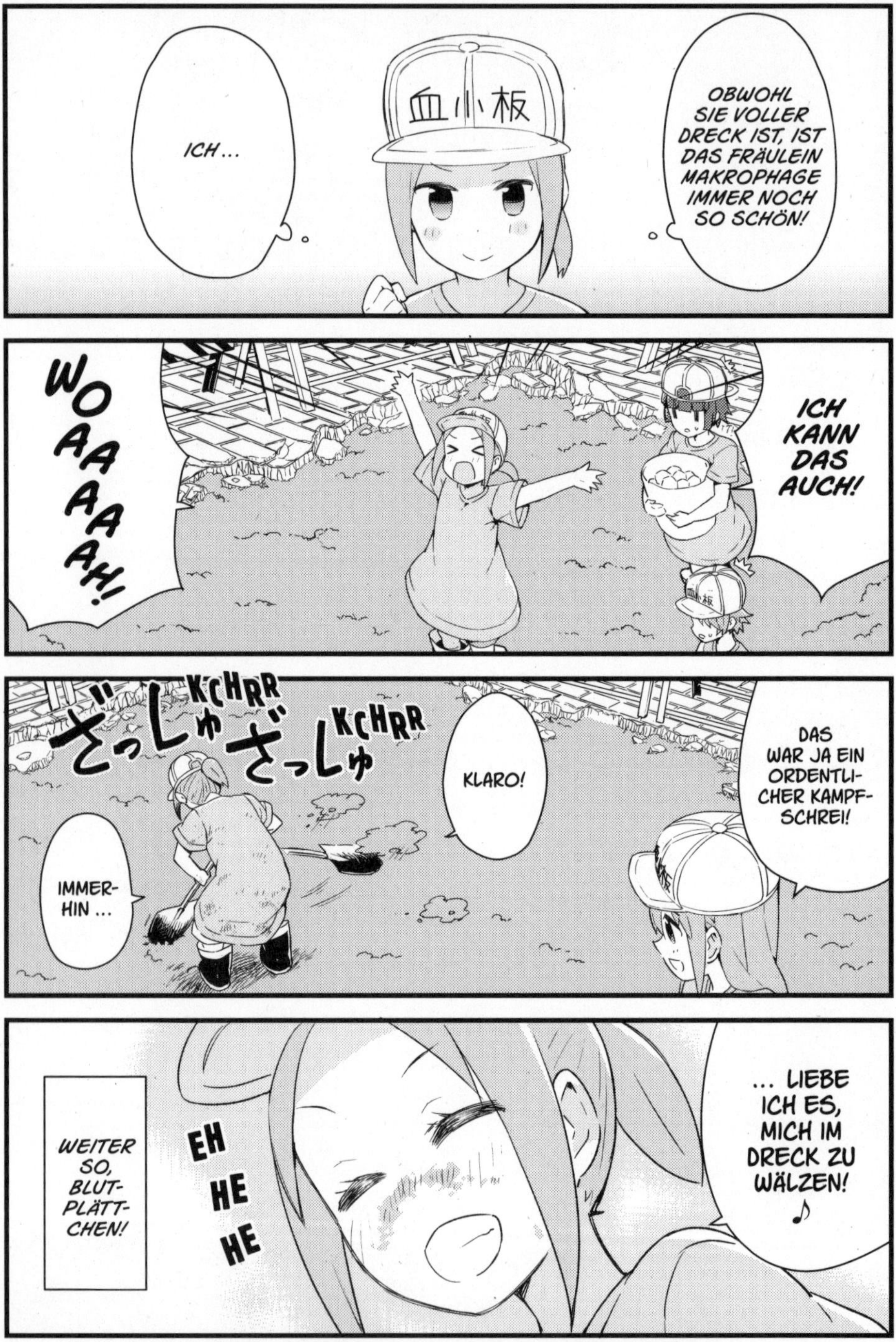

Kapitel 2: Ich möchte schnell ausgelernt haben! Ende

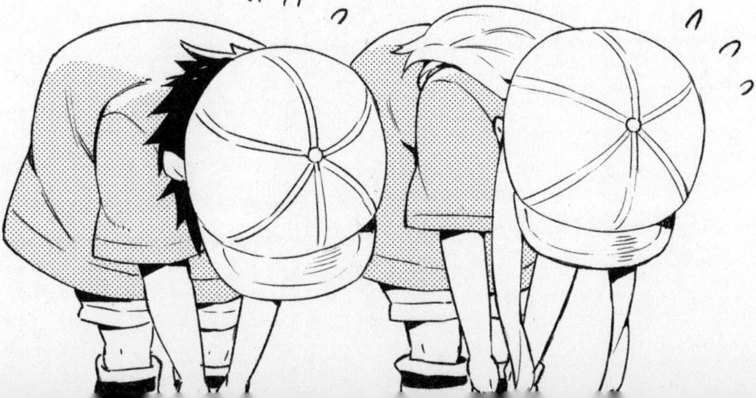

CELLS AT WORK!

はたらく細胞

AN DIE ARBEIT, BLUT-PLÄTTCHEN!

Kapitel 3: Ausrücken, ihr kleinen Ranger!

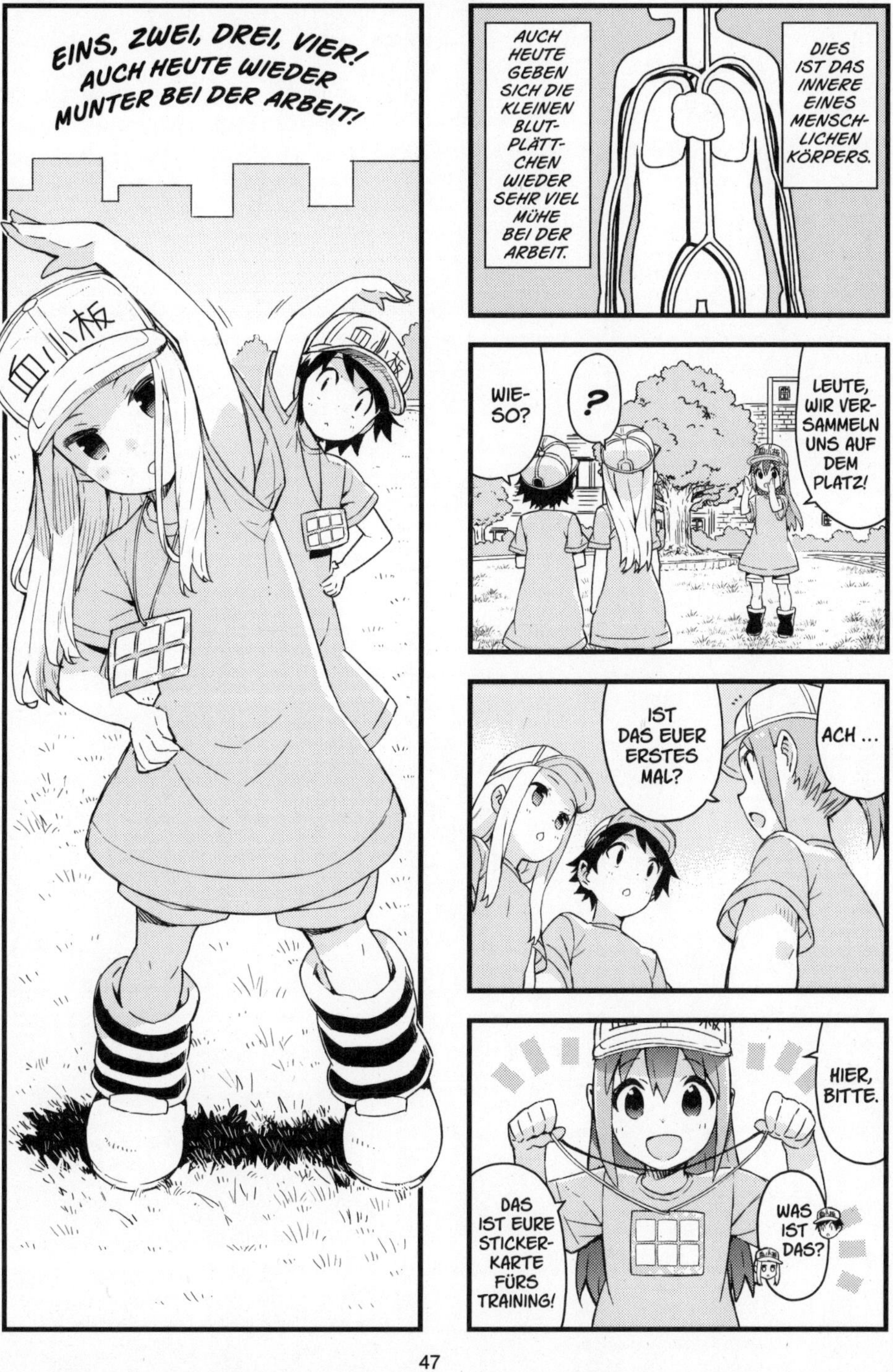

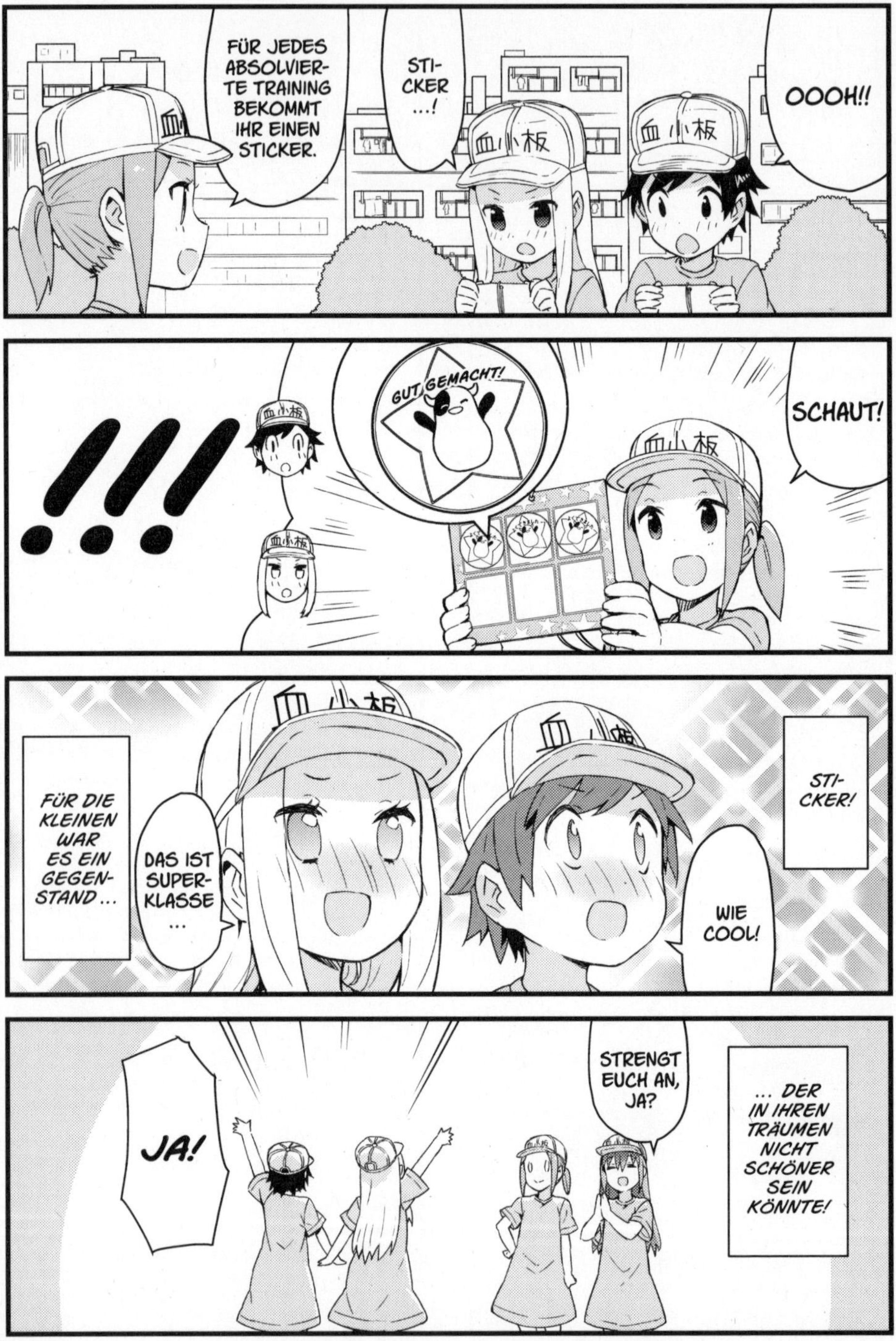
FÜR JEDES ABSOLVIERTE TRAINING BEKOMMT IHR EINEN STICKER.
STICKER ...!
OOOH!!
SCHAUT!
GUT GEMACHT!
!!!
FÜR DIE KLEINEN WAR ES EIN GEGENSTAND ...
STICKER!
DAS IST SUPERKLASSE ...
WIE COOL!
STRENGT EUCH AN, JA?
JA!
... DER IN IHREN TRÄUMEN NICHT SCHÖNER SEIN KÖNNTE!

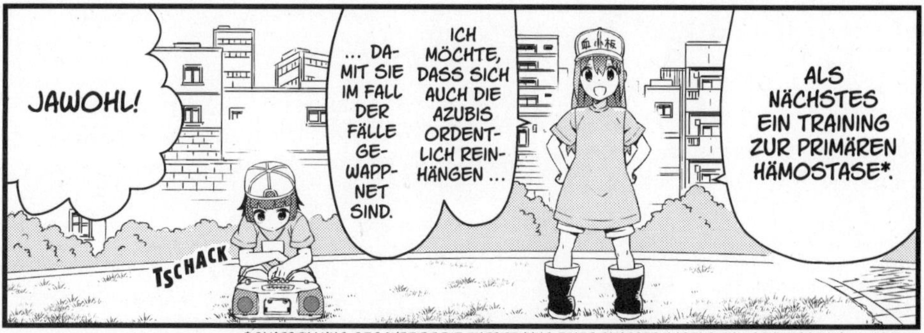

* BLUTSTILLUNG. BESCHREIBT DIE ENTSTEHUNG EINES BLUTGERINNSELS ZUM SCHLIESSEN VON WUNDEN.

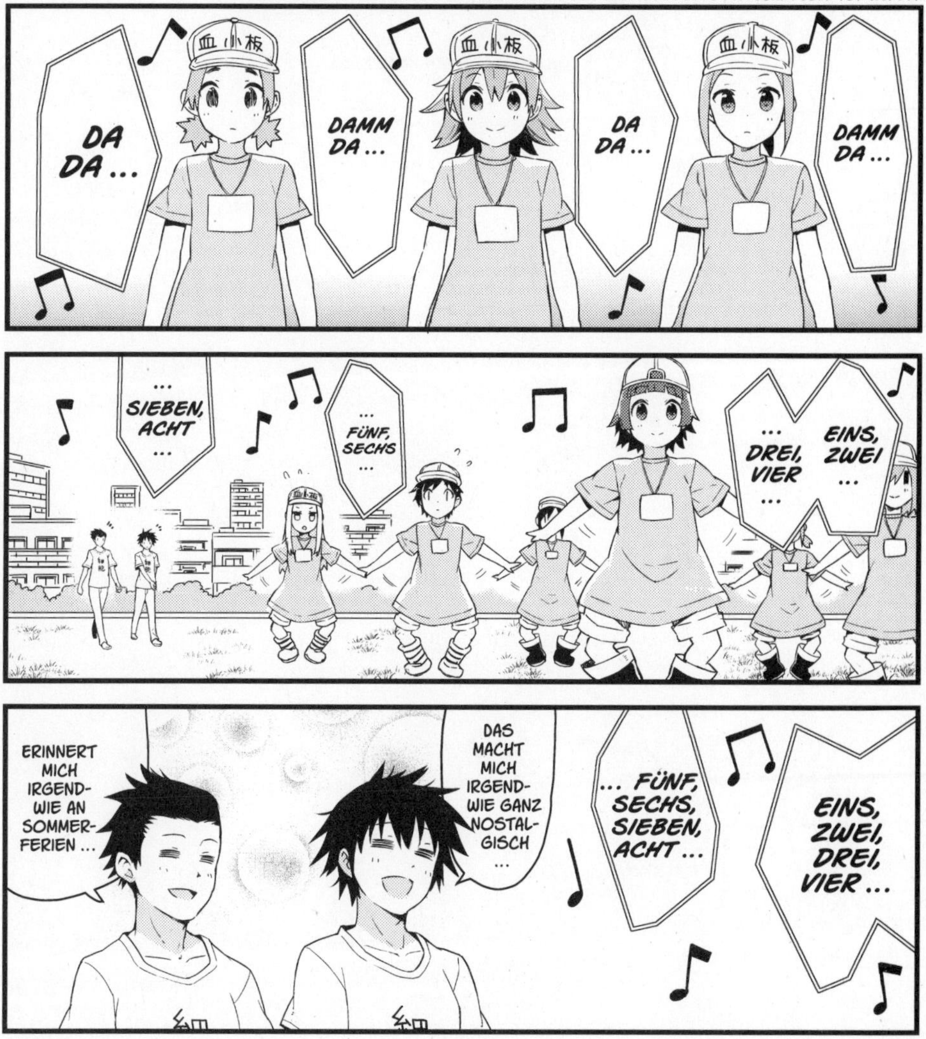

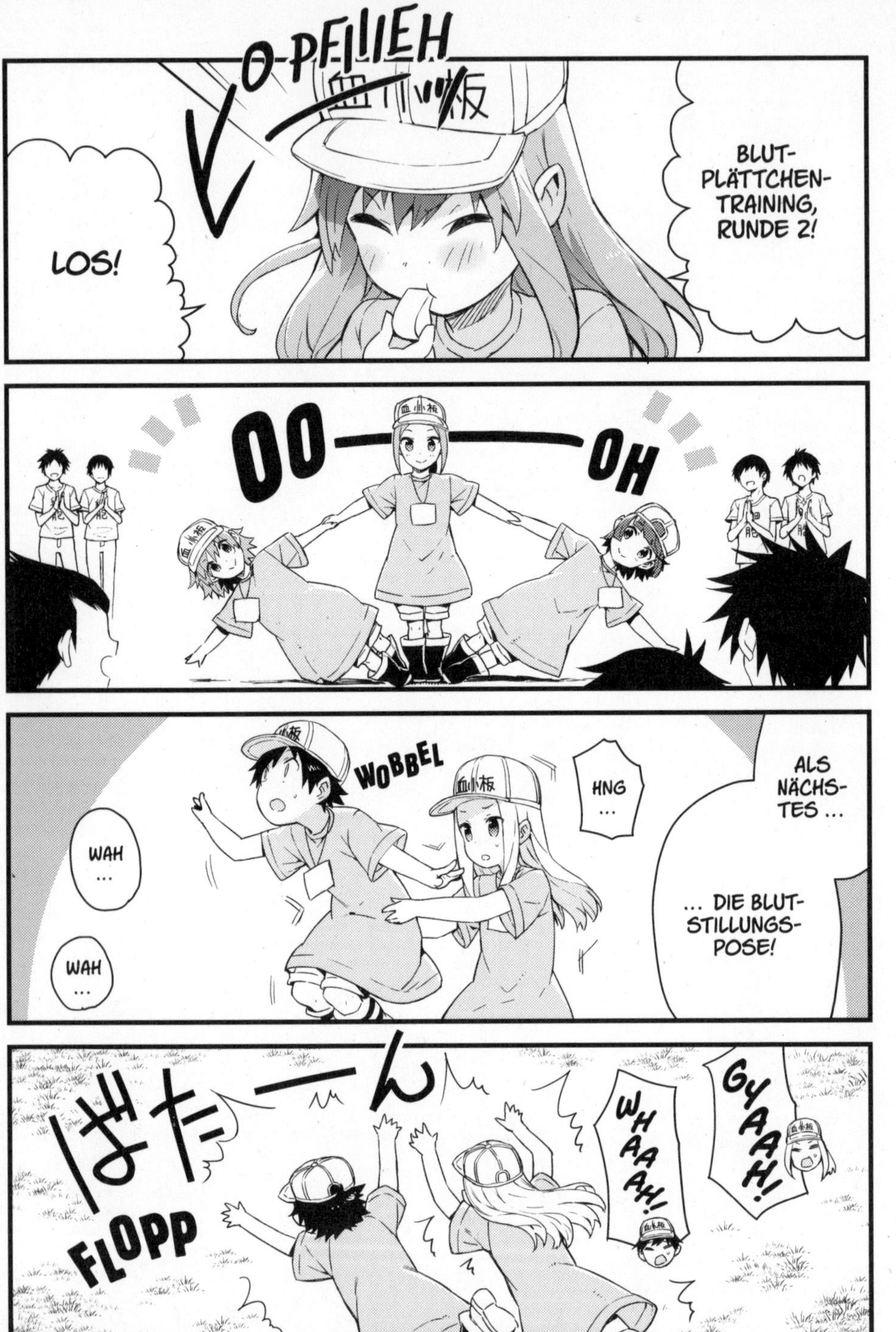
BLUT-PLÄTTCHEN-TRAINING, RUNDE 2!
O-PFIIIEH
LOS!
OO——OH
ALS NÄCHS-TES …
… DIE BLUT-STILLUNGS-POSE!
HNG …
WOBBEL
WAH …
WAH …
GYAAAH!
WHAAAAH!
ばたーーん
FLOPP

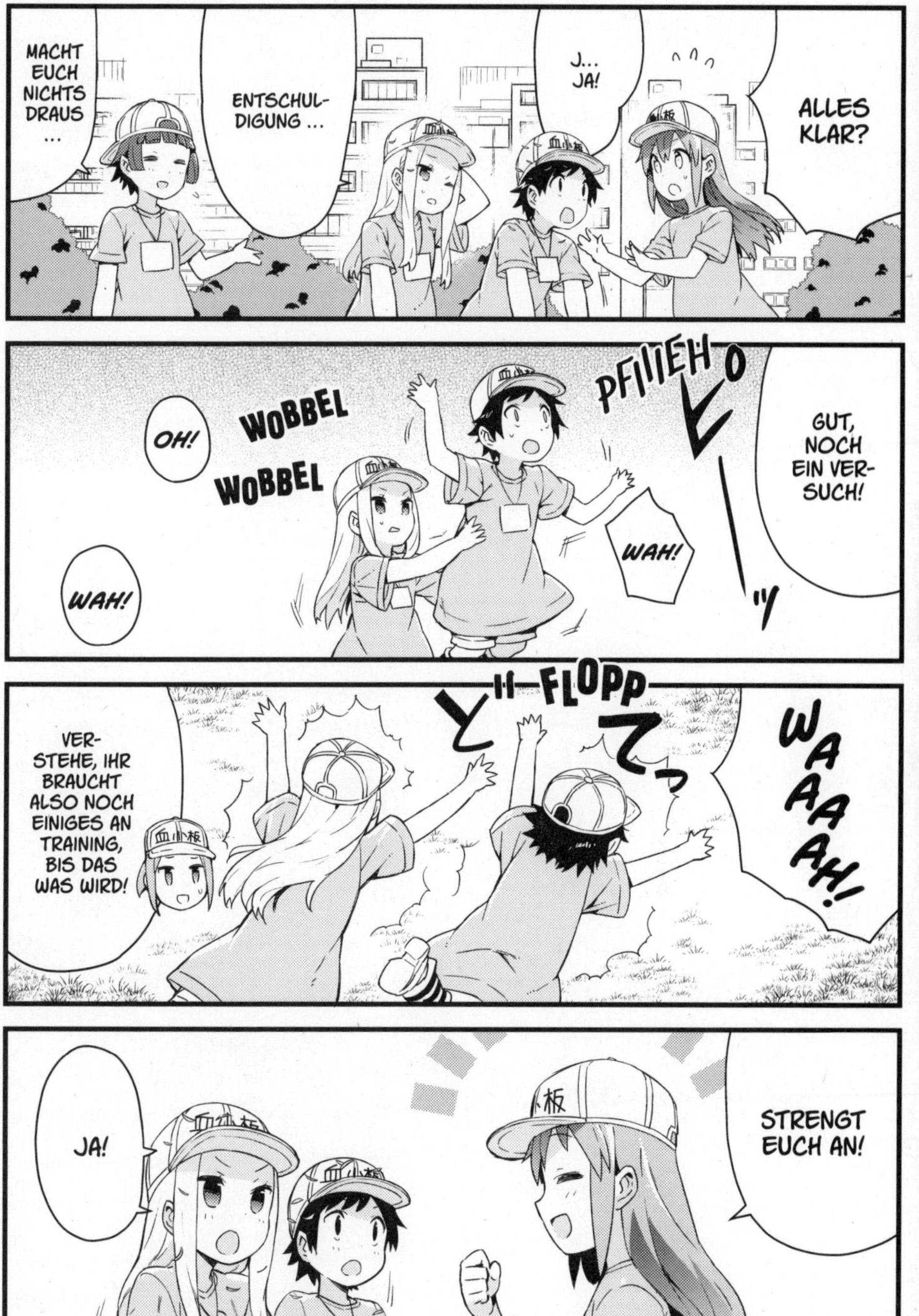
ALLES KLAR?
J... JA!
ENTSCHULDIGUNG ...
MACHT EUCH NICHTS DRAUS ...
GUT, NOCH EIN VERSUCH!
PFIIIEH
WAH!
WOBBEL
OH!
WOBBEL
WAH!
WAAAAAH!
FLOPP
VERSTEHE, IHR BRAUCHT ALSO NOCH EINIGES AN TRAINING, BIS DAS WAS WIRD!
STRENGT EUCH AN!
JA!

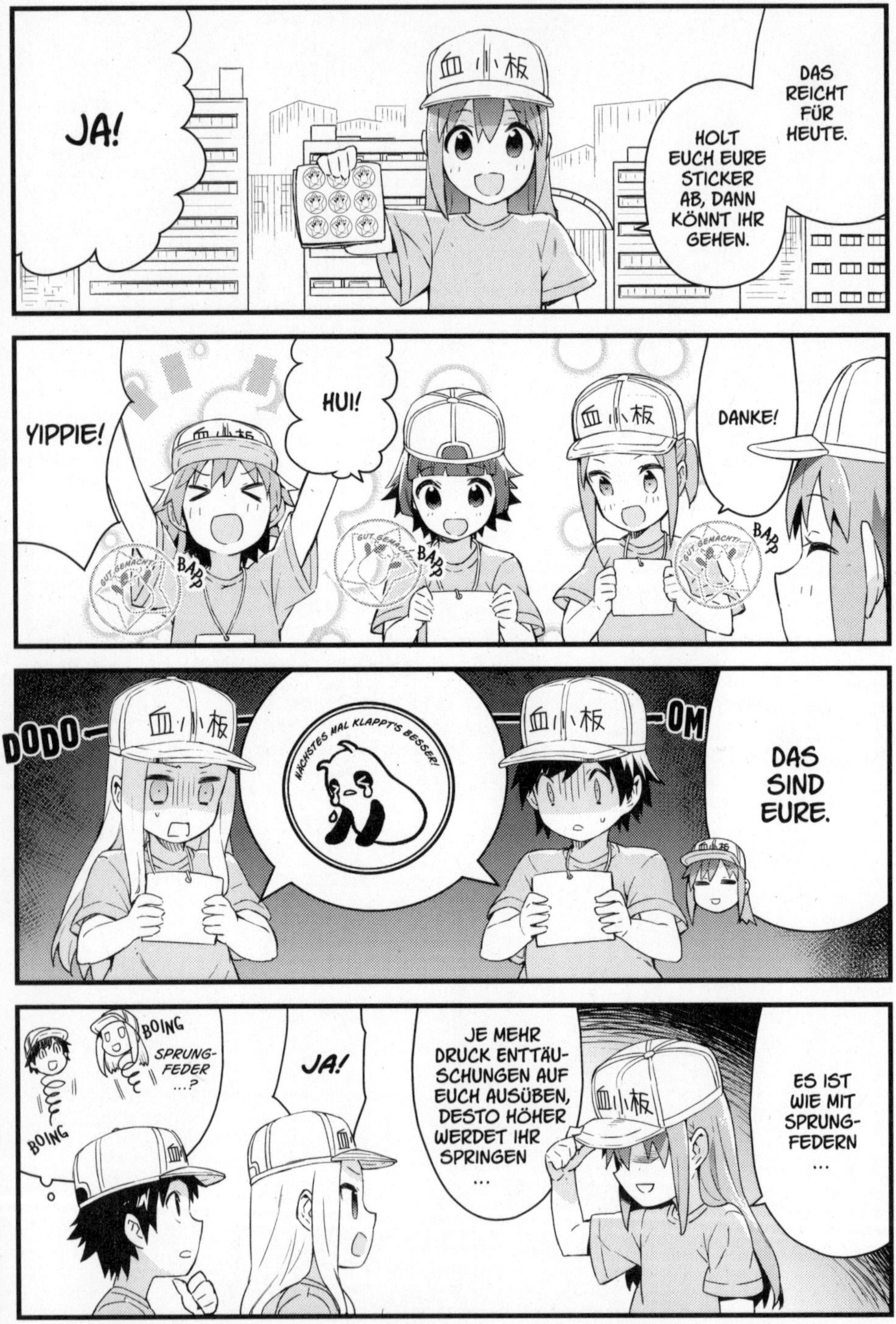

DAS REICHT FÜR HEUTE.
HOLT EUCH EURE STICKER AB, DANN KÖNNT IHR GEHEN.
JA!
DANKE!
BAPP
GUT GEMACHT!
HUI!
BAPP
GUT GEMACHT!
YIPPIE!
BAPP
GUT GEMACHT!
DAS SIND EURE.
DODO—
—OM
NÄCHSTES MAL KLAPPT'S BESSER!
ES IST WIE MIT SPRUNG-FEDERN …
JE MEHR DRUCK ENTTÄU-SCHUNGEN AUF EUCH AUSÜBEN, DESTO HÖHER WERDET IHR SPRINGEN …
JA!
BOING
SPRUNG-FEDER …?
BOING

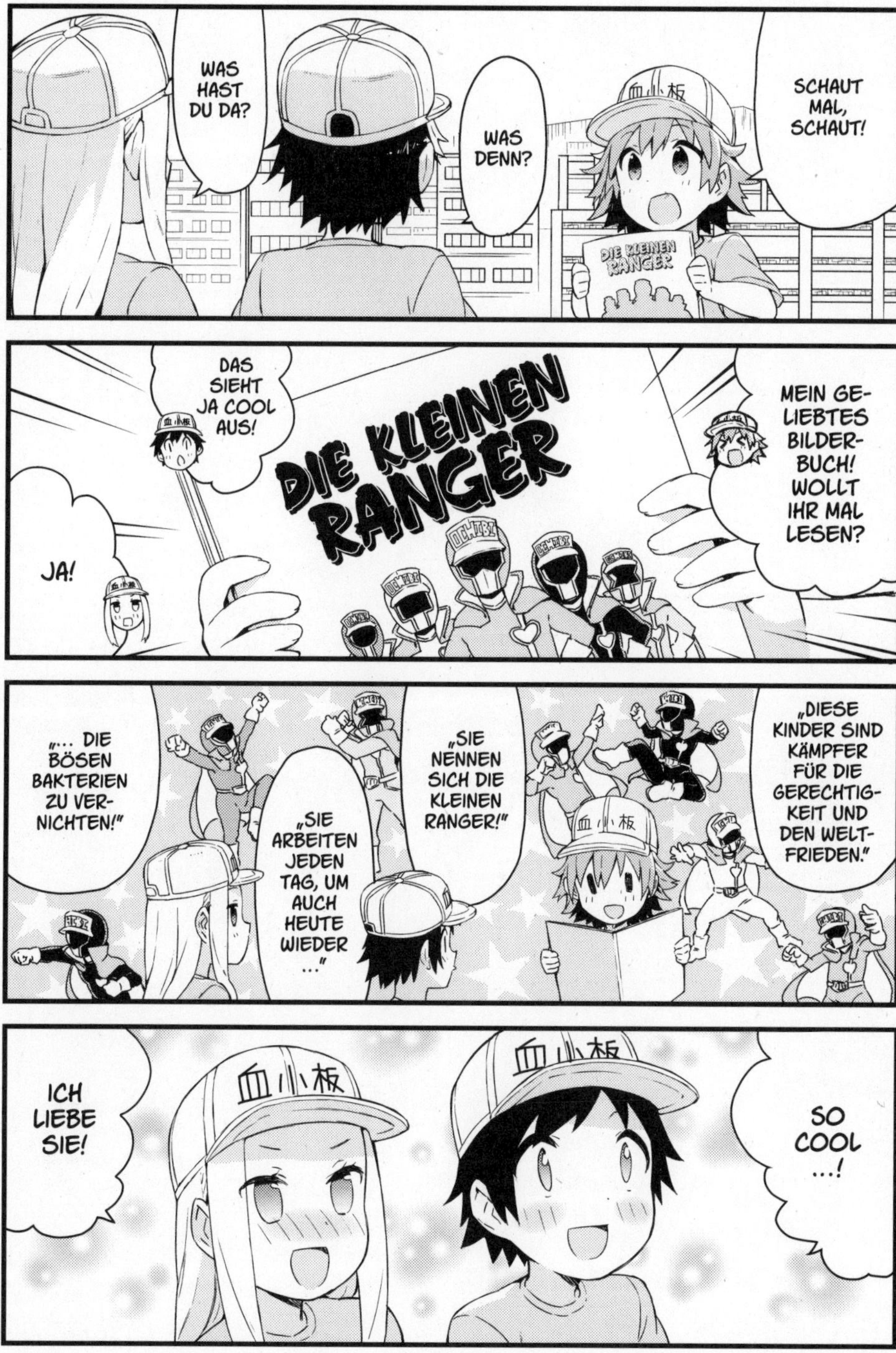

SCHAUT MAL, SCHAUT!
DIE KLEINEN RANGER
WAS DENN?
WAS HAST DU DA?
MEIN GELIEBTES BILDERBUCH! WOLLT IHR MAL LESEN?
DIE KLEINEN RANGER
DAS SIEHT JA COOL AUS!
JA!
„DIESE KINDER SIND KÄMPFER FÜR DIE GERECHTIGKEIT UND DEN WELTFRIEDEN."
„SIE NENNEN SICH DIE KLEINEN RANGER!"
„SIE ARBEITEN JEDEN TAG, UM AUCH HEUTE WIEDER …"
„… DIE BÖSEN BAKTERIEN ZU VERNICHTEN!"
血小板
SO COOL …!
ICH LIEBE SIE!

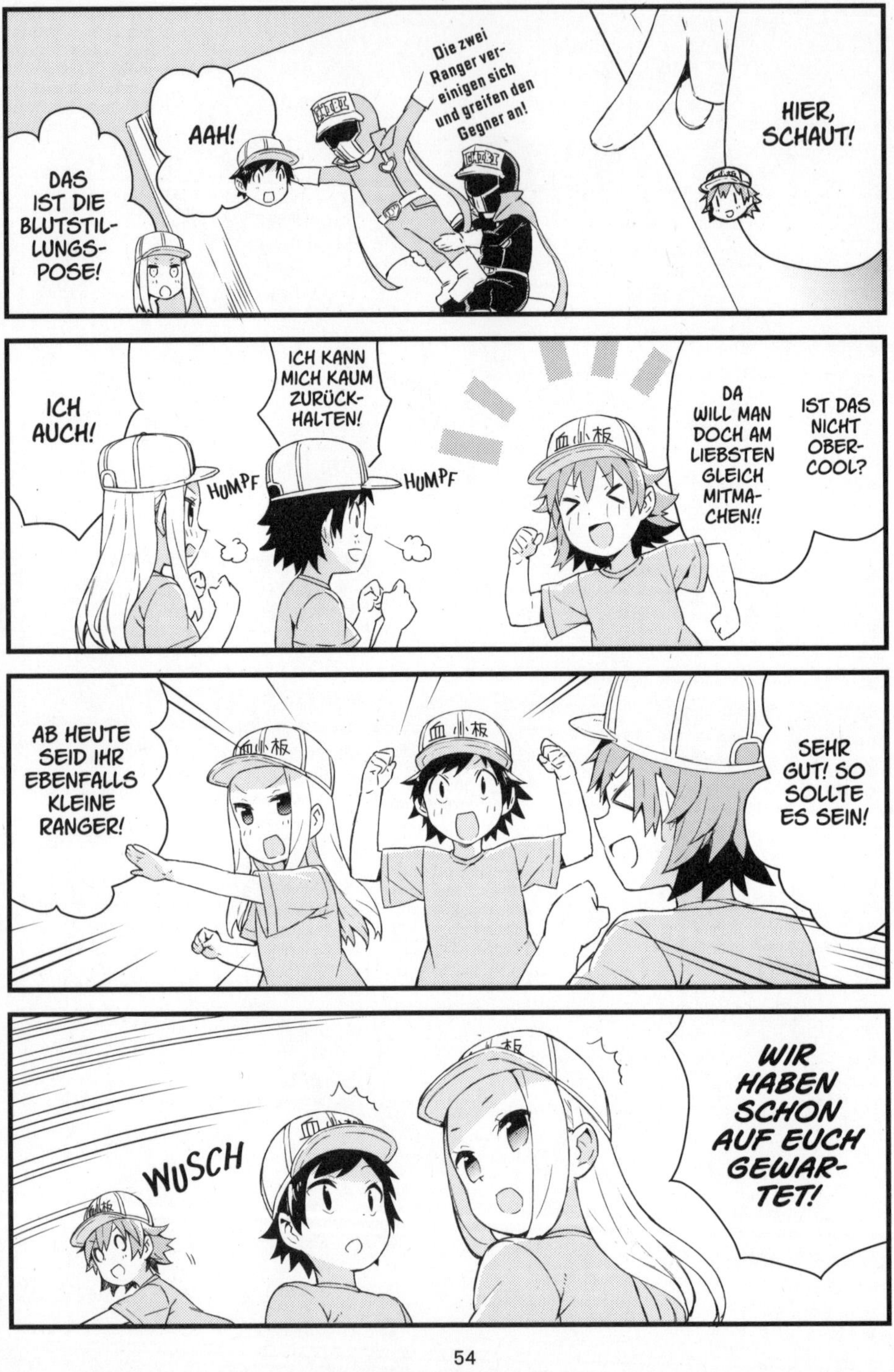
HIER, SCHAUT!
Die zwei Ranger vereinigen sich und greifen den Gegner an!
AAH!
DAS IST DIE BLUTSTILLUNGSPOSE!
IST DAS NICHT OBERCOOL?
DA WILL MAN DOCH AM LIEBSTEN GLEICH MITMACHEN!!
ICH KANN MICH KAUM ZURÜCKHALTEN!
HUMPF
HUMPF
ICH AUCH!
SEHR GUT! SO SOLLTE ES SEIN!
AB HEUTE SEID IHR EBENFALLS KLEINE RANGER!
WIR HABEN SCHON AUF EUCH GEWARTET!
WUSCH

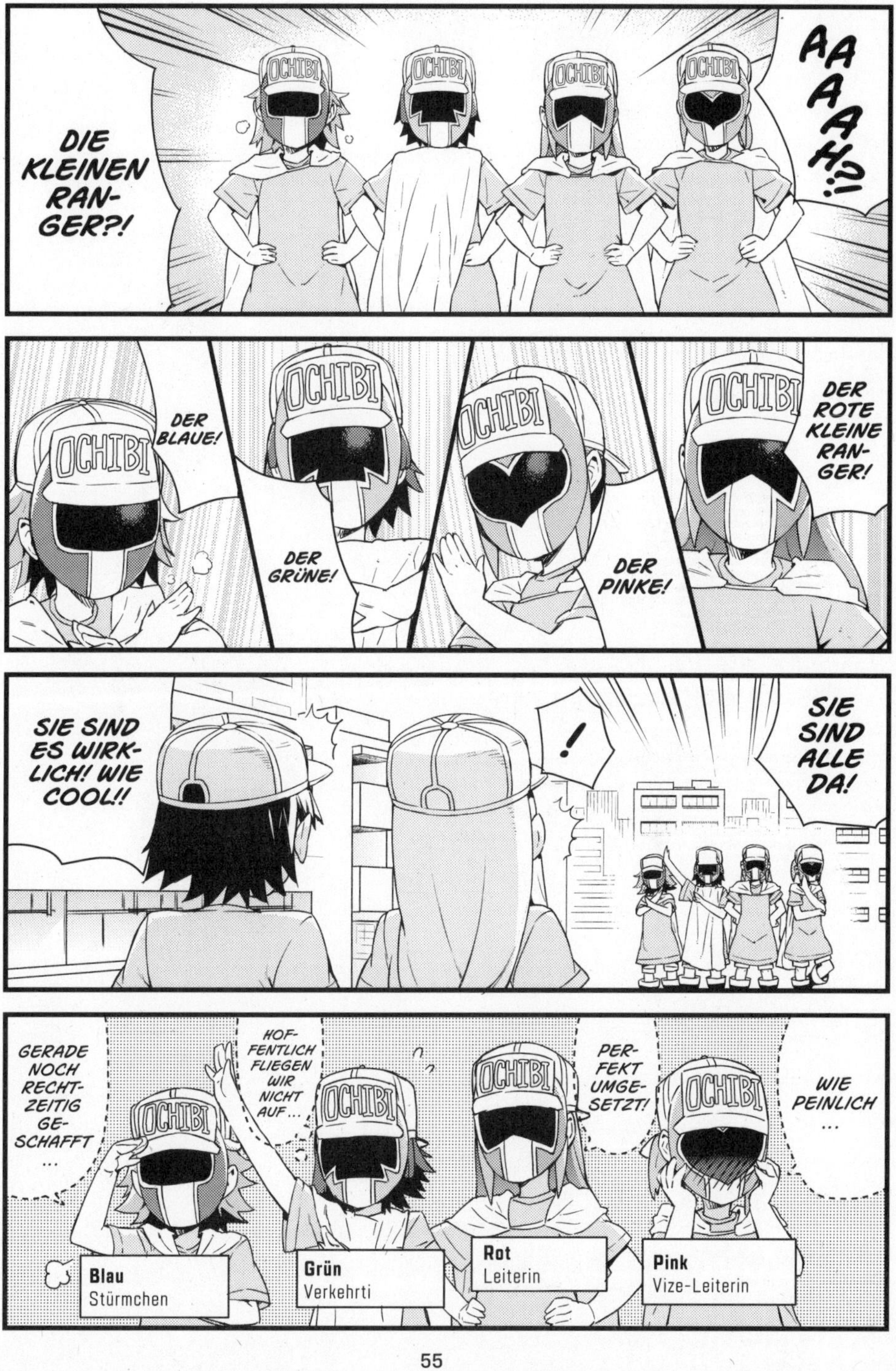
DIE KLEINEN RANGER?!
AAAAH?!
DER BLAUE!
DER GRÜNE!
DER PINKE!
DER ROTE KLEINE RANGER!
SIE SIND ES WIRKLICH! WIE COOL!!
!
SIE SIND ALLE DA!
GERADE NOCH RECHTZEITIG GESCHAFFT …
HOFFENTLICH FLIEGEN WIR NICHT AUF …
PERFEKT UMGESETZT!
WIE PEINLICH …
Blau
Stürmchen
Grün
Verkehrti
Rot
Leiterin
Pink
Vize-Leiterin

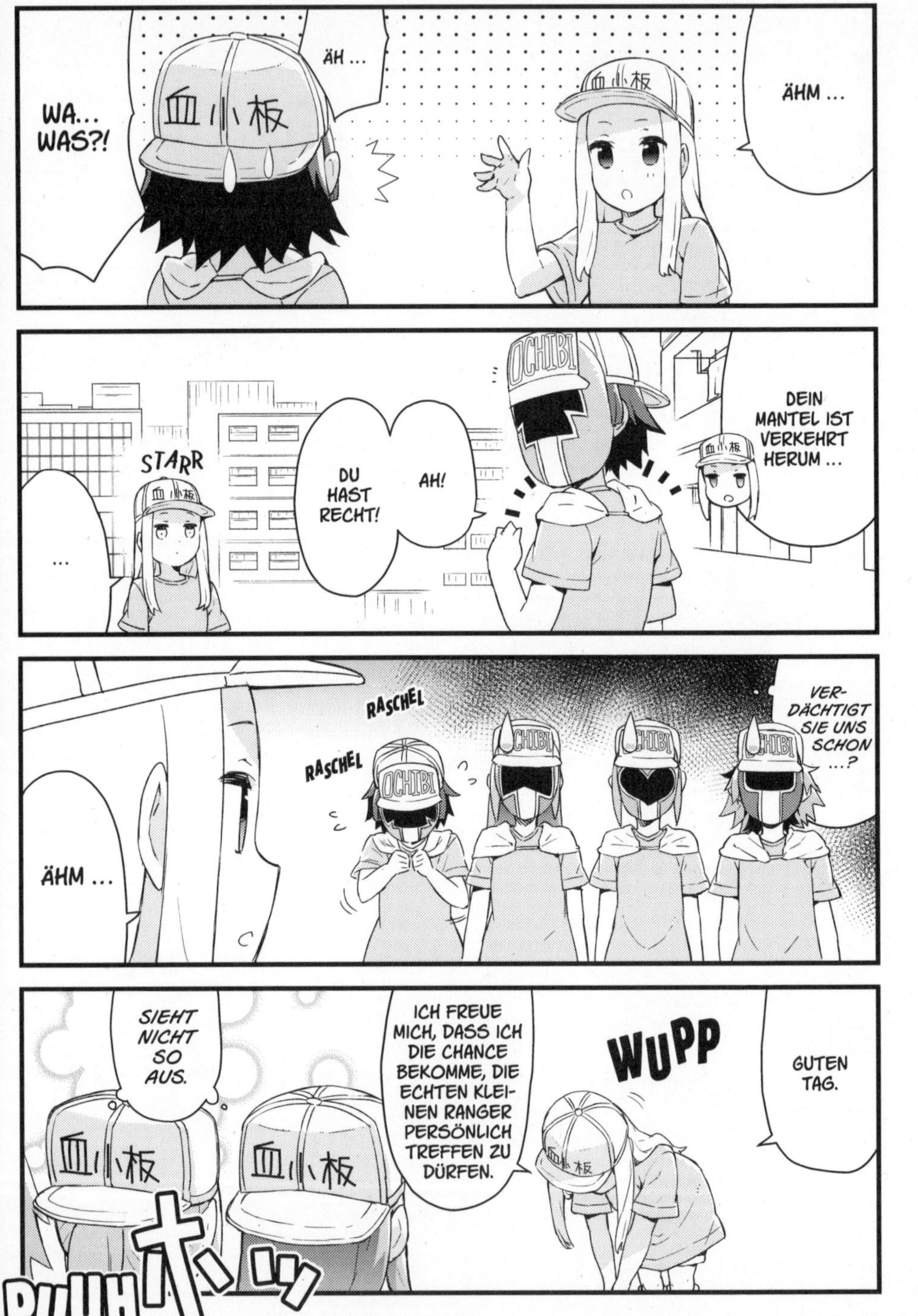
ÄHM ...
ÄH ...
WA... WAS?!
DEIN MANTEL IST VERKEHRT HERUM ...
AH!
DU HAST RECHT!
STARR
...
VERDÄCHTIGT SIE UNS SCHON ...?
RASCHEL
RASCHEL
ÄHM ...
GUTEN TAG.
WUPP
ICH FREUE MICH, DASS ICH DIE CHANCE BEKOMME, DIE ECHTEN KLEINEN RANGER PERSÖNLICH TREFFEN ZU DÜRFEN.
SIEHT NICHT SO AUS.
PUUH ホッ

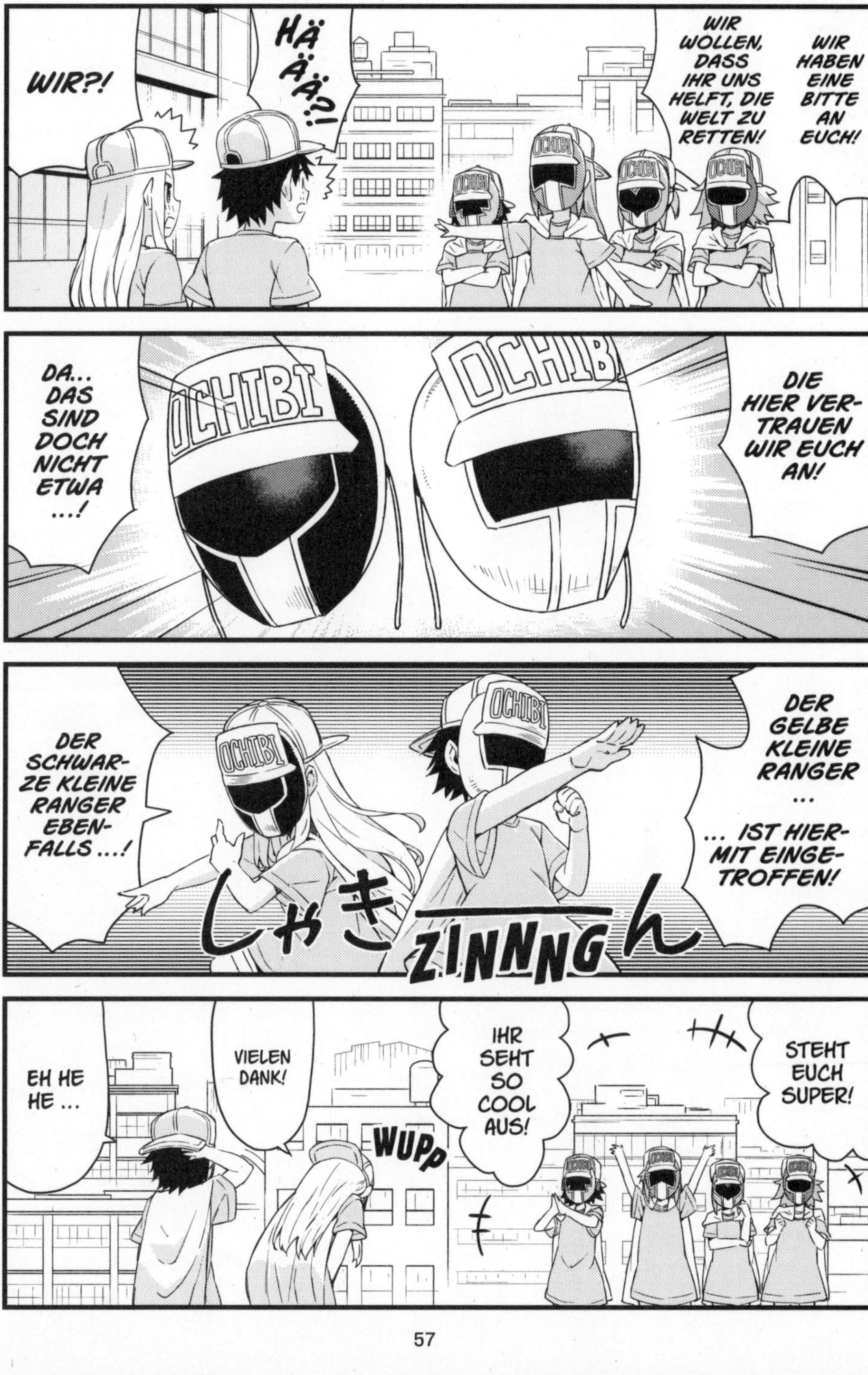
WIR HABEN EINE BITTE AN EUCH!
WIR WOLLEN, DASS IHR UNS HELFT, DIE WELT ZU RETTEN!
HÄÄÄ?!
WIR?!
DIE HIER VERTRAUEN WIR EUCH AN!
DA... DAS SIND DOCH NICHT ETWA ...!
OCHIBI
OCHIBI
DER GELBE KLEINE RANGER ...
... IST HIERMIT EINGETROFFEN!
DER SCHWARZE KLEINE RANGER EBENFALLS ...!
しゃきーん
ZINNNG
STEHT EUCH SUPER!
IHR SEHT SO COOL AUS!
VIELEN DANK!
WUPP
EH HE HE ...

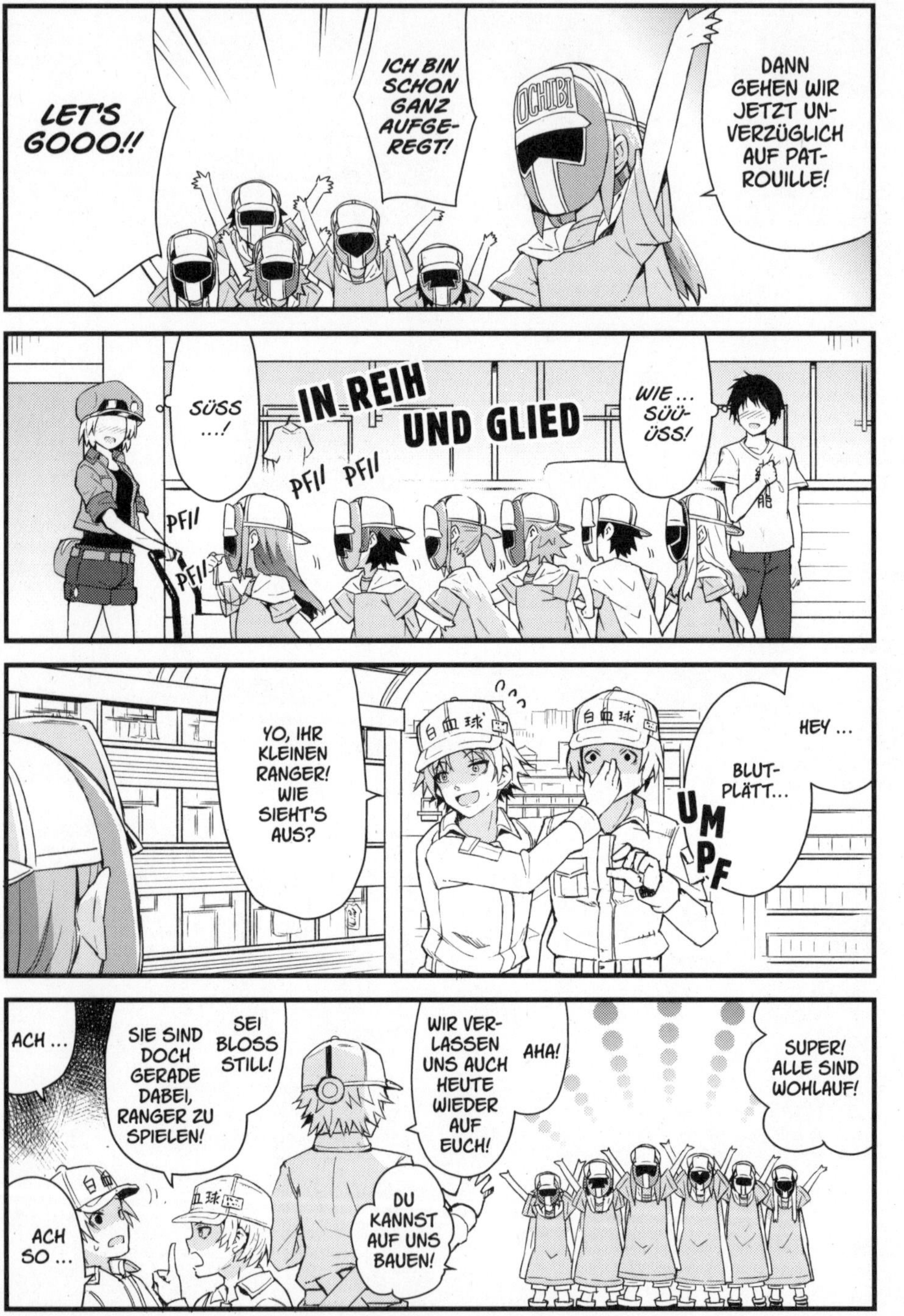
DANN GEHEN WIR JETZT UN-VERZÜGLICH AUF PAT-ROUILLE!
ICH BIN SCHON GANZ AUFGE-REGT!
LET'S GOOO!!
WIE … SÜÜ-ÜSS!
IN REIH UND GLIED
SÜSS …!
PFI! PFI! PFI! PFI!
HEY …
BLUT-PLÄTT…
UMPF
YO, IHR KLEINEN RANGER! WIE SIEHT'S AUS?
SUPER! ALLE SIND WOHLAUF!
AHA!
WIR VER-LASSEN UNS AUCH HEUTE WIEDER AUF EUCH!
DU KANNST AUF UNS BAUEN!
SEI BLOSS STILL!
SIE SIND DOCH GERADE DABEI, RANGER ZU SPIELEN!
ACH …
ACH SO …

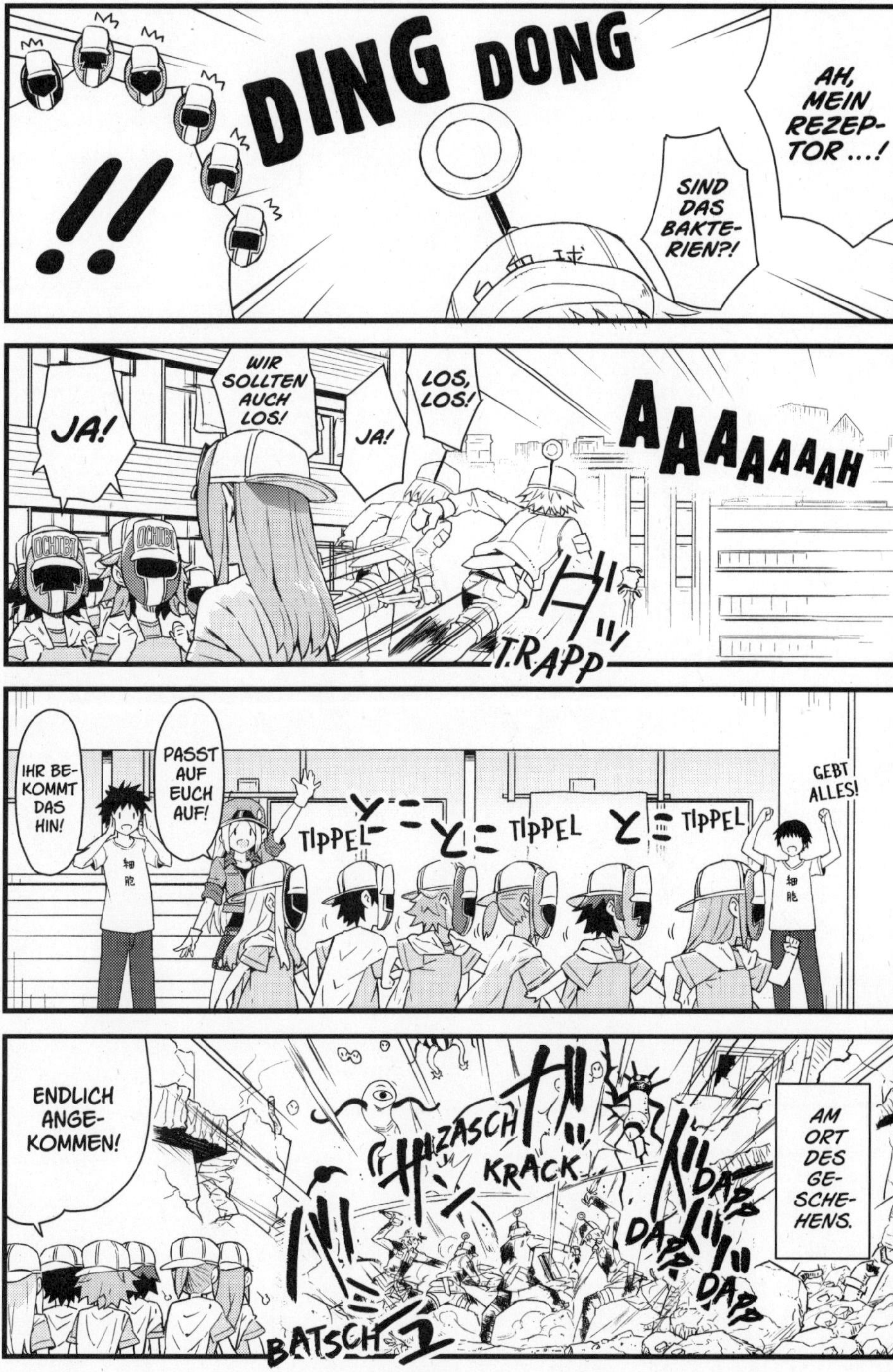
AH, MEIN REZEPTOR ...!
SIND DAS BAKTERIEN?!
DING DONG
!!
AAAAAAAH
LOS, LOS!
JA!
WIR SOLLTEN AUCH LOS!
JA!
TRAPP
GEBT ALLES!
TIPPEL
TIPPEL
TIPPEL
PASST AUF EUCH AUF!
IHR BEKOMMT DAS HIN!
AM ORT DES GESCHEHENS.
DAPP
DAPP
DAPP
KRACK
ZASCH
BATSCH
ENDLICH ANGEKOMMEN!

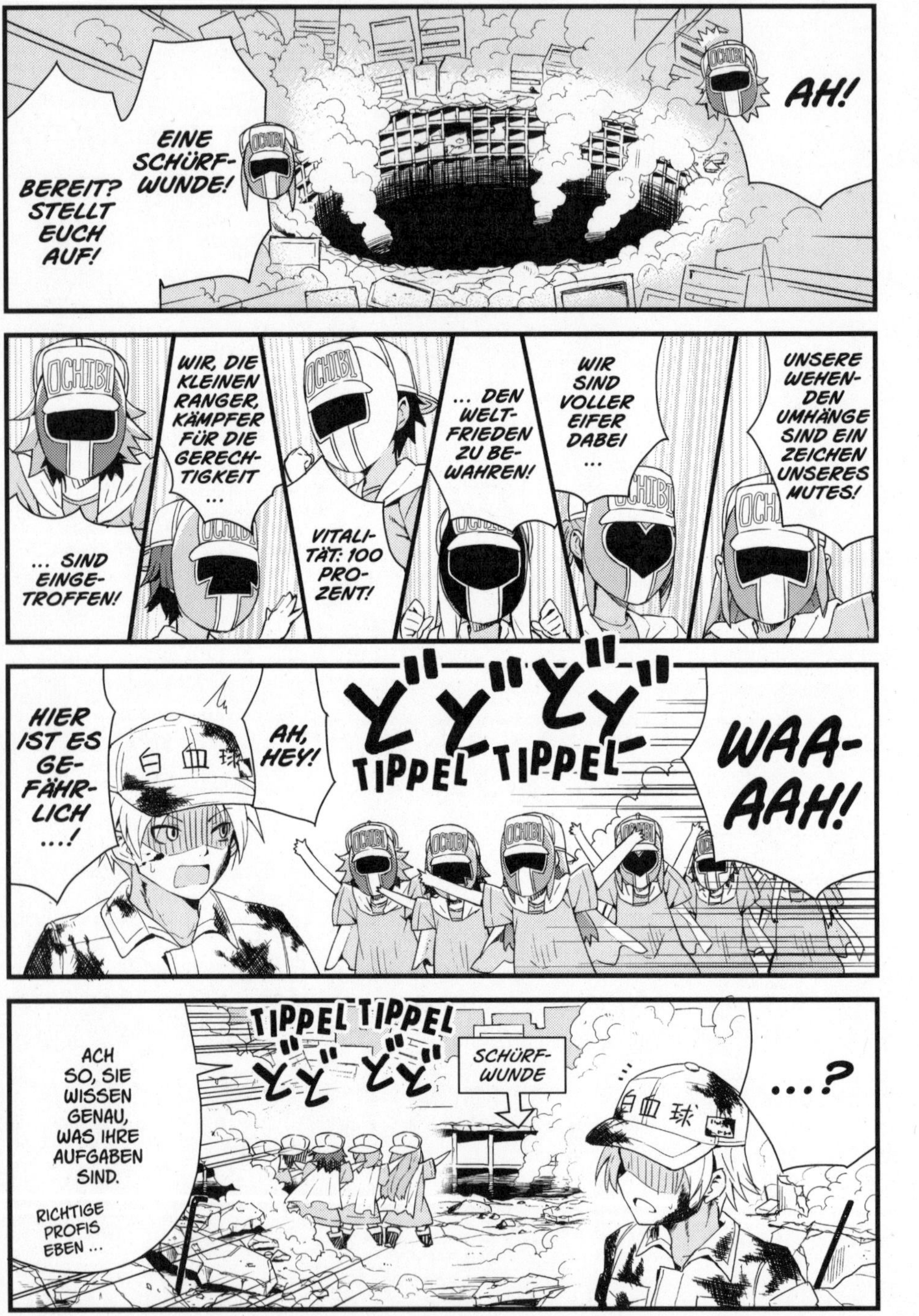
AH!
EINE SCHÜRFWUNDE!
BEREIT? STELLT EUCH AUF!
UNSERE WEHENDEN UMHÄNGE SIND EIN ZEICHEN UNSERES MUTES!
WIR SIND VOLLER EIFER DABEI ...
... DEN WELTFRIEDEN ZU BEWAHREN!
VITALITÄT: 100 PROZENT!
WIR, DIE KLEINEN RANGER, KÄMPFER FÜR DIE GERECHTIGKEIT ...
... SIND EINGETROFFEN!
WAA-AAH!
TIPPEL TIPPEL
AH, HEY!
HIER IST ES GEFÄHRLICH ...!
...?
SCHÜRFWUNDE
TIPPEL TIPPEL
ACH SO, SIE WISSEN GENAU, WAS IHRE AUFGABEN SIND.
RICHTIGE PROFIS EBEN ...

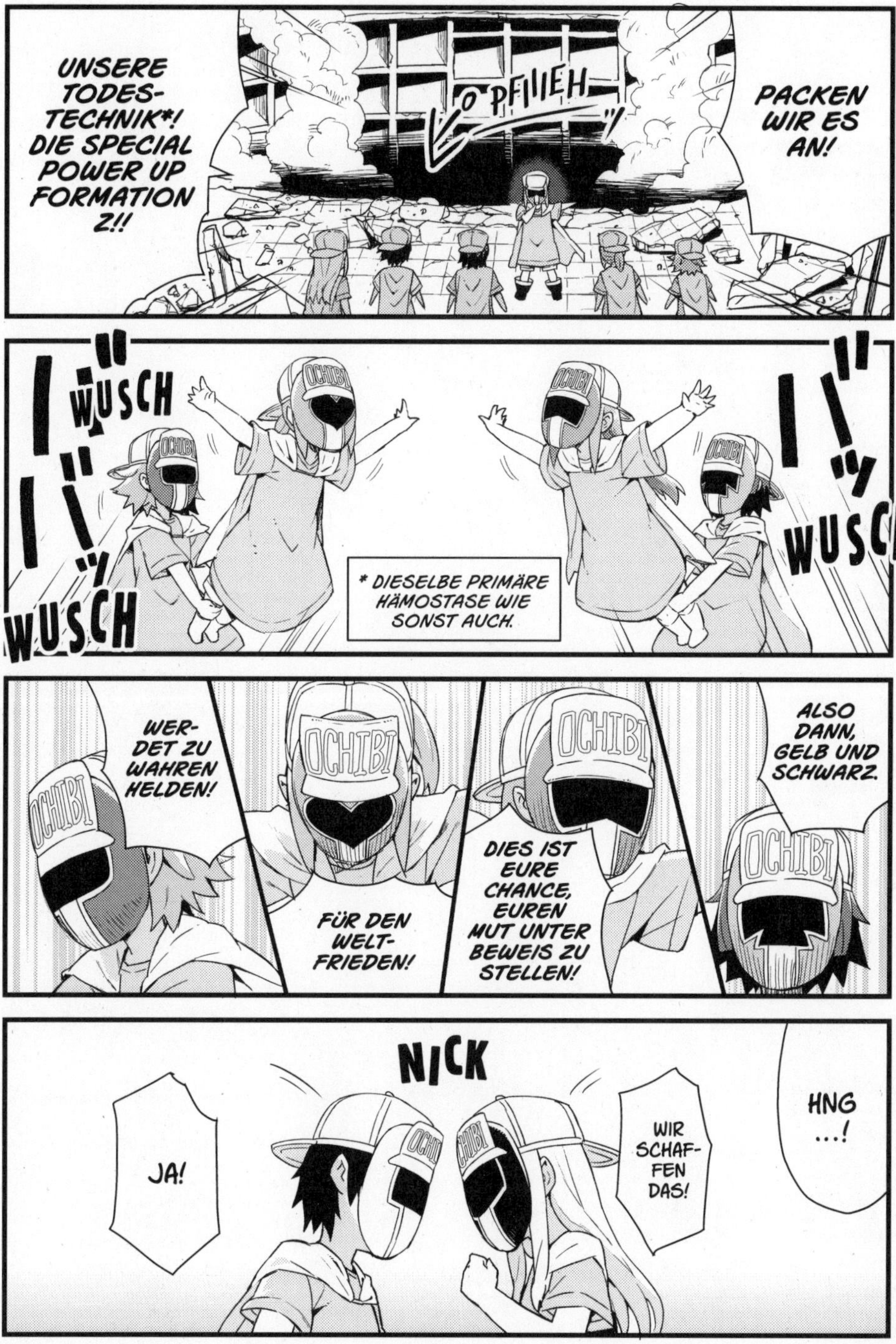
PACKEN WIR ES AN!
PFIIIEH
UNSERE TODES-TECHNIK*! DIE SPECIAL POWER UP FORMATION Z!!
WUSCH
WUSCH
WUSCH
* DIESELBE PRIMÄRE HÄMOSTASE WIE SONST AUCH.
ALSO DANN, GELB UND SCHWARZ.
DIES IST EURE CHANCE, EUREN MUT UNTER BEWEIS ZU STELLEN!
FÜR DEN WELT-FRIEDEN!
WER-DET ZU WAHREN HELDEN!
HNG ...!
WIR SCHAF-FEN DAS!
NICK
JA!

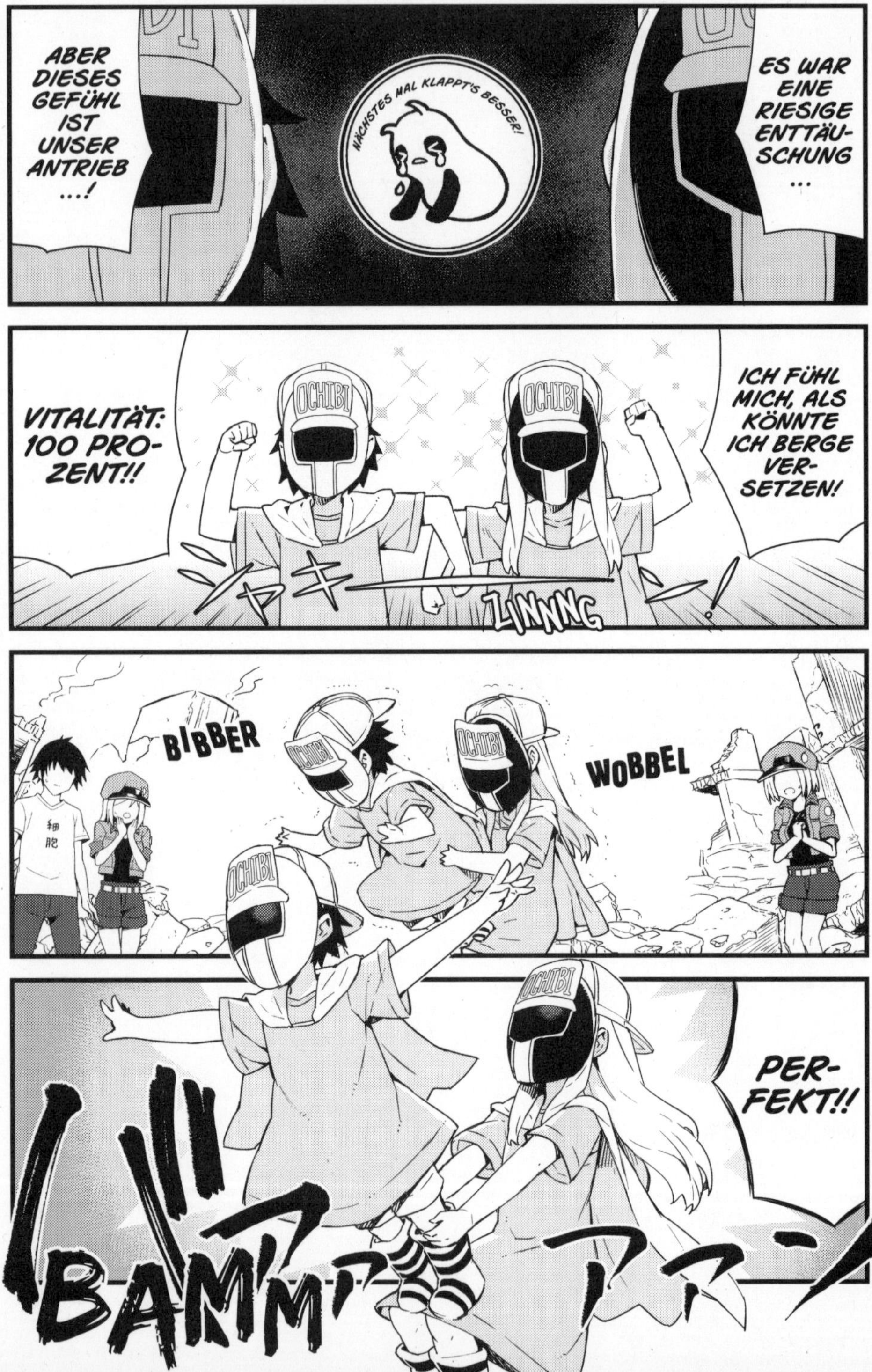

ES WAR EINE RIESIGE ENTTÄUSCHUNG …
NÄCHSTES MAL KLAPPT'S BESSER!
ABER DIESES GEFÜHL IST UNSER ANTRIEB …!
ICH FÜHL MICH, ALS KÖNNTE ICH BERGE VERSETZEN!
VITALITÄT: 100 PROZENT!!
ZINNNG
WOBBEL
BIBBER
PERFEKT!!
BAMM

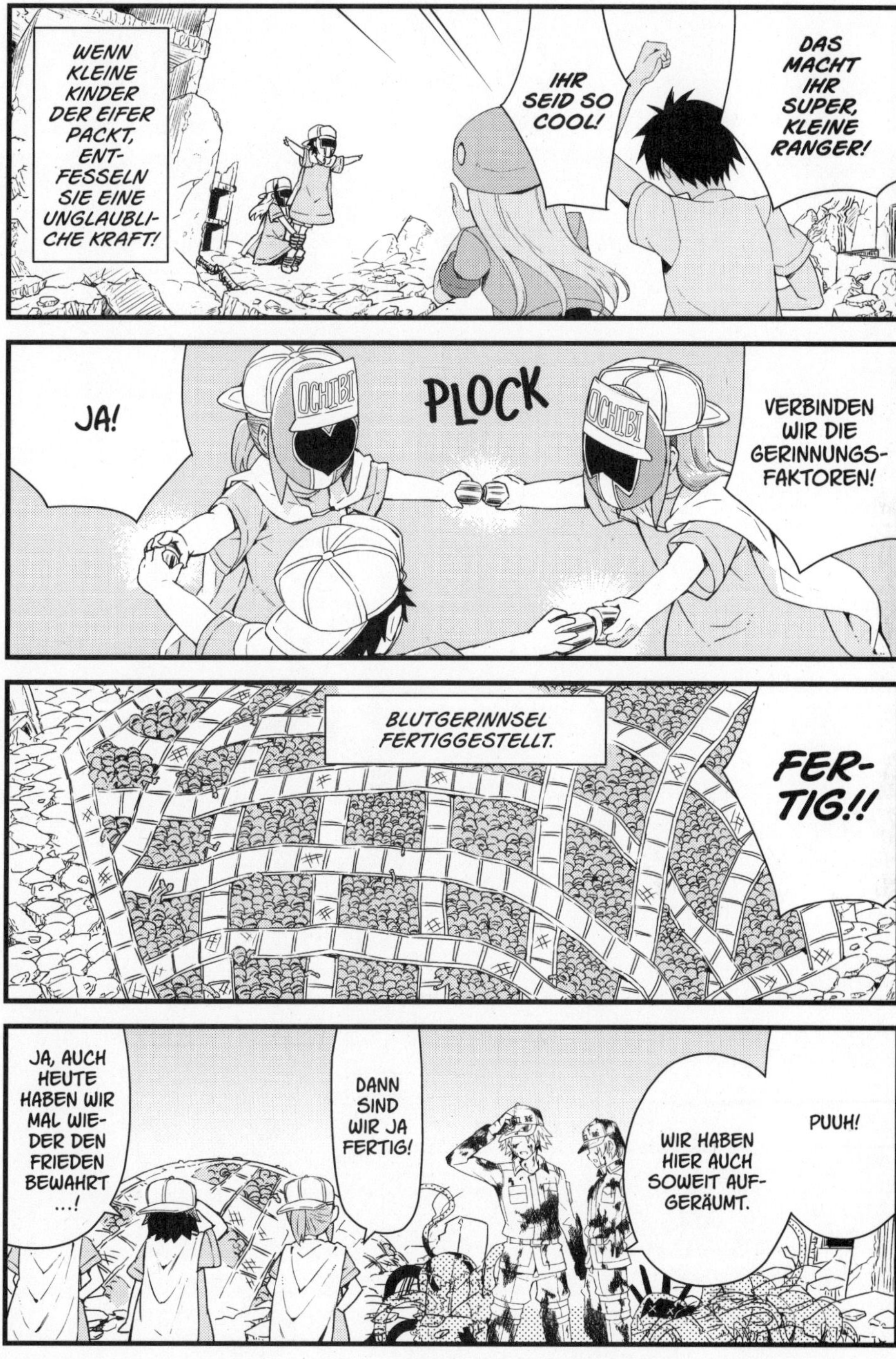
DAS MACHT IHR SUPER, KLEINE RANGER!
IHR SEID SO COOL!
WENN KLEINE KINDER DER EIFER PACKT, ENT-FESSELN SIE EINE UNGLAUBLI-CHE KRAFT!
VERBINDEN WIR DIE GERINNUNGS-FAKTOREN!
OCHIBI
PLOCK
OCHIBI
JA!
FER-TIG!!
BLUTGERINNSEL FERTIGGESTELLT.
PUUH!
WIR HABEN HIER AUCH SOWEIT AUF-GERÄUMT.
DANN SIND WIR JA FERTIG!
JA, AUCH HEUTE HABEN WIR MAL WIE-DER DEN FRIEDEN BEWAHRT ...!

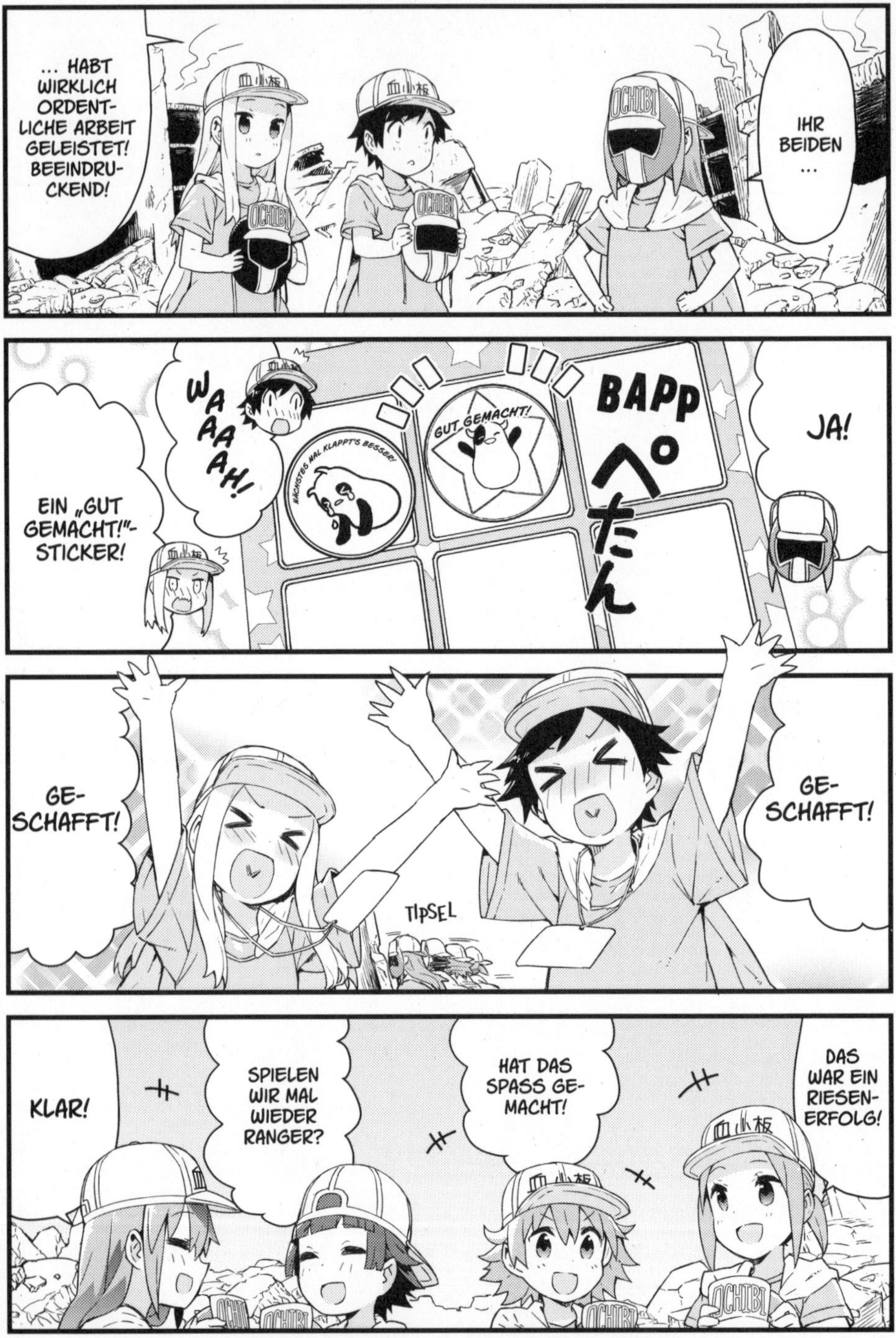

Kapitel 3: Ausrücken, ihr kleinen Ranger! Ende

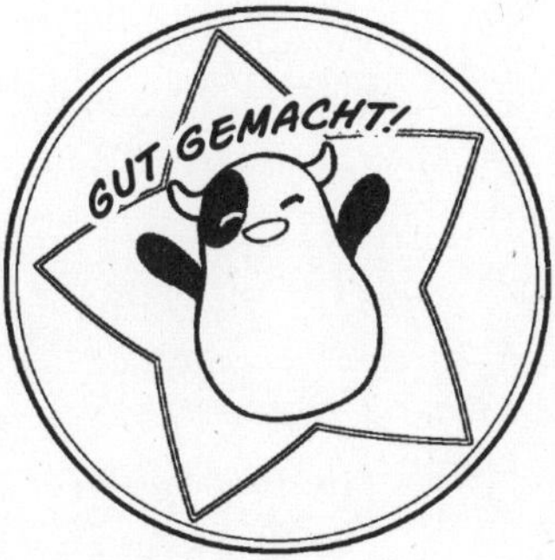
GUT GEMACHT!

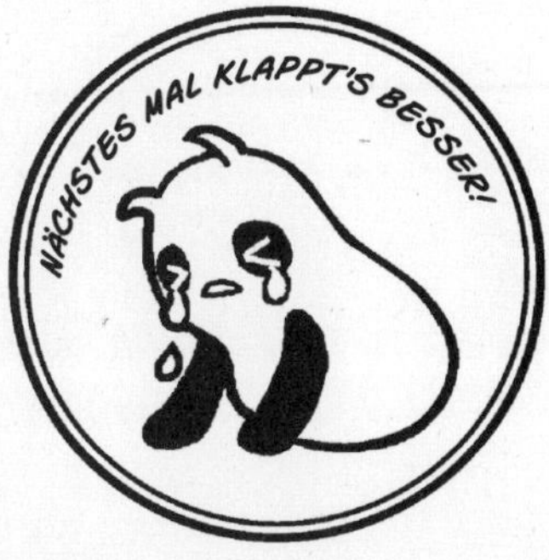
NÄCHSTES MAL KLAPPT'S BESSER!

CELLS AT はたらく細胞 WORK!

AN DIE ARBEIT, BLUT-PLÄTTCHEN!

Kapitel 4: Kuller, kuller Gerinnungsfaktor

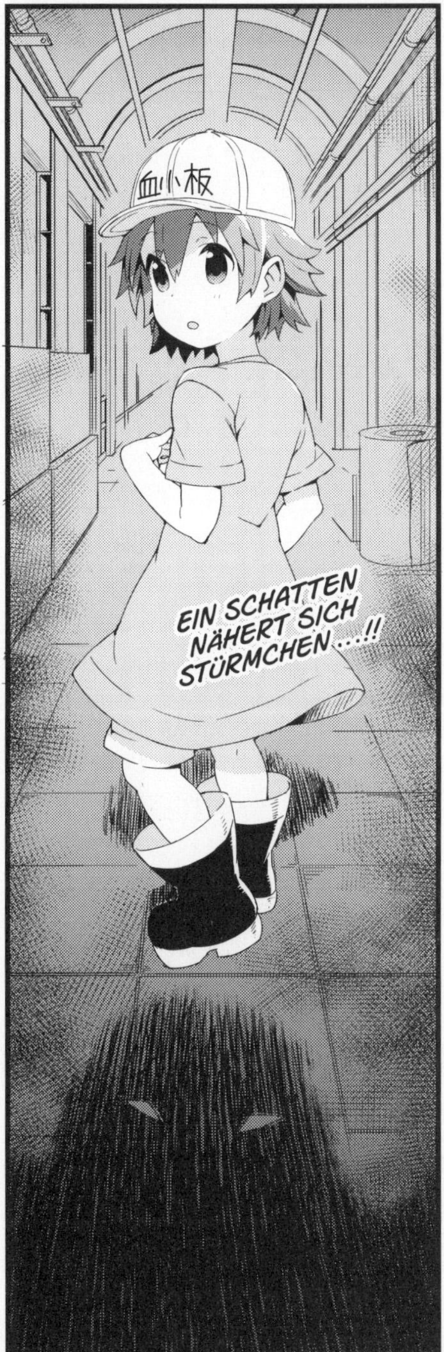

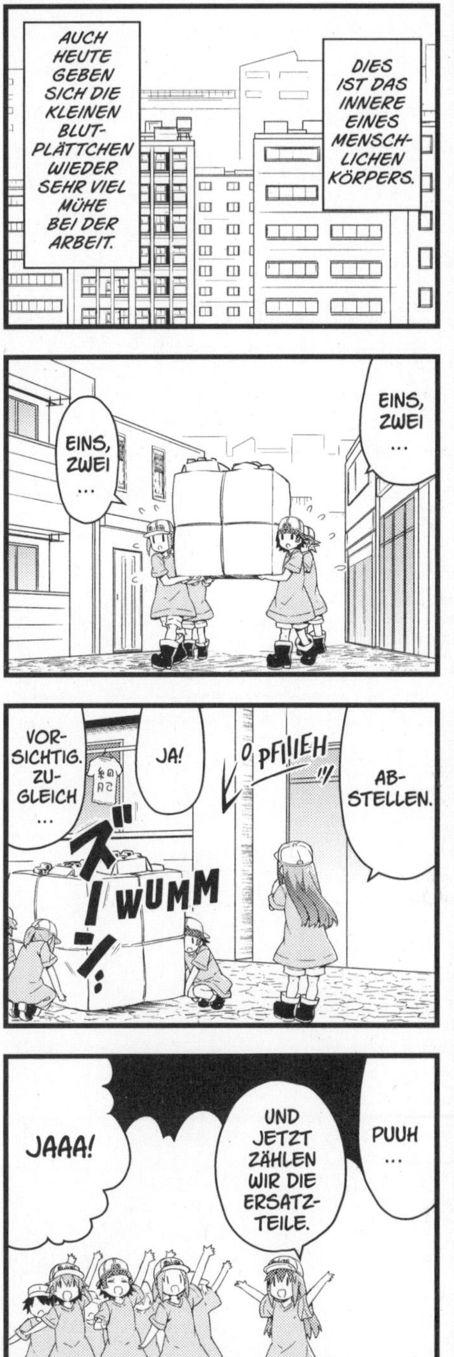

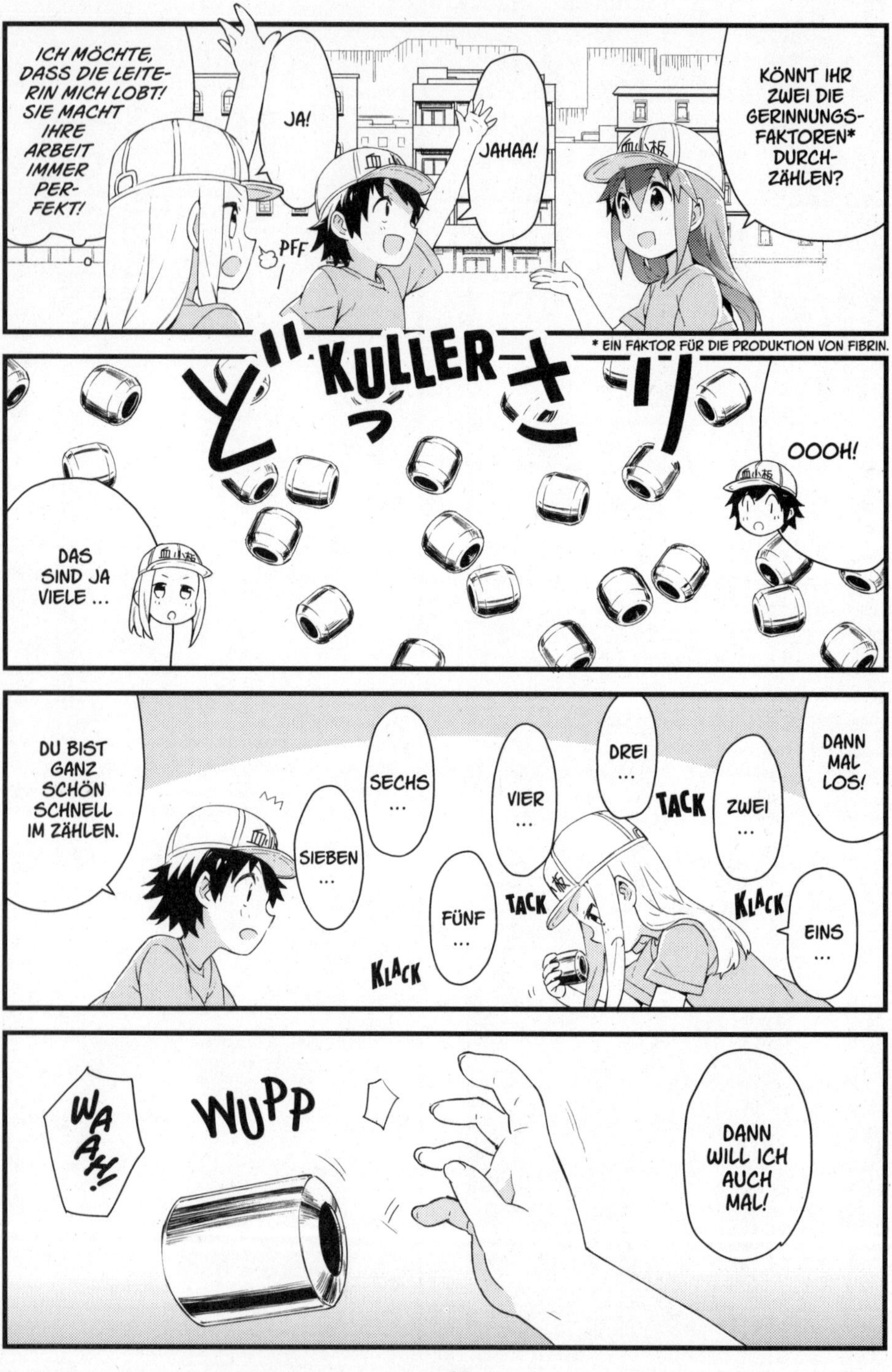
KÖNNT IHR ZWEI DIE GERINNUNGS-FAKTOREN* DURCH-ZÄHLEN?
JAHAA!
JA!
ICH MÖCHTE, DASS DIE LEITE-RIN MICH LOBT! SIE MACHT IHRE ARBEIT IMMER PER-FEKT!
PFF
* EIN FAKTOR FÜR DIE PRODUKTION VON FIBRIN.
KULLER
OOOH!
DAS SIND JA VIELE …
DANN MAL LOS!
EINS …
KLACK
ZWEI …
DREI …
TACK
VIER …
FÜNF …
TACK
SECHS …
KLACK
SIEBEN …
DU BIST GANZ SCHÖN SCHNELL IM ZÄHLEN.
DANN WILL ICH AUCH MAL!
WUPP
WAAH!

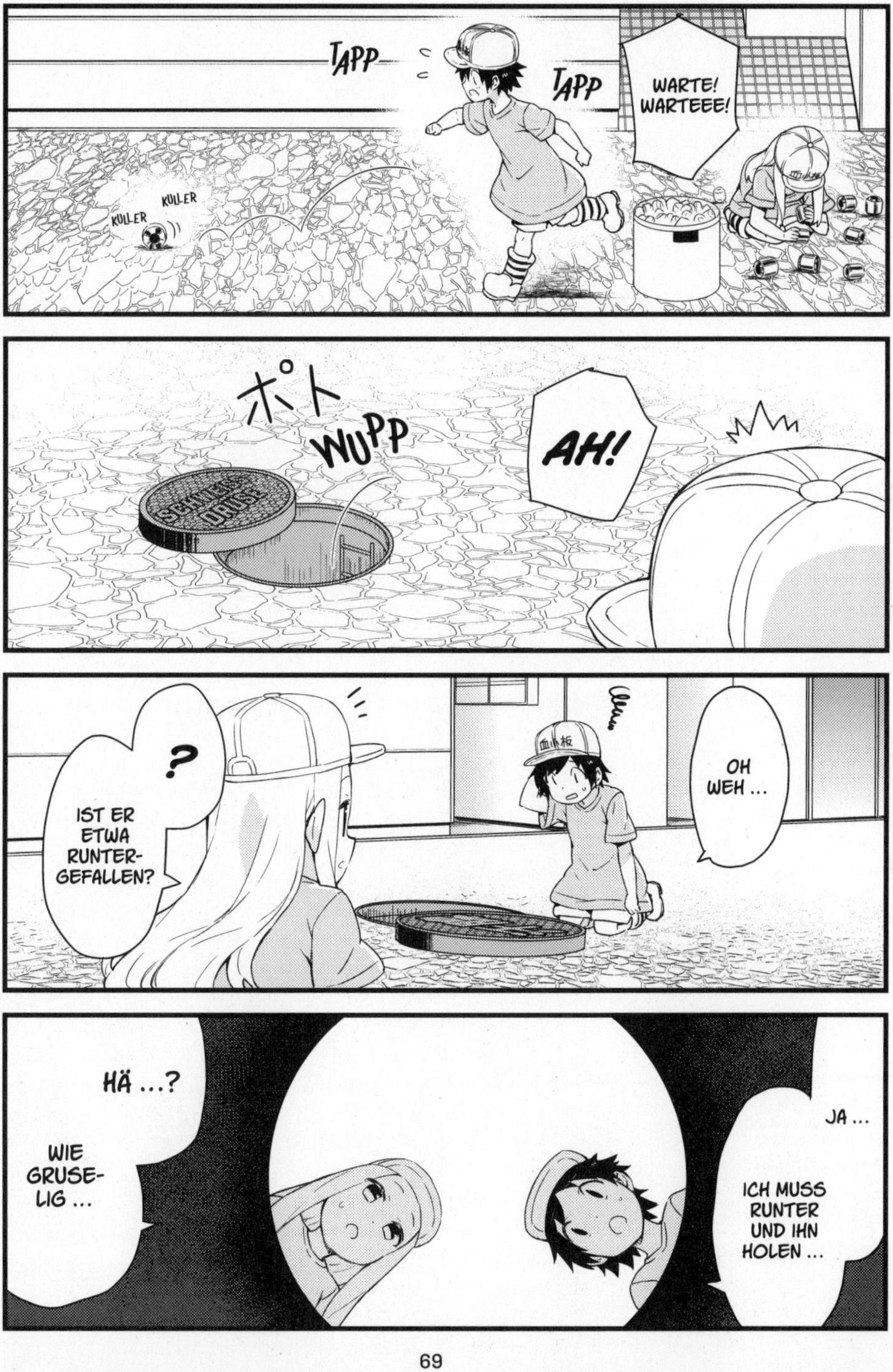
WARTE! WARTEEE!
TAPP
TAPP
KULLER
KULLER
ポト
WUPP
AH!
OH WEH ...
?
IST ER ETWA RUNTER-GEFALLEN?
JA ...
ICH MUSS RUNTER UND IHN HOLEN ...
HÄ ...?
WIE GRUSE-LIG ...

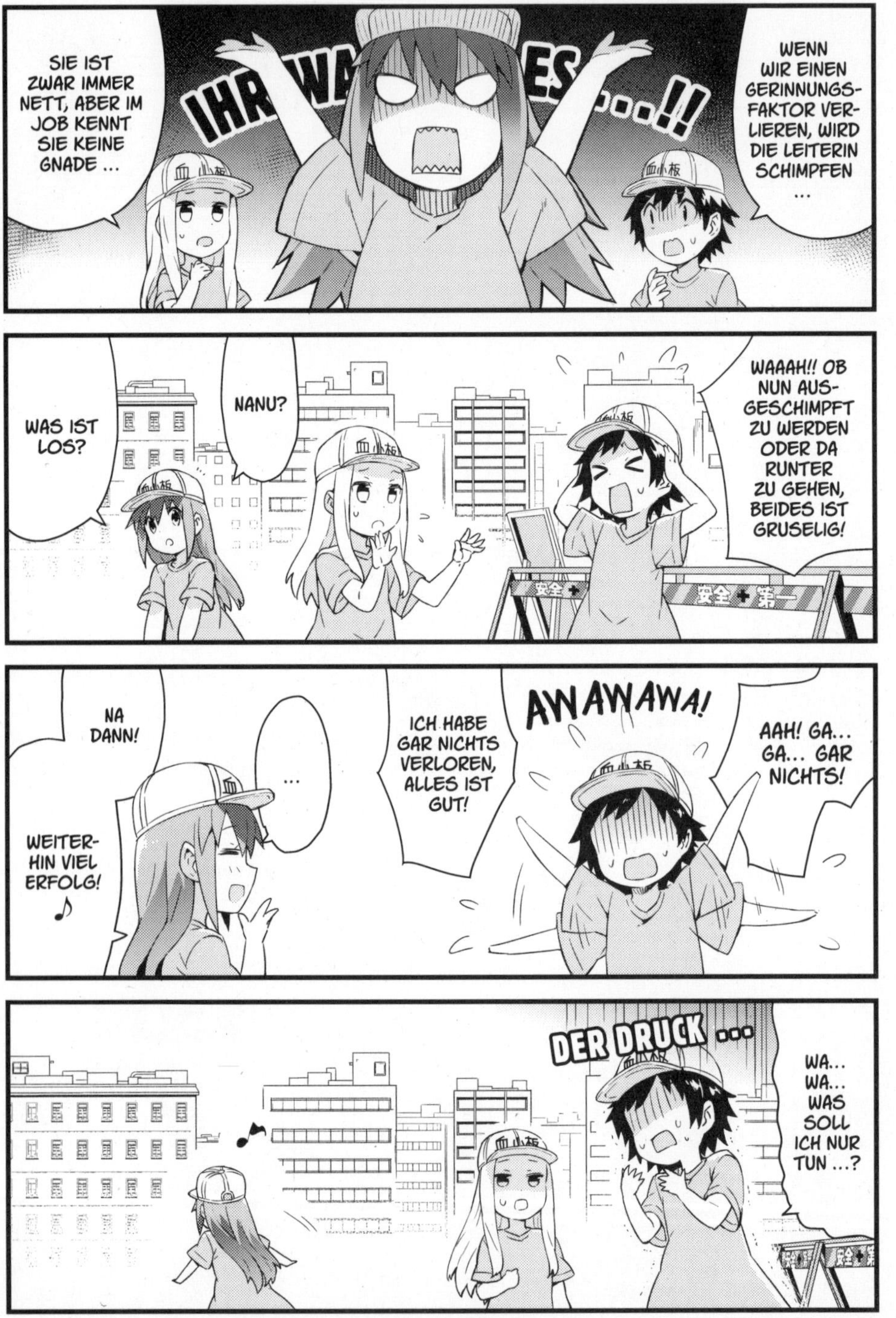
WENN WIR EINEN GERINNUNGSFAKTOR VERLIEREN, WIRD DIE LEITERIN SCHIMPFEN …
SIE IST ZWAR IMMER NETT, ABER IM JOB KENNT SIE KEINE GNADE …
WAAAH!! OB NUN AUSGESCHIMPFT ZU WERDEN ODER DA RUNTER ZU GEHEN, BEIDES IST GRUSELIG!
NANU?
WAS IST LOS?
AAH! GA… GA… GAR NICHTS!
AWAWAWA!
ICH HABE GAR NICHTS VERLOREN, ALLES IST GUT!
…
NA DANN!
WEITERHIN VIEL ERFOLG! ♪
WA… WA… WAS SOLL ICH NUR TUN …?
DER DRUCK …

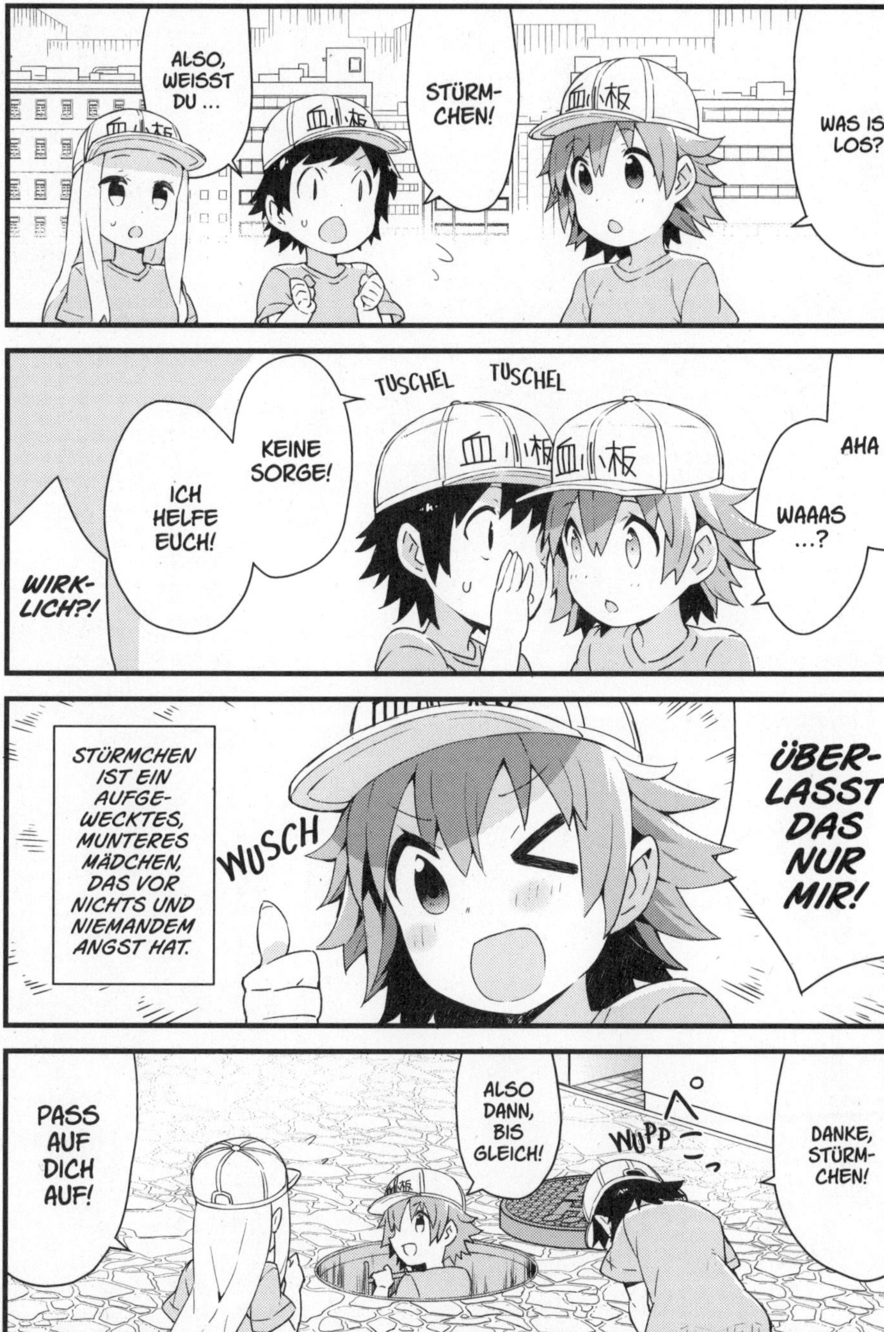
WAS IST LOS?
STÜRM-CHEN!
ALSO, WEISST DU …
AHA …
WAAAS …?
TUSCHEL TUSCHEL
KEINE SORGE!
ICH HELFE EUCH!
WIRK-LICH?!
ÜBER-LASST DAS NUR MIR!
WUSCH
STÜRMCHEN IST EIN AUFGE-WECKTES, MUNTERES MÄDCHEN, DAS VOR NICHTS UND NIEMANDEM ANGST HAT.
DANKE, STÜRM-CHEN!
WUPP
ALSO DANN, BIS GLEICH!
PASS AUF DICH AUF!

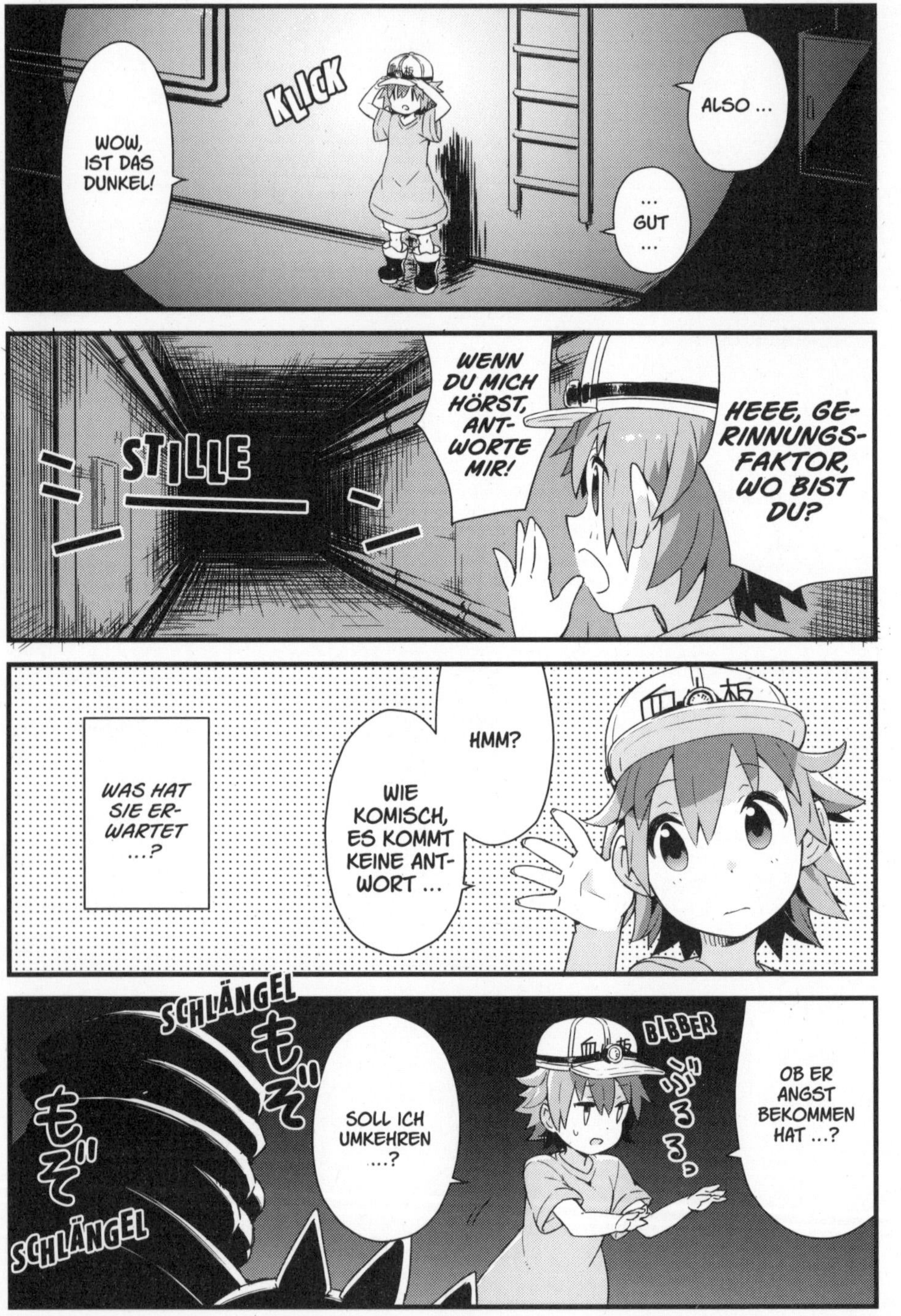
ALSO ...
... GUT ...
KLICK
WOW, IST DAS DUNKEL!
HEEE, GERINNUNGSFAKTOR, WO BIST DU?
WENN DU MICH HÖRST, ANTWORTE MIR!
STILLE
HMM?
WIE KOMISCH, ES KOMMT KEINE ANTWORT ...
WAS HAT SIE ERWARTET ...?
OB ER ANGST BEKOMMEN HAT ...?
BIBBER
ぶるるっ
SOLL ICH UMKEHREN ...?
SCHLÄNGEL
もぞ
もぞ
SCHLÄNGEL

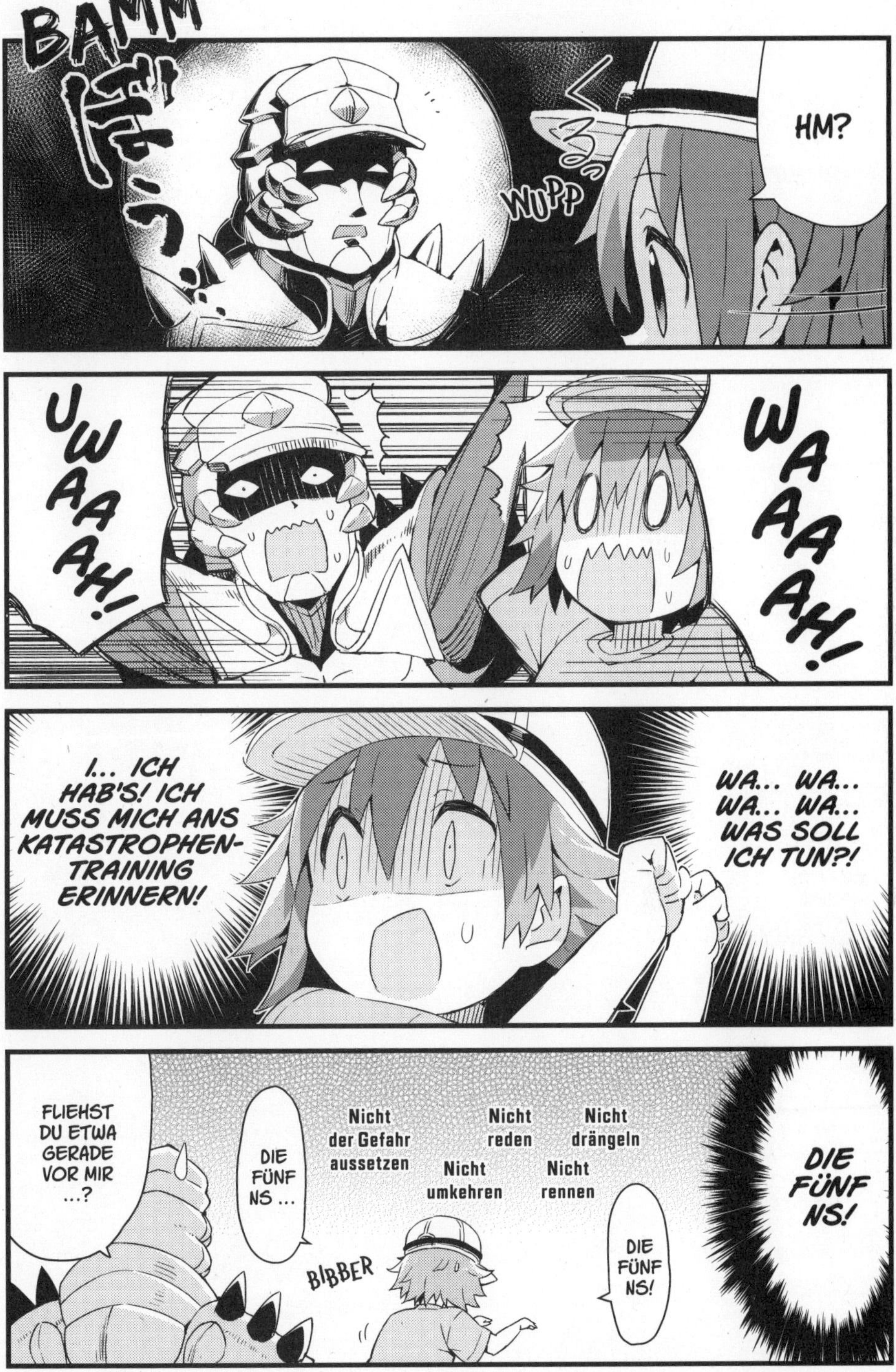
HM?
WUPP
BAMM
WAAAAH!
UWAAAH!
WA... WA... WA... WA... WAS SOLL ICH TUN?!
I... ICH HAB'S! ICH MUSS MICH ANS KATASTROPHEN-TRAINING ERINNERN!
DIE FÜNF NS!
DIE FÜNF NS!
Nicht drängeln
Nicht rennen
Nicht reden
Nicht umkehren
Nicht der Gefahr aussetzen
DIE FÜNF NS ...
FLIEHST DU ETWA GERADE VOR MIR ...?
BIBBER

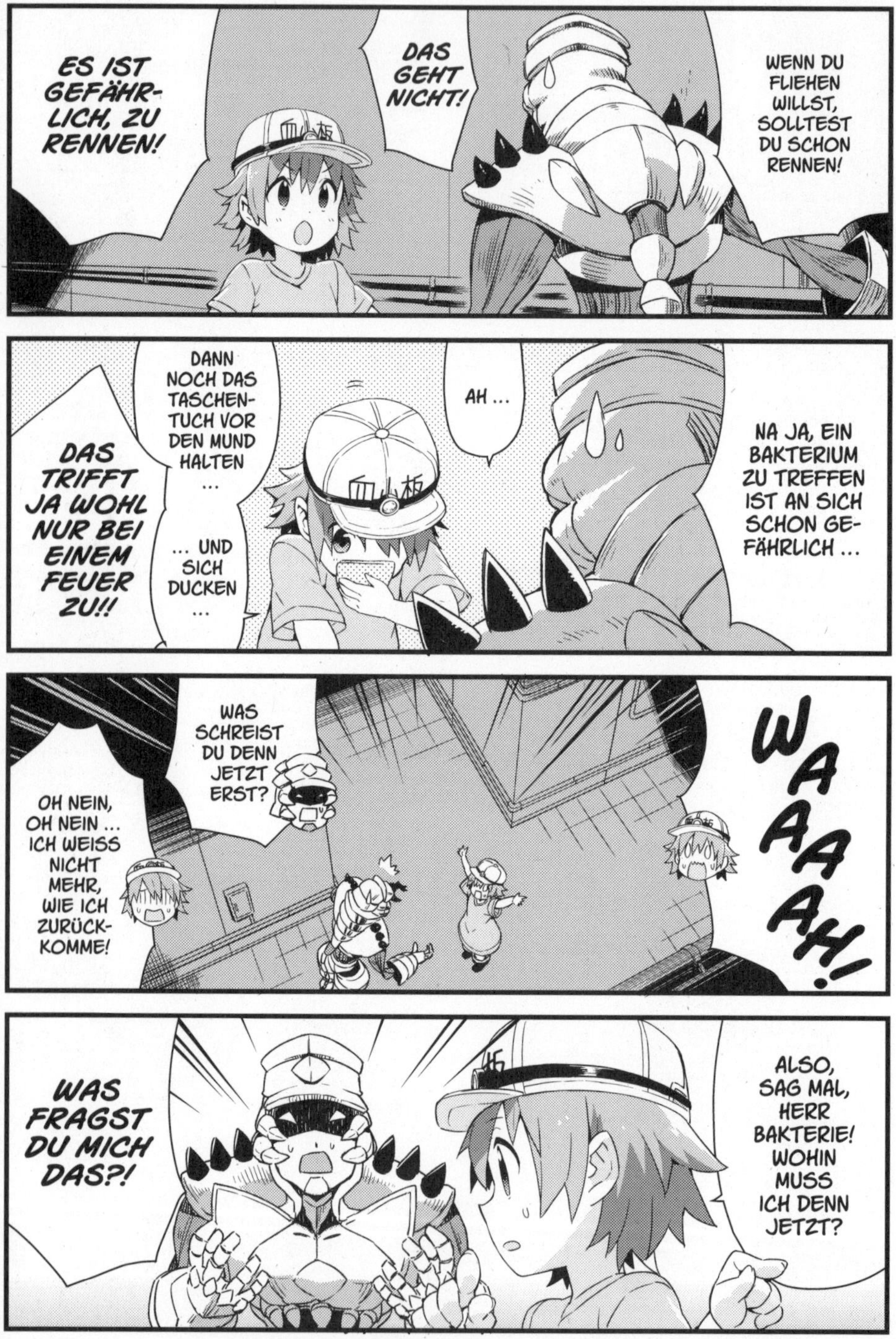
WENN DU FLIEHEN WILLST, SOLLTEST DU SCHON RENNEN!
DAS GEHT NICHT!
ES IST GEFÄHRLICH, ZU RENNEN!
NA JA, EIN BAKTERIUM ZU TREFFEN IST AN SICH SCHON GEFÄHRLICH …
AH …
DANN NOCH DAS TASCHENTUCH VOR DEN MUND HALTEN …
… UND SICH DUCKEN …
DAS TRIFFT JA WOHL NUR BEI EINEM FEUER ZU!!
WAAAAAH!
WAS SCHREIST DU DENN JETZT ERST?
OH NEIN, OH NEIN … ICH WEISS NICHT MEHR, WIE ICH ZURÜCKKOMME!
ALSO, SAG MAL, HERR BAKTERIE! WOHIN MUSS ICH DENN JETZT?
WAS FRAGST DU MICH DAS?!

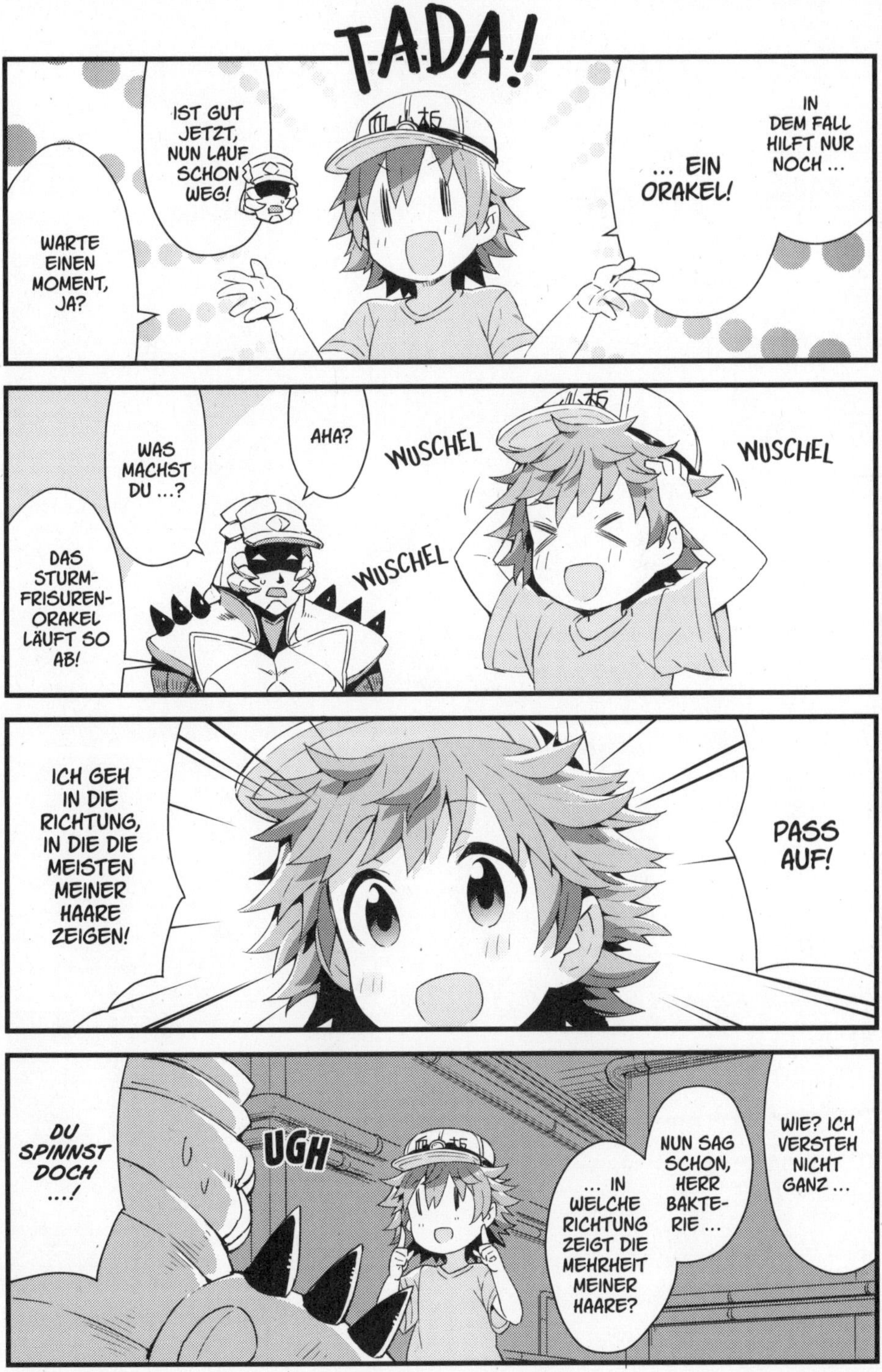
TADA!
IN DEM FALL HILFT NUR NOCH …
… EIN ORAKEL!
IST GUT JETZT, NUN LAUF SCHON WEG!
WARTE EINEN MOMENT, JA?
WUSCHEL
WUSCHEL
WUSCHEL
AHA?
WAS MACHST DU …?
DAS STURM-FRISUREN-ORAKEL LÄUFT SO AB!
PASS AUF!
ICH GEH IN DIE RICHTUNG, IN DIE DIE MEISTEN MEINER HAARE ZEIGEN!
WIE? ICH VERSTEH NICHT GANZ …
NUN SAG SCHON, HERR BAKTE-RIE …
… IN WELCHE RICHTUNG ZEIGT DIE MEHRHEIT MEINER HAARE?
UGH
DU SPINNST DOCH …!

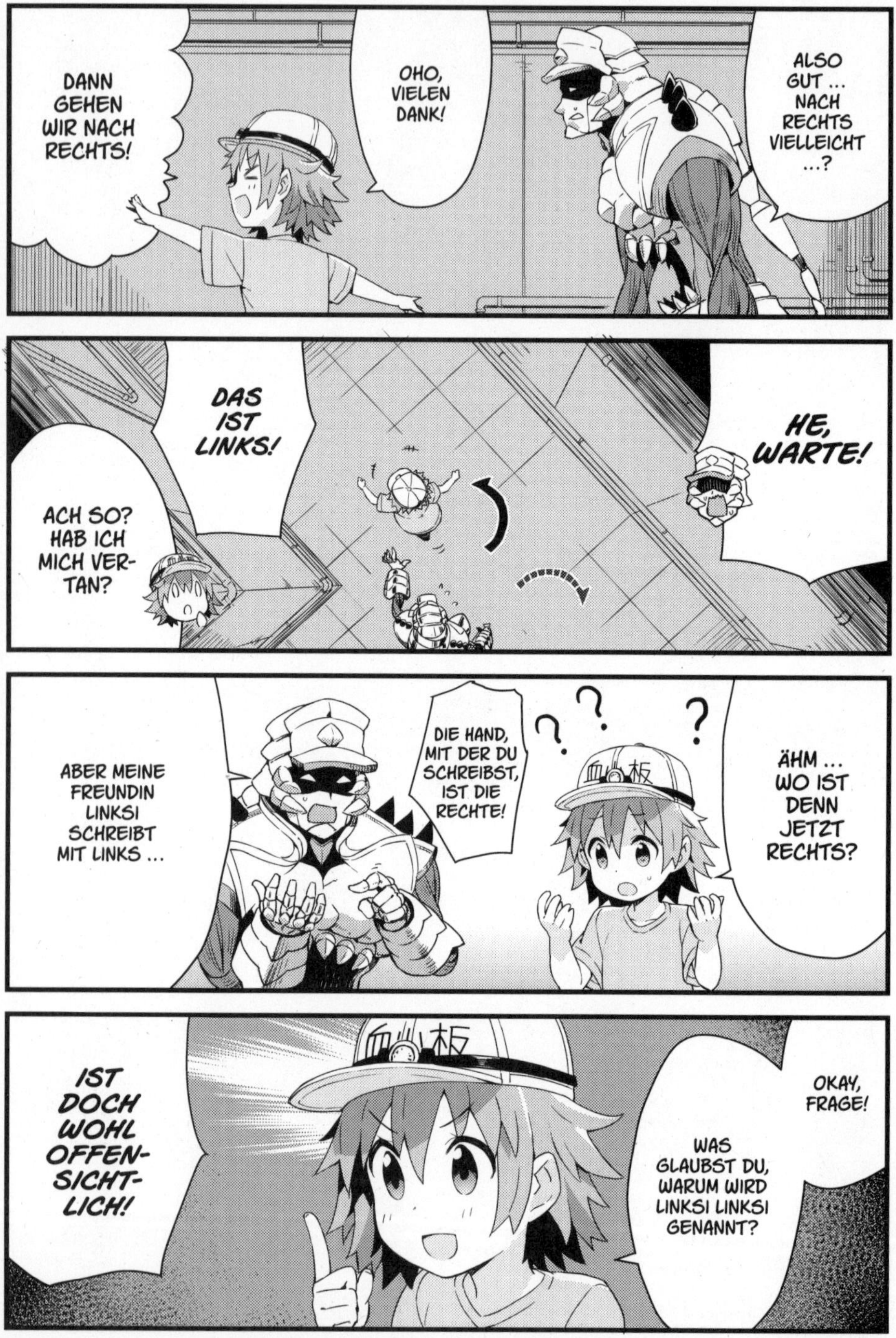
ALSO GUT … NACH RECHTS VIELLEICHT …?
OHO, VIELEN DANK!
DANN GEHEN WIR NACH RECHTS!
HE, WARTE!
DAS IST LINKS!
ACH SO? HAB ICH MICH VERTAN?
ÄHM … WO IST DENN JETZT RECHTS?
DIE HAND, MIT DER DU SCHREIBST, IST DIE RECHTE!
ABER MEINE FREUNDIN LINKSI SCHREIBT MIT LINKS …
OKAY, FRAGE!
WAS GLAUBST DU, WARUM WIRD LINKSI LINKSI GENANNT?
IST DOCH WOHL OFFENSICHTLICH!

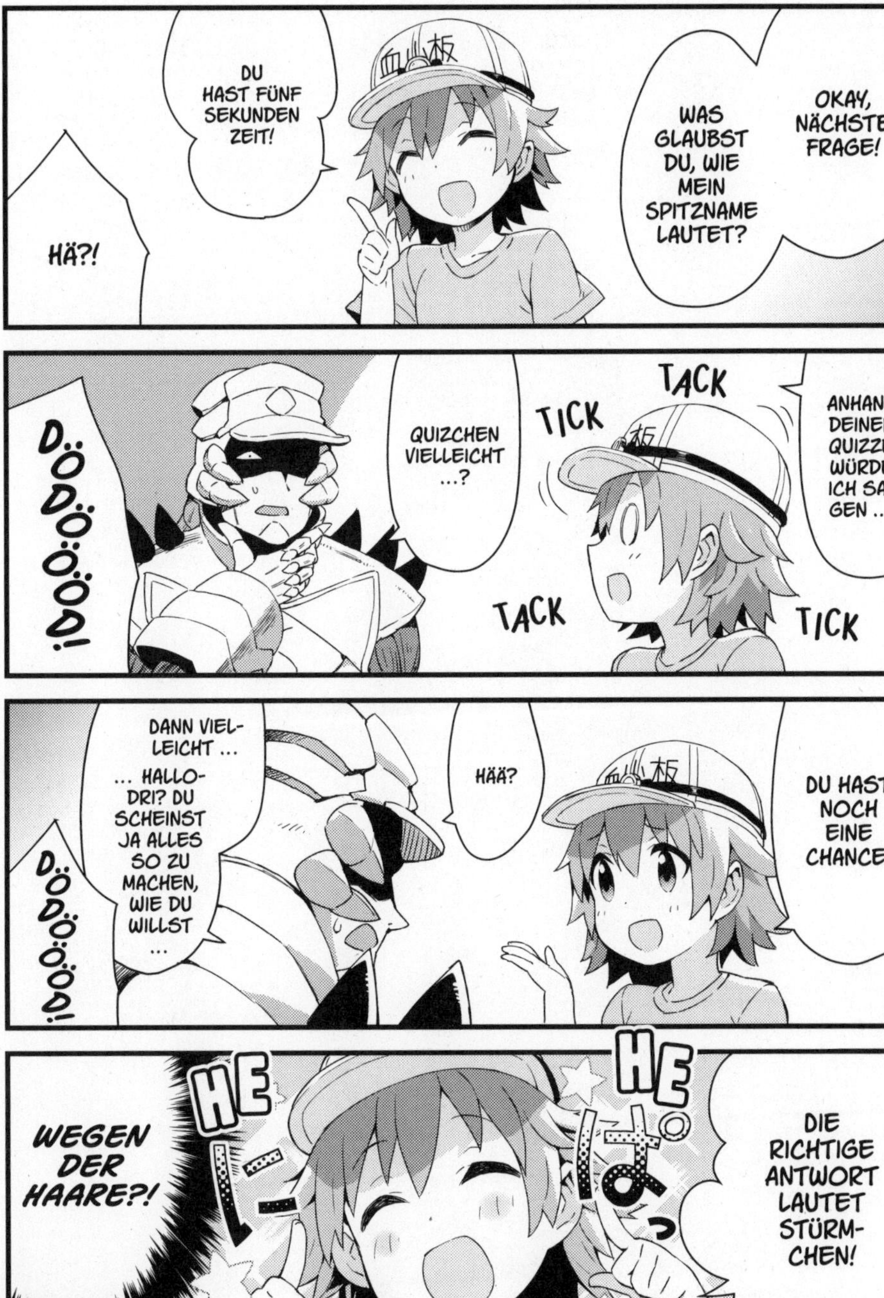
OKAY, NÄCHSTE FRAGE!
WAS GLAUBST DU, WIE MEIN SPITZNAME LAUTET?
DU HAST FÜNF SEKUNDEN ZEIT!
HÄ?!
ANHAND DEINER QUIZZE WÜRDE ICH SA-GEN …
TACK
TICK
TICK
TACK
QUIZCHEN VIELLEICHT …?
DÖDÖÖÖÖD!
DU HAST NOCH EINE CHANCE!
HÄÄ?
DANN VIEL-LEICHT … … HALLO-DRI? DU SCHEINST JA ALLES SO ZU MACHEN, WIE DU WILLST …
DÖDÖÖÖÖD!
DIE RICHTIGE ANTWORT LAUTET STÜRM-CHEN!
HE
HE
WEGEN DER HAARE?!

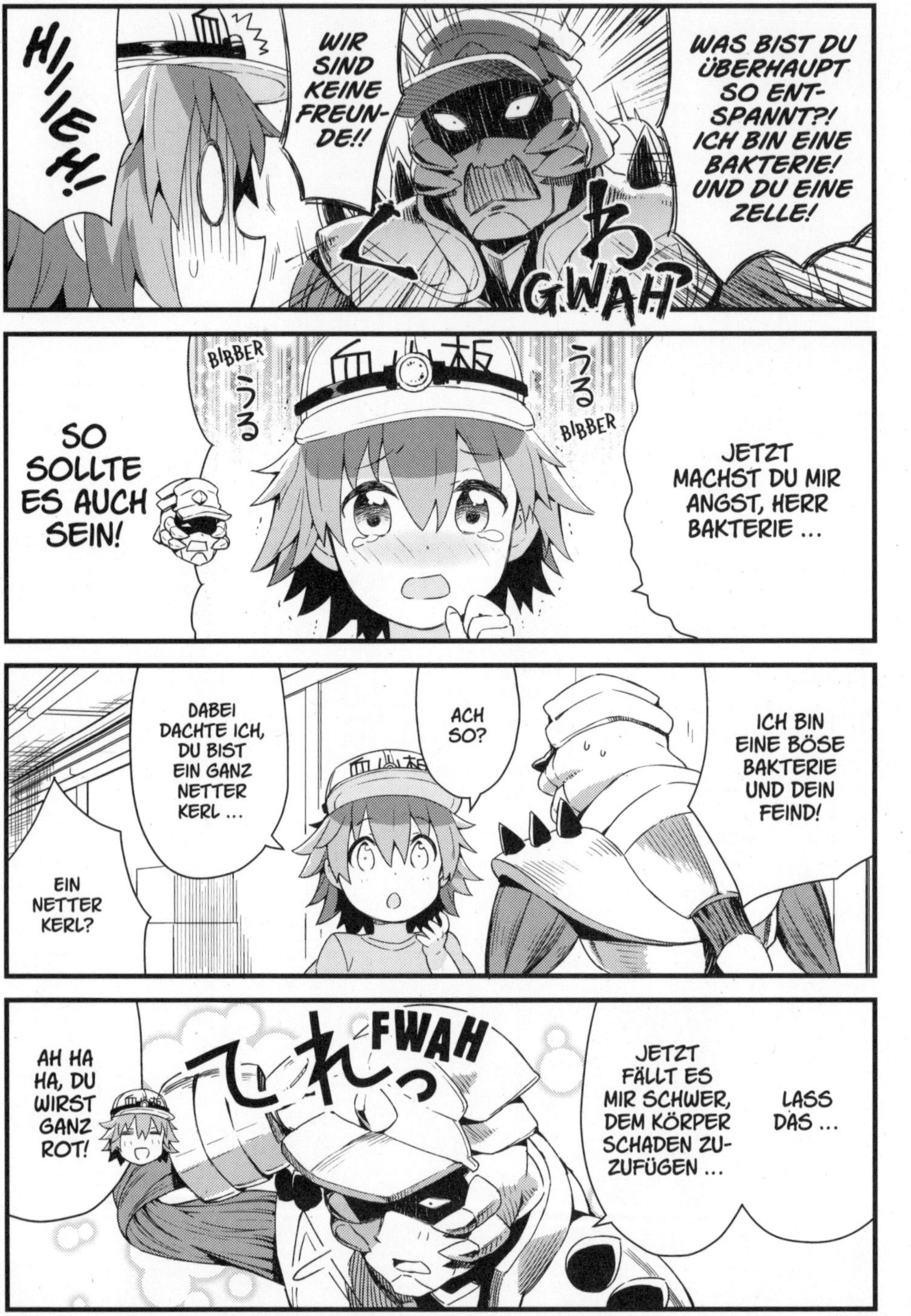
WAS BIST DU ÜBERHAUPT SO ENT-SPANNT?! ICH BIN EINE BAKTERIE! UND DU EINE ZELLE!
GWAH
WIR SIND KEINE FREUN-DE!!
HIIIEH?!
JETZT MACHST DU MIR ANGST, HERR BAKTERIE …
BIBBER
うる
BIBBER
うる
SO SOLLTE ES AUCH SEIN!
ICH BIN EINE BÖSE BAKTERIE UND DEIN FEIND!
ACH SO?
DABEI DACHTE ICH, DU BIST EIN GANZ NETTER KERL …
EIN NETTER KERL?
LASS DAS …
JETZT FÄLLT ES MIR SCHWER, DEM KÖRPER SCHADEN ZU-ZUFÜGEN …
FWAH
てれっ
AH HA HA, DU WIRST GANZ ROT!

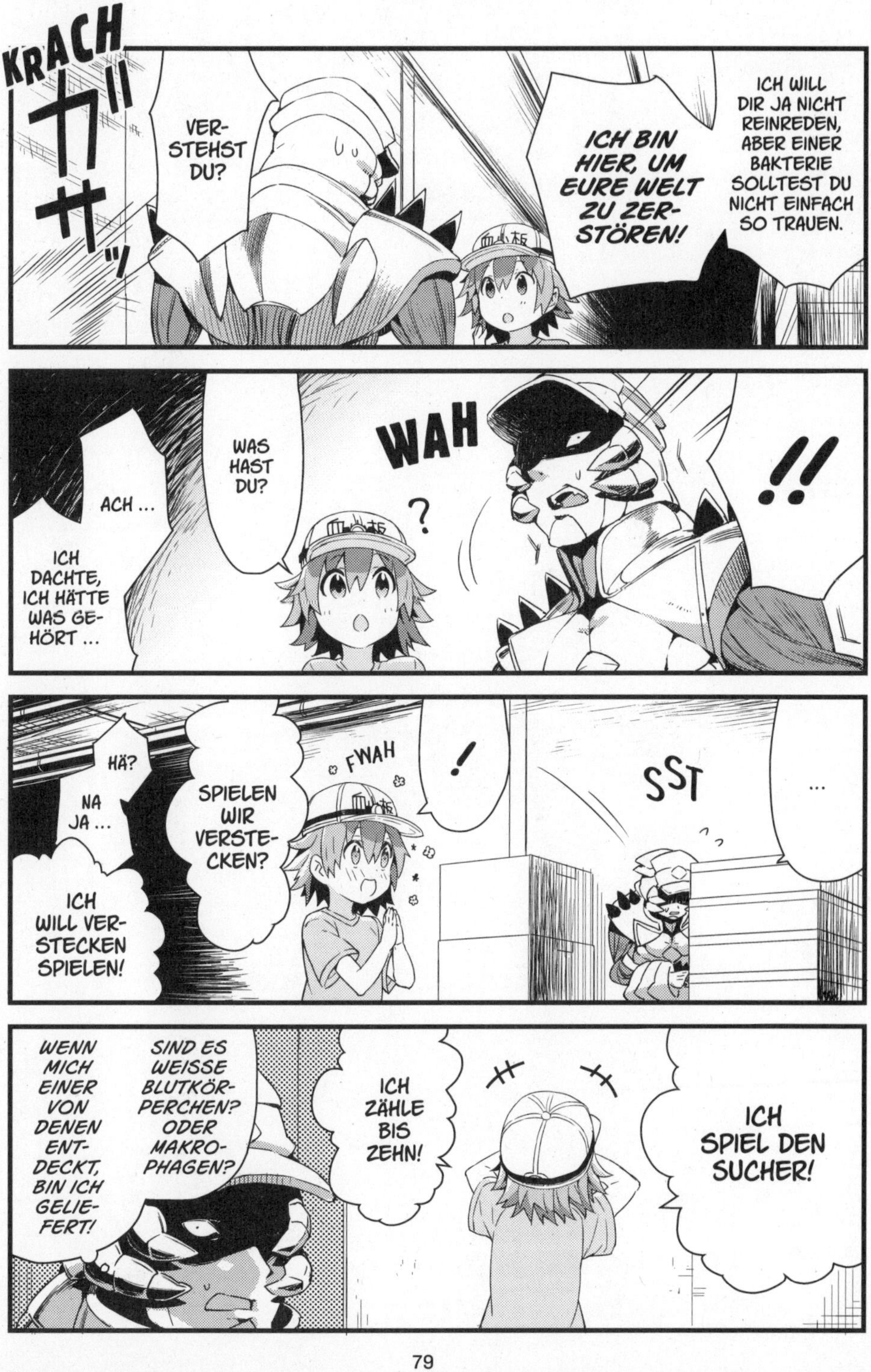

ICH WILL DIR JA NICHT REINREDEN, ABER EINER BAKTERIE SOLLTEST DU NICHT EINFACH SO TRAUEN.
ICH BIN HIER, UM EURE WELT ZU ZERSTÖREN!
VERSTEHST DU?
KRACH
!!
WAH
WAS HAST DU?
ACH …
ICH DACHTE, ICH HÄTTE WAS GEHÖRT …
…
SST
!
FWAH
SPIELEN WIR VERSTECKEN?
HÄ?
NA JA …
ICH WILL VERSTECKEN SPIELEN!
ICH SPIEL DEN SUCHER!
ICH ZÄHLE BIS ZEHN!
SIND ES WEISSE BLUTKÖRPERCHEN? ODER MAKROPHAGEN?
WENN MICH EINER VON DENEN ENTDECKT, BIN ICH GELIEFERT!

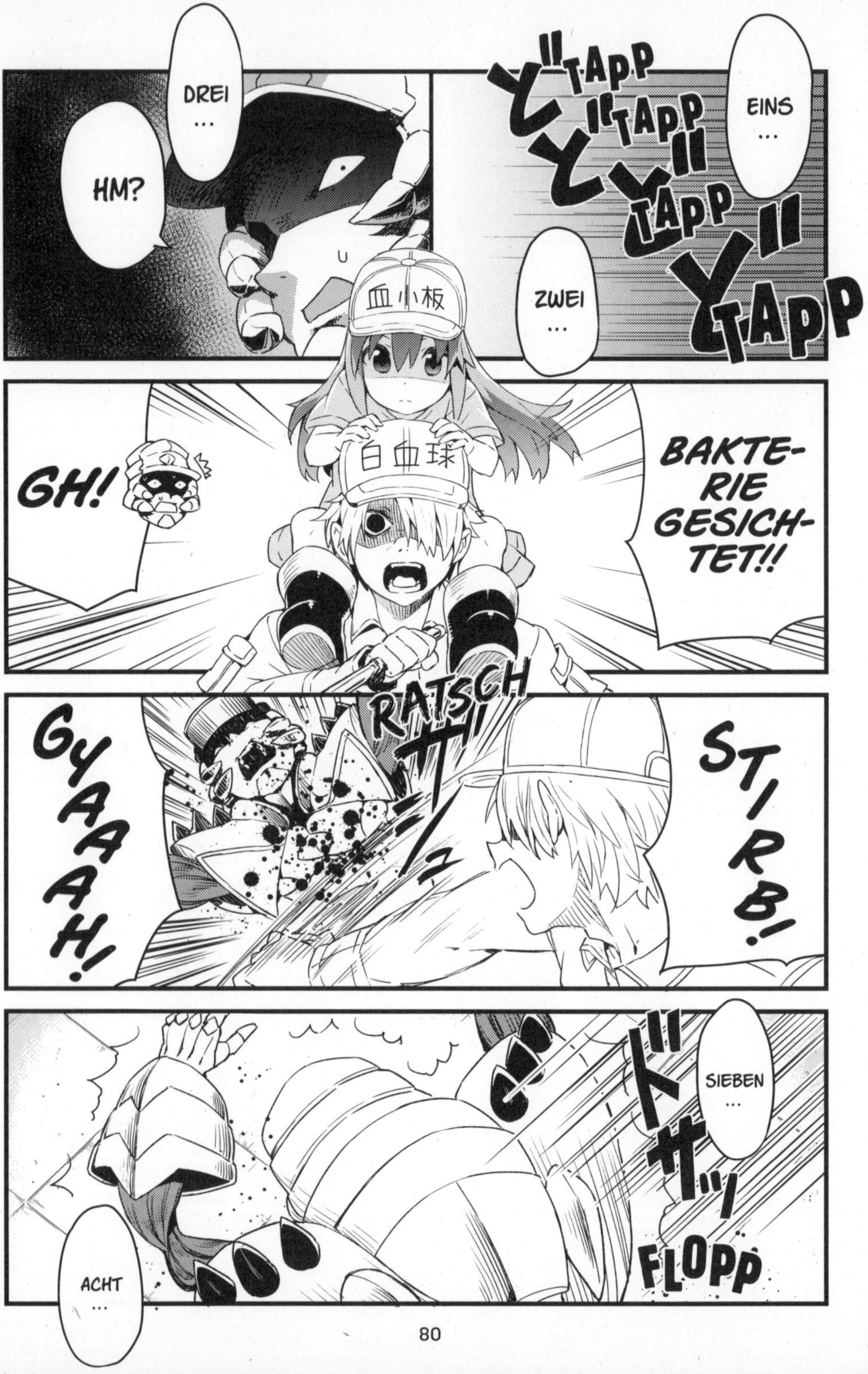

TAPP
TAPP
TAPP
TAPP
EINS …
ZWEI …
DREI …
HM?
BAKTERIE GESICHTET!!
GH!
STIRB!
RATSCH
GYAAAAH!
SIEBEN …
FLOPP
ACHT …

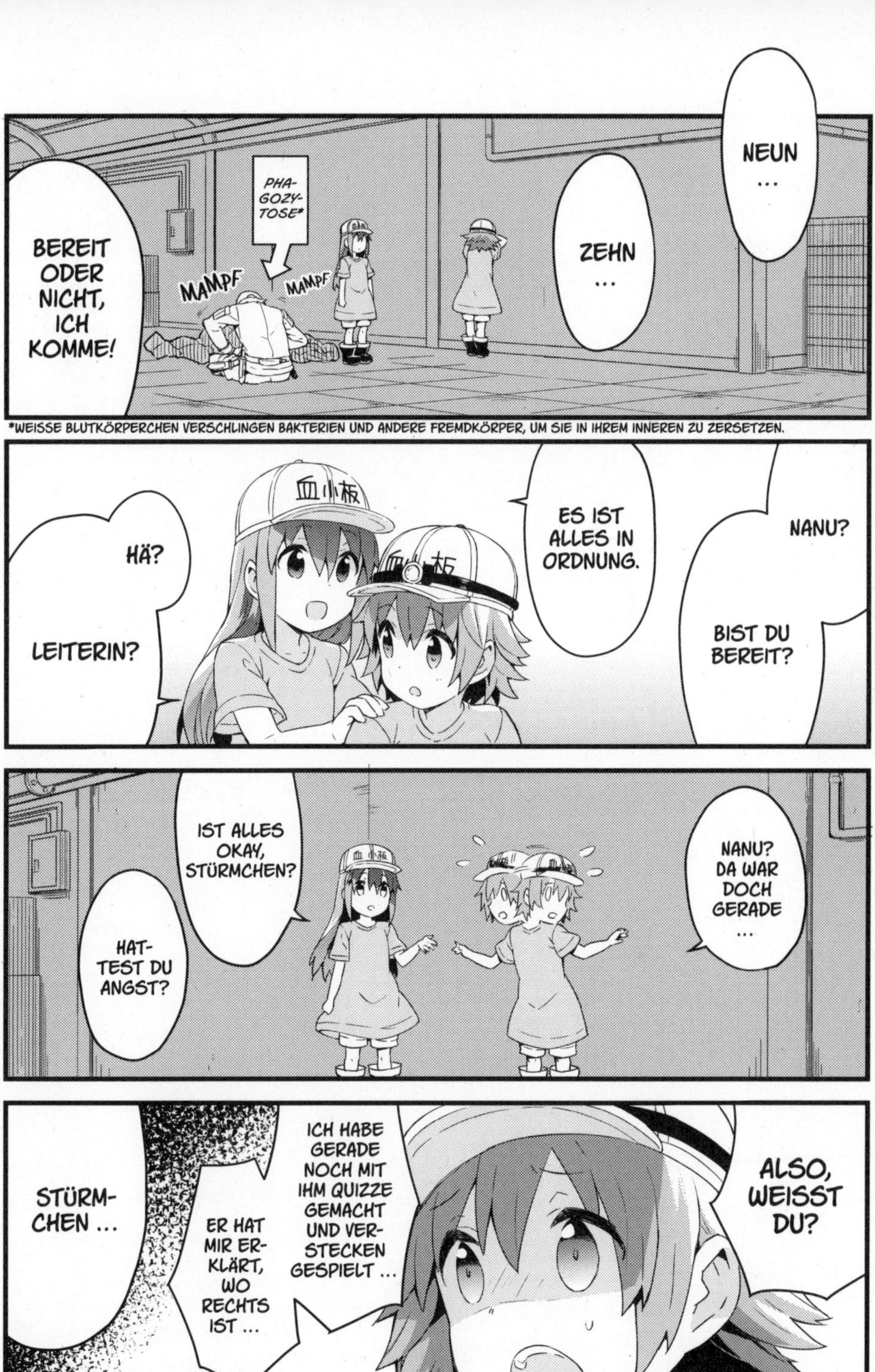

*WEISSE BLUTKÖRPERCHEN VERSCHLINGEN BAKTERIEN UND ANDERE FREMDKÖRPER, UM SIE IN IHREM INNEREN ZU ZERSETZEN.

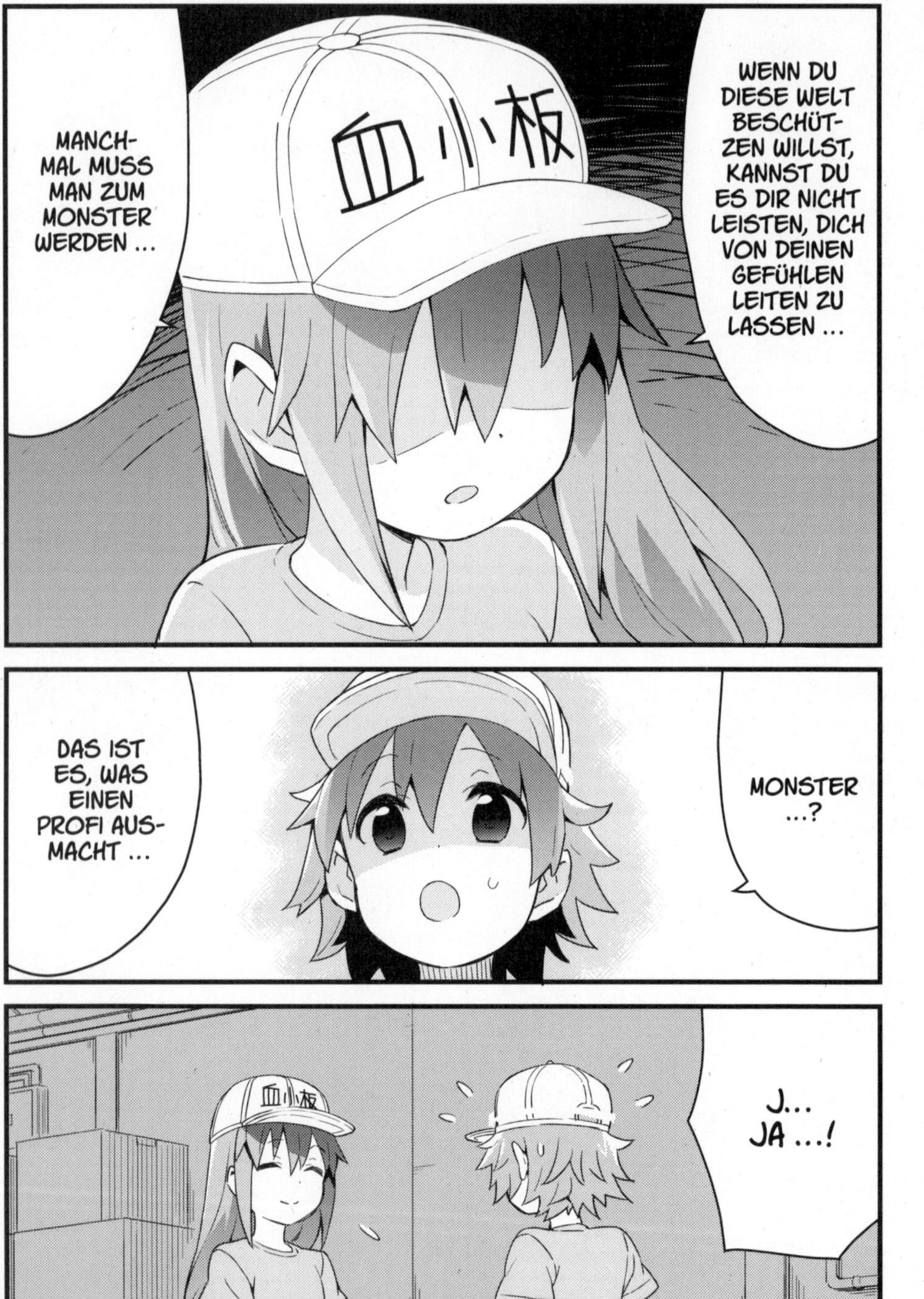
WENN DU DIESE WELT BESCHÜTZEN WILLST, KANNST DU ES DIR NICHT LEISTEN, DICH VON DEINEN GEFÜHLEN LEITEN ZU LASSEN …
血小板
MANCHMAL MUSS MAN ZUM MONSTER WERDEN …
MONSTER …?
DAS IST ES, WAS EINEN PROFI AUSMACHT …
J… JA …!
血小板

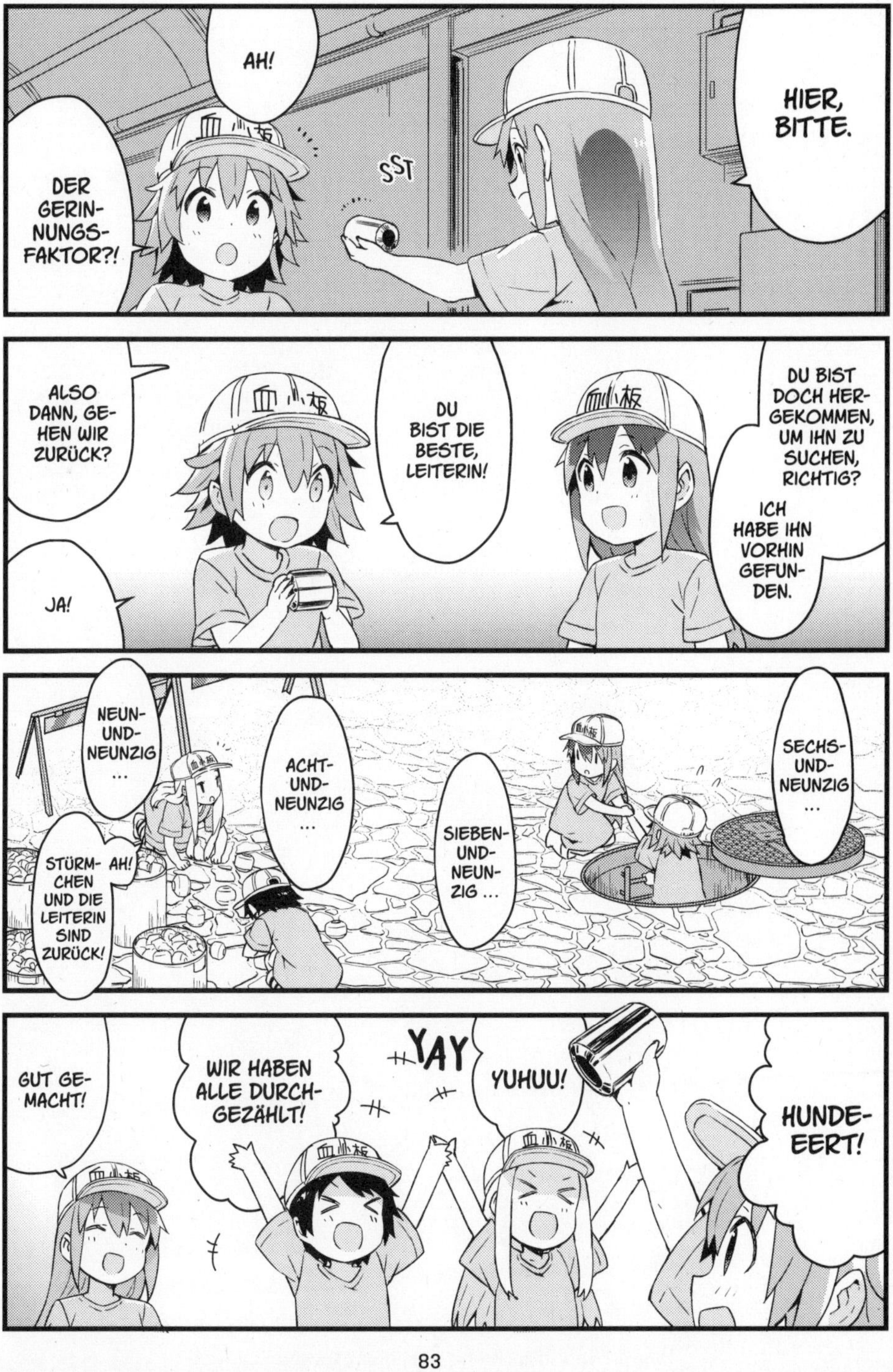
HIER, BITTE.
SST
AH!
DER GERINNUNGSFAKTOR?!
DU BIST DOCH HERGEKOMMEN, UM IHN ZU SUCHEN, RICHTIG?
ICH HABE IHN VORHIN GEFUNDEN.
DU BIST DIE BESTE, LEITERIN!
ALSO DANN, GEHEN WIR ZURÜCK?
JA!
SECHSUNDNEUNZIG …
SIEBENUNDNEUNZIG …
ACHTUNDNEUNZIG …
NEUNUNDNEUNZIG …
AH!
STÜRMCHEN UND DIE LEITERIN SIND ZURÜCK!
HUNDEERT!
YUHUU!
YAY
WIR HABEN ALLE DURCHGEZÄHLT!
GUT GEMACHT!

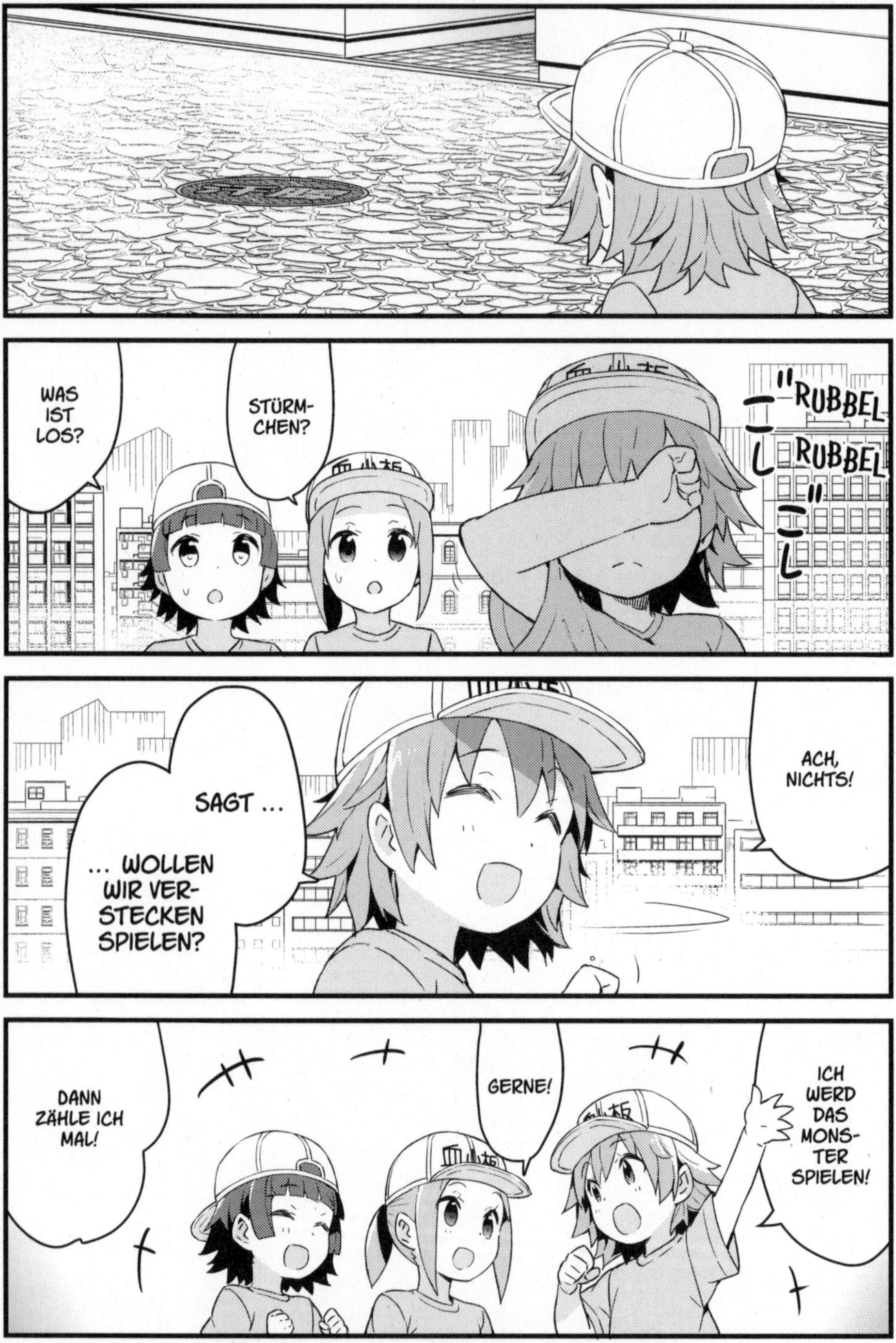

Kapitel 4: Kuller, kuller Gerinnungsfaktor Ende

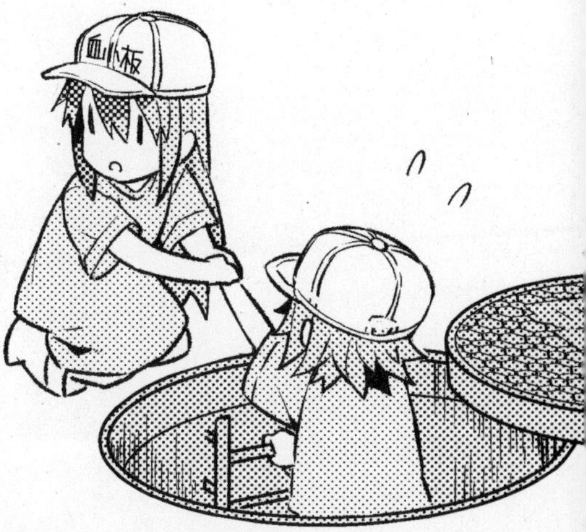
血小板

CELLS AT WORK!
はたらく細胞

AN DIE ARBEIT, BLUTPLÄTTCHEN!

Kapitel 5: Ich bin kein Baby!

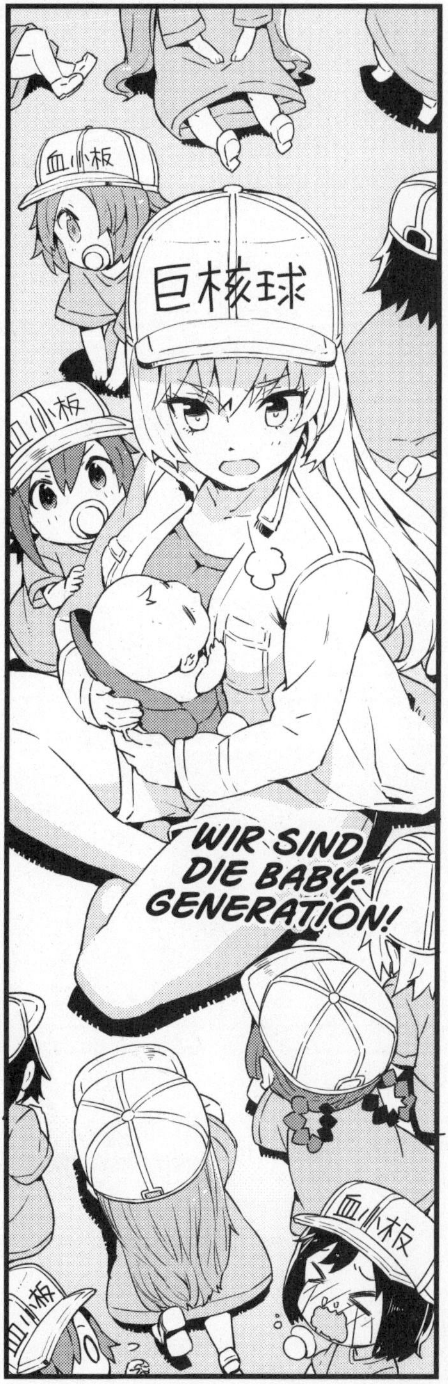

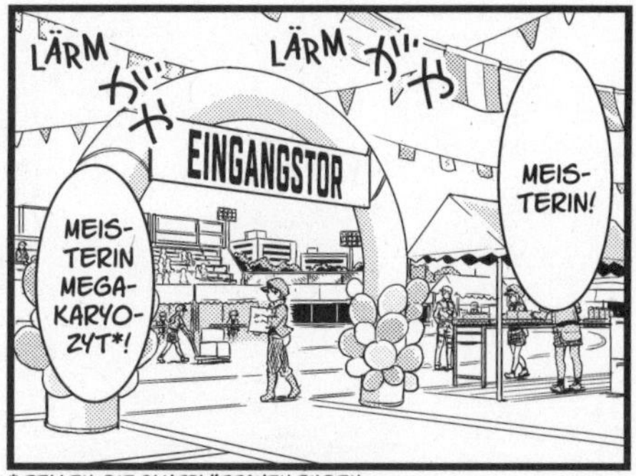

* ZELLEN, DIE BLUTPLÄTTCHEN BILDEN.

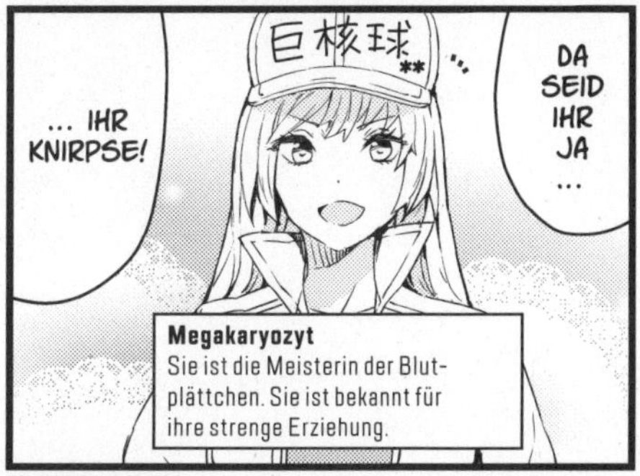

** MEGAKARYOZYT

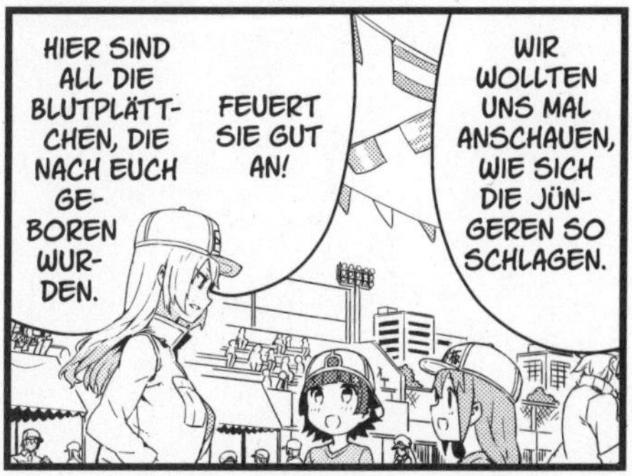

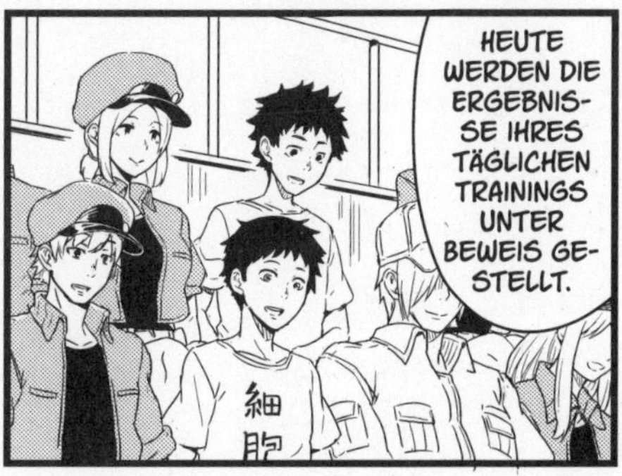

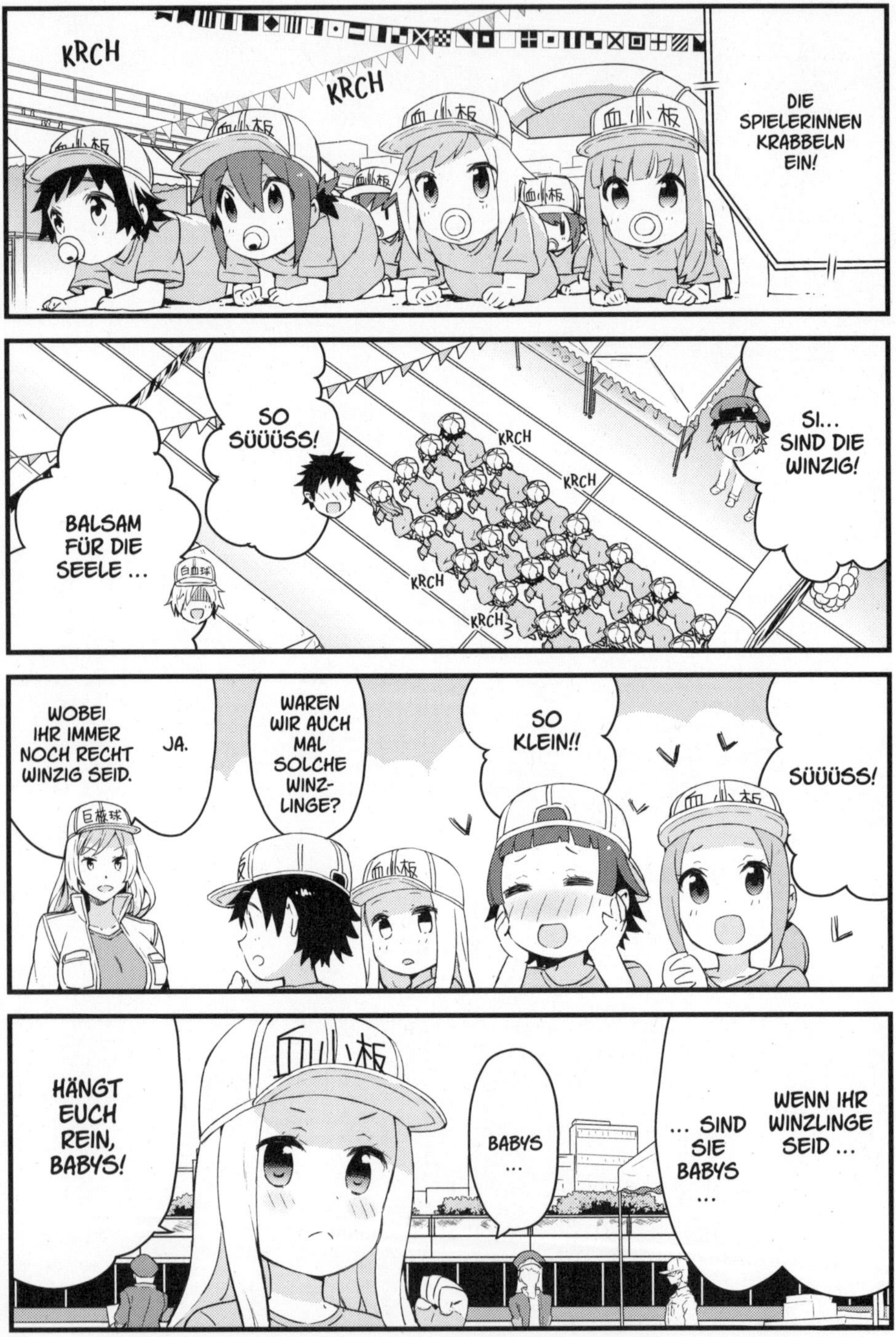
KRCH
KRCH
DIE SPIELERINNEN KRABBELN EIN!
SI... SIND DIE WINZIG!
SO SÜÜÜSS!
BALSAM FÜR DIE SEELE ...
KRCH
KRCH
KRCH
KRCH
SÜÜÜSS!
SO KLEIN!!
WAREN WIR AUCH MAL SOLCHE WINZ-LINGE?
JA.
WOBEI IHR IMMER NOCH RECHT WINZIG SEID.
WENN IHR WINZLINGE SEID ...
... SIND SIE BABYS ...
BABYS ...
HÄNGT EUCH REIN, BABYS!

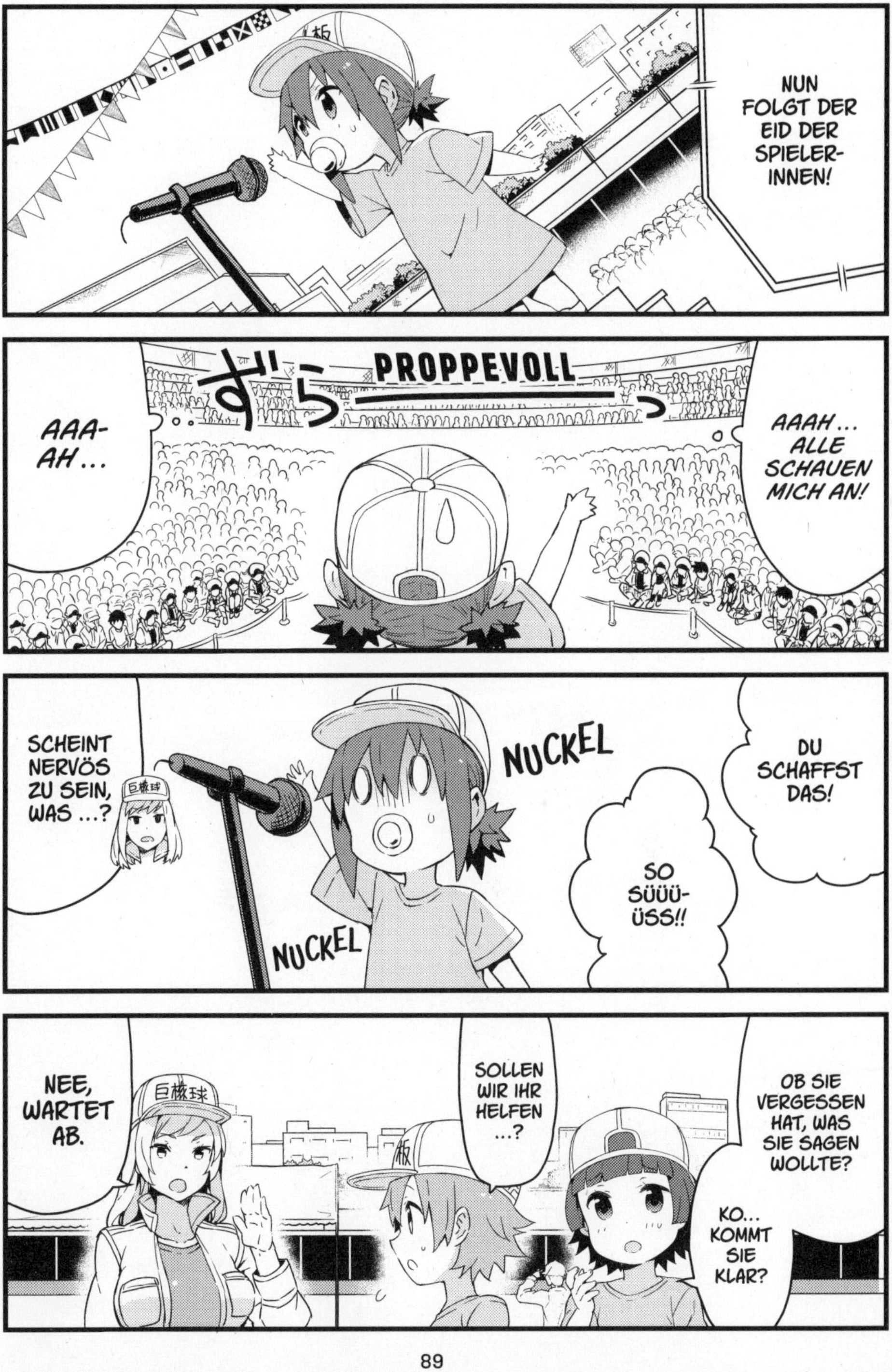
NUN FOLGT DER EID DER SPIELER-INNEN!
AAAH … ALLE SCHAUEN MICH AN!
PROPPEVOLL
すら――っ
AAA-AH …
DU SCHAFFST DAS!
SO SÜÜÜ-ÜSS!!
NUCKEL
NUCKEL
SCHEINT NERVÖS ZU SEIN, WAS …?
OB SIE VERGESSEN HAT, WAS SIE SAGEN WOLLTE?
KO… KOMMT SIE KLAR?
SOLLEN WIR IHR HELFEN …?
NEE, WARTET AB.

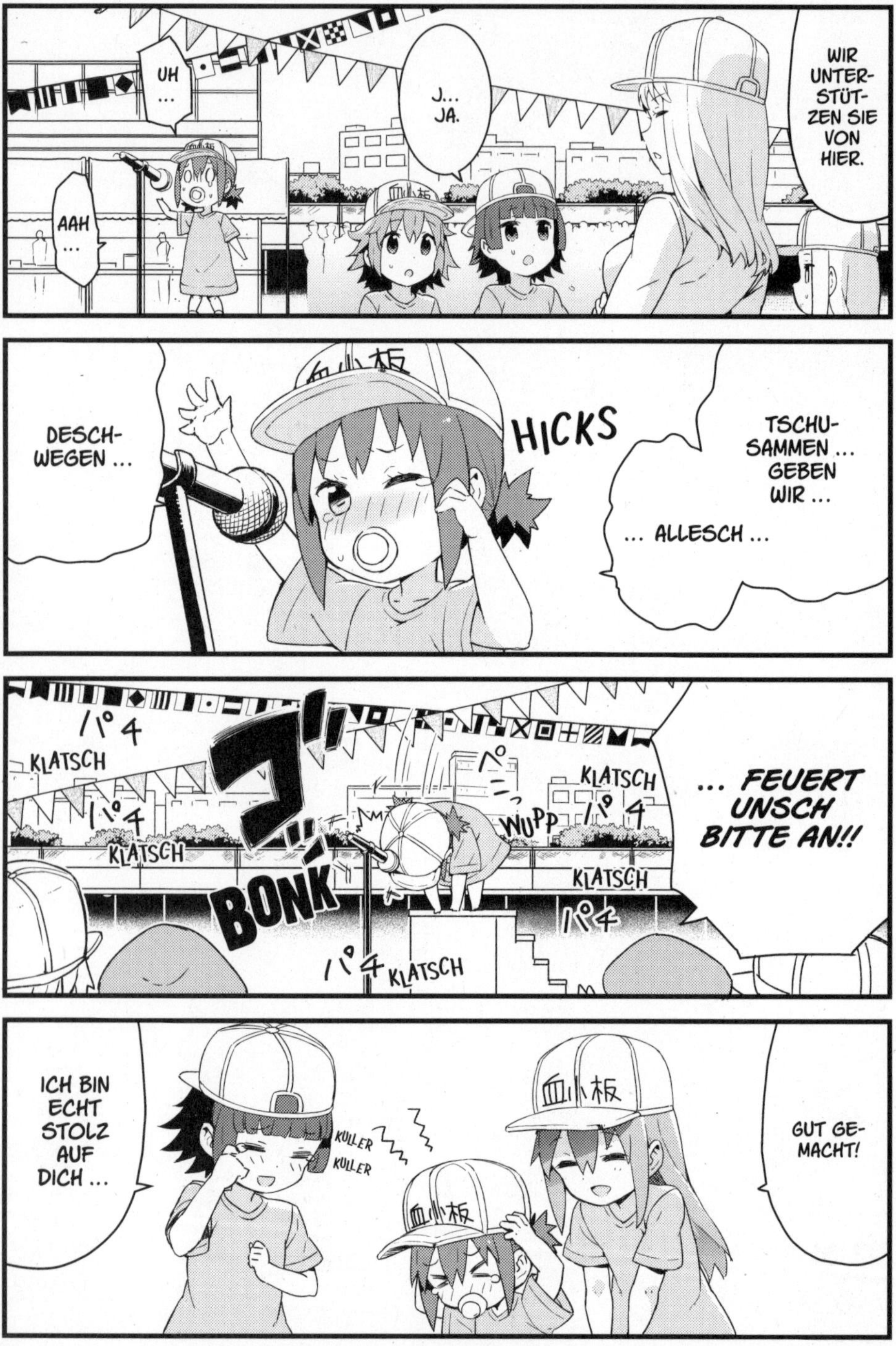
WIR UNTERSTÜTZEN SIE VON HIER.
J... JA.
UH ...
AAH ...
TSCHUSAMMEN ... GEBEN WIR ...
... ALLESCH ...
HICKS
DESCHWEGEN ...
... FEUERT UNSCH BITTE AN!!
KLATSCH
パチ
WUPP
BONK
KLATSCH
パチ
KLATSCH
パチ
KLATSCH
パチ
KLATSCH
GUT GEMACHT!
KULLER KULLER
ICH BIN ECHT STOLZ AUF DICH ...

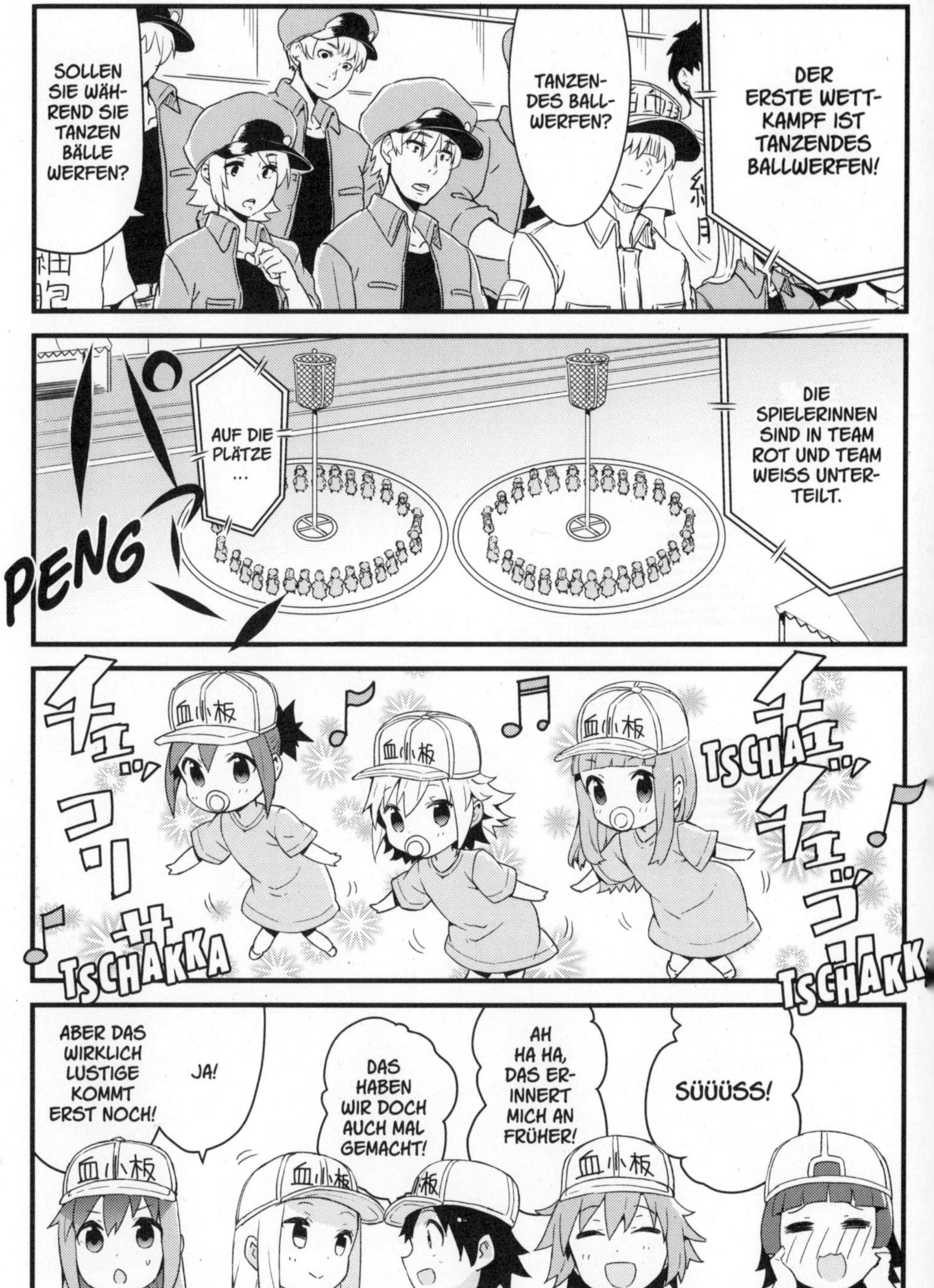
DER ERSTE WETTKAMPF IST TANZENDES BALLWERFEN!
TANZENDES BALLWERFEN?
SOLLEN SIE WÄHREND SIE TANZEN BÄLLE WERFEN?
DIE SPIELERINNEN SIND IN TEAM ROT UND TEAM WEISS UNTERTEILT.
AUF DIE PLÄTZE …
PENG
TSCHA
TSCHAKK
TSCHAKKA
SÜÜÜSS!
AH HA HA, DAS ERINNERT MICH AN FRÜHER!
DAS HABEN WIR DOCH AUCH MAL GEMACHT!
JA!
ABER DAS WIRKLICH LUSTIGE KOMMT ERST NOCH!

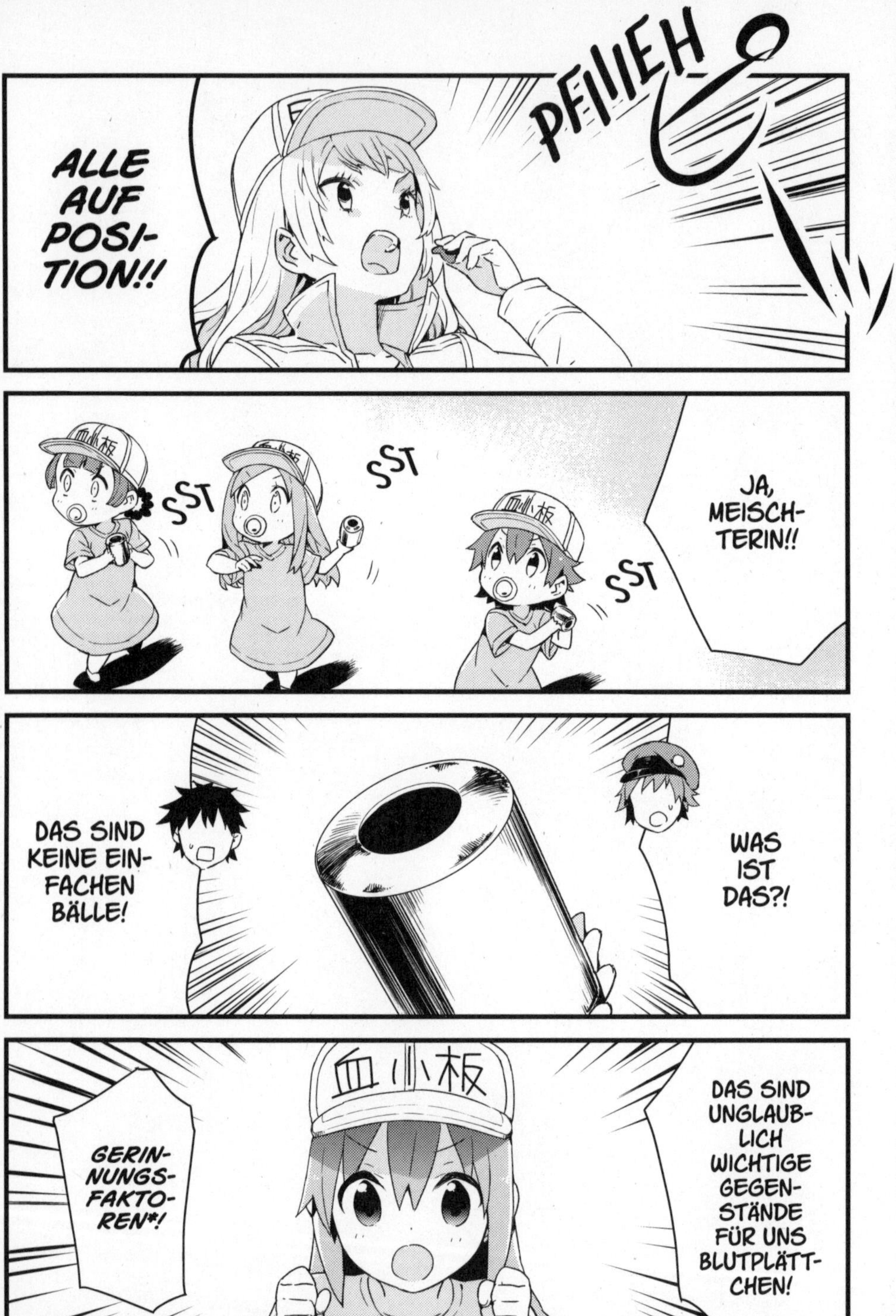

* EIN FAKTOR FÜR DIE PRODUKTION VON FIBRIN.

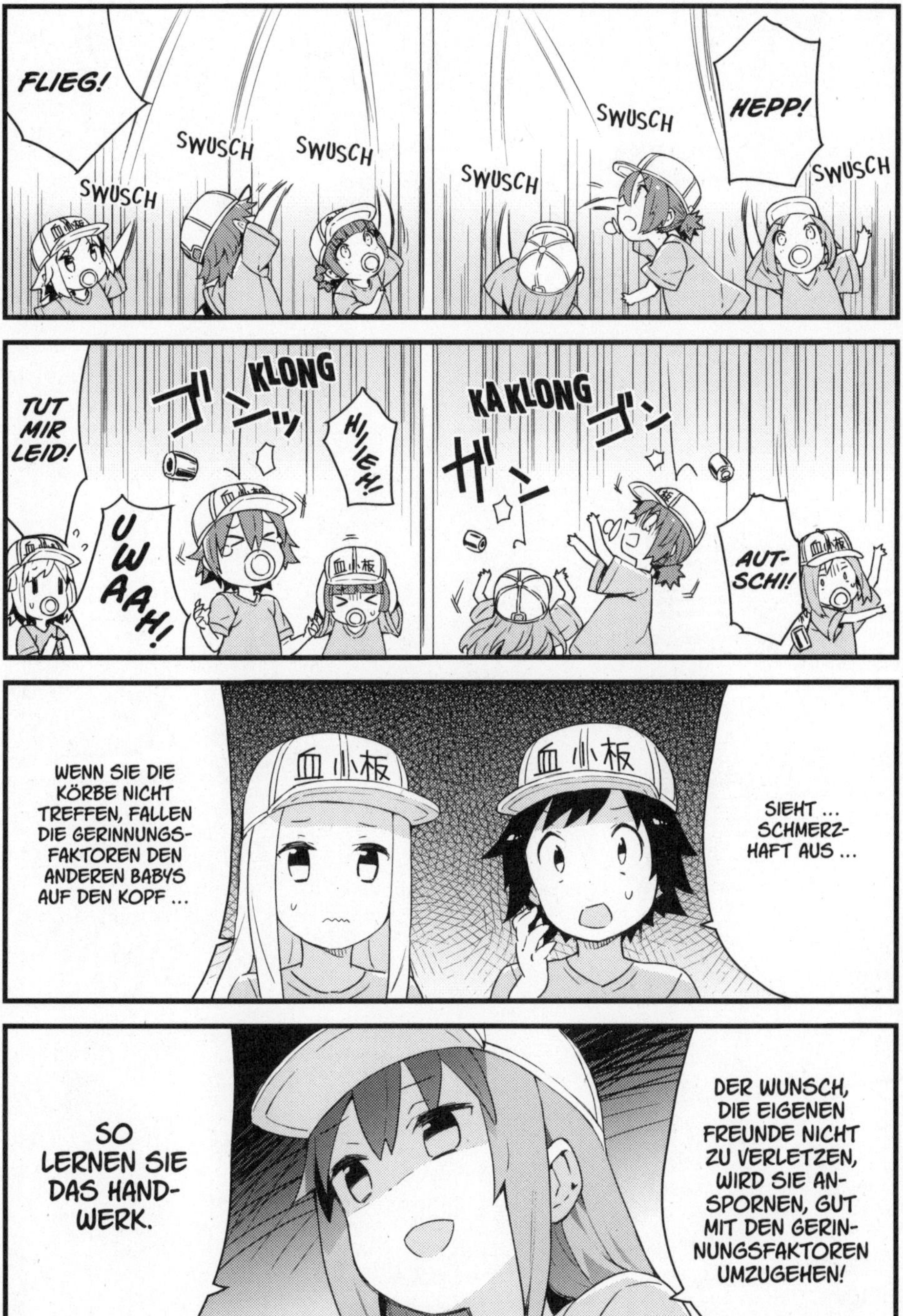
HEPP!
SWUSCH
SWUSCH
SWUSCH
FLIEG!
SWUSCH
SWUSCH
SWUSCH
KAKLONG
AUT-SCHI!
KLONG
HI-IEH!
UWAAH!
TUT MIR LEID!
SIEHT … SCHMERZHAFT AUS …
WENN SIE DIE KÖRBE NICHT TREFFEN, FALLEN DIE GERINNUNGSFAKTOREN DEN ANDEREN BABYS AUF DEN KOPF …
DER WUNSCH, DIE EIGENEN FREUNDE NICHT ZU VERLETZEN, WIRD SIE ANSPORNEN, GUT MIT DEN GERINNUNGSFAKTOREN UMZUGEHEN!
SO LERNEN SIE DAS HANDWERK.

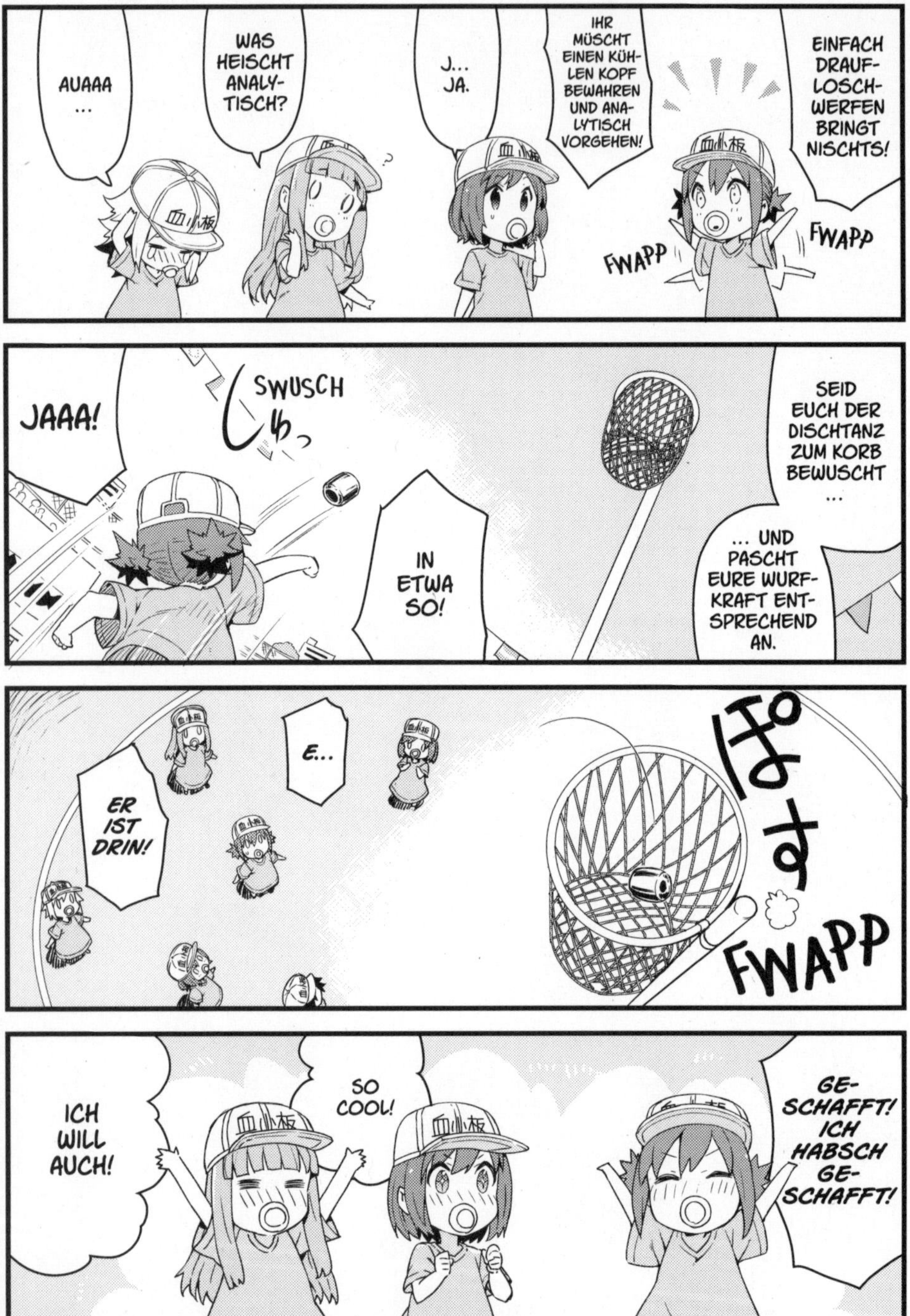
EINFACH DRAUFLOSCHWERFEN BRINGT NISCHTS!
FWAPP
FWAPP
IHR MÜSCHT EINEN KÜHLEN KOPF BEWAHREN UND ANALYTISCH VORGEHEN!
J... JA.
WAS HEISCHT ANALYTISCH?
AUAAA ...
SEID EUCH DER DISCHTANZ ZUM KORB BEWUSCHT ...
... UND PASCHT EURE WURFKRAFT ENTSPRECHEND AN.
IN ETWA SO!
SWUSCH
しゅっ
JAAA!
ぽす
FWAPP
E...
ER IST DRIN!
GESCHAFFT! ICH HABSCH GESCHAFFT!
SO COOL!
ICH WILL AUCH!

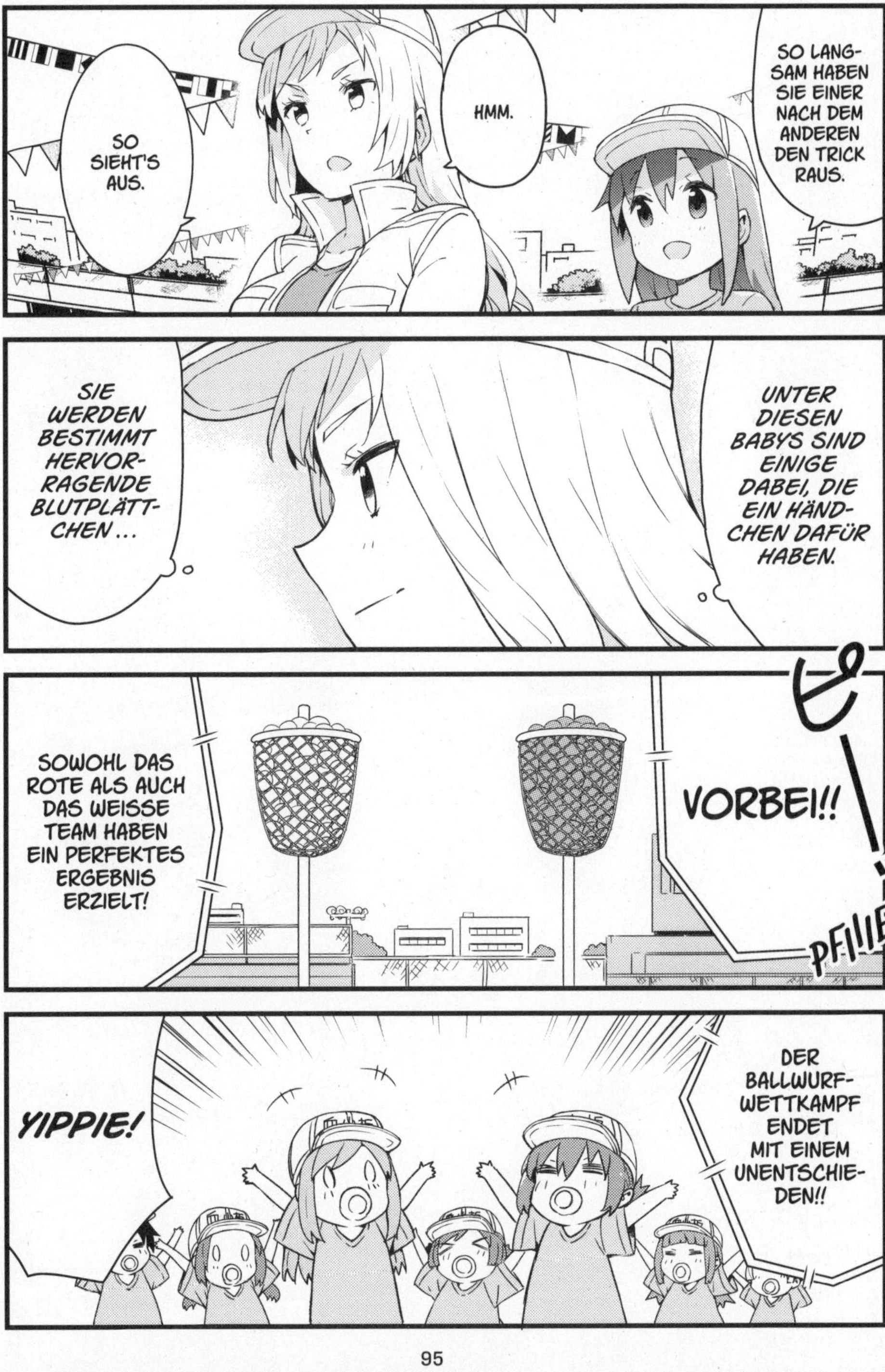
SO LANGSAM HABEN SIE EINER NACH DEM ANDEREN DEN TRICK RAUS.
HMM.
SO SIEHT'S AUS.
UNTER DIESEN BABYS SIND EINIGE DABEI, DIE EIN HÄNDCHEN DAFÜR HABEN.
SIE WERDEN BESTIMMT HERVORRAGENDE BLUTPLÄTTCHEN ...
PFIIIEH
VORBEI!!
SOWOHL DAS ROTE ALS AUCH DAS WEISSE TEAM HABEN EIN PERFEKTES ERGEBNIS ERZIELT!
DER BALLWURF-WETTKAMPF ENDET MIT EINEM UNENTSCHIEDEN!!
YIPPIE!

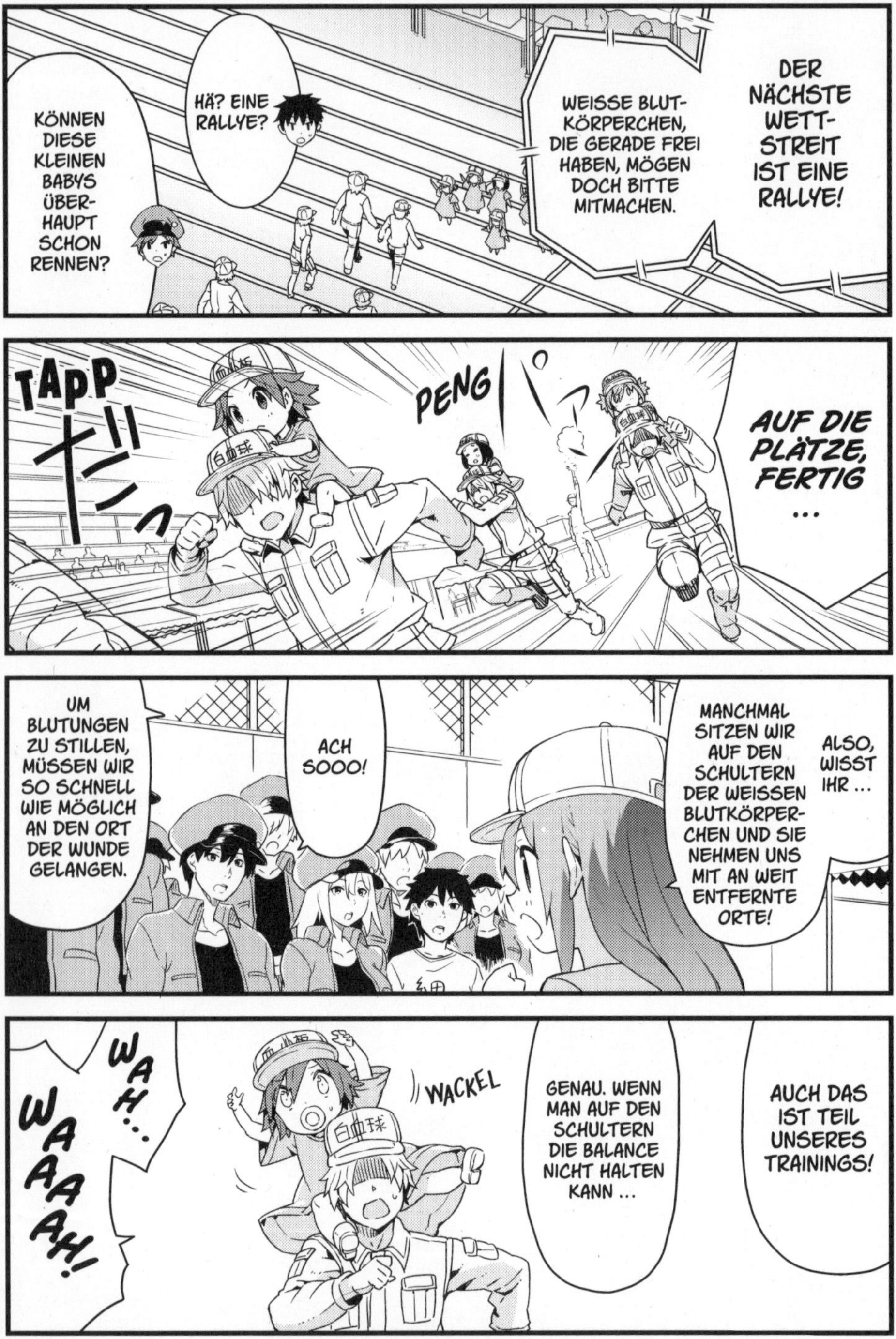
DER NÄCHSTE WETTSTREIT IST EINE RALLYE!
WEISSE BLUTKÖRPERCHEN, DIE GERADE FREI HABEN, MÖGEN DOCH BITTE MITMACHEN.
HÄ? EINE RALLYE?
KÖNNEN DIESE KLEINEN BABYS ÜBERHAUPT SCHON RENNEN?
AUF DIE PLÄTZE, FERTIG ...
PENG
TAPP
ALSO, WISST IHR ...
MANCHMAL SITZEN WIR AUF DEN SCHULTERN DER WEISSEN BLUTKÖRPERCHEN UND SIE NEHMEN UNS MIT AN WEIT ENTFERNTE ORTE!
ACH SOOO!
UM BLUTUNGEN ZU STILLEN, MÜSSEN WIR SO SCHNELL WIE MÖGLICH AN DEN ORT DER WUNDE GELANGEN.
AUCH DAS IST TEIL UNSERES TRAININGS!
GENAU. WENN MAN AUF DEN SCHULTERN DIE BALANCE NICHT HALTEN KANN ...
WACKEL
WAH...
WAAAAAH!

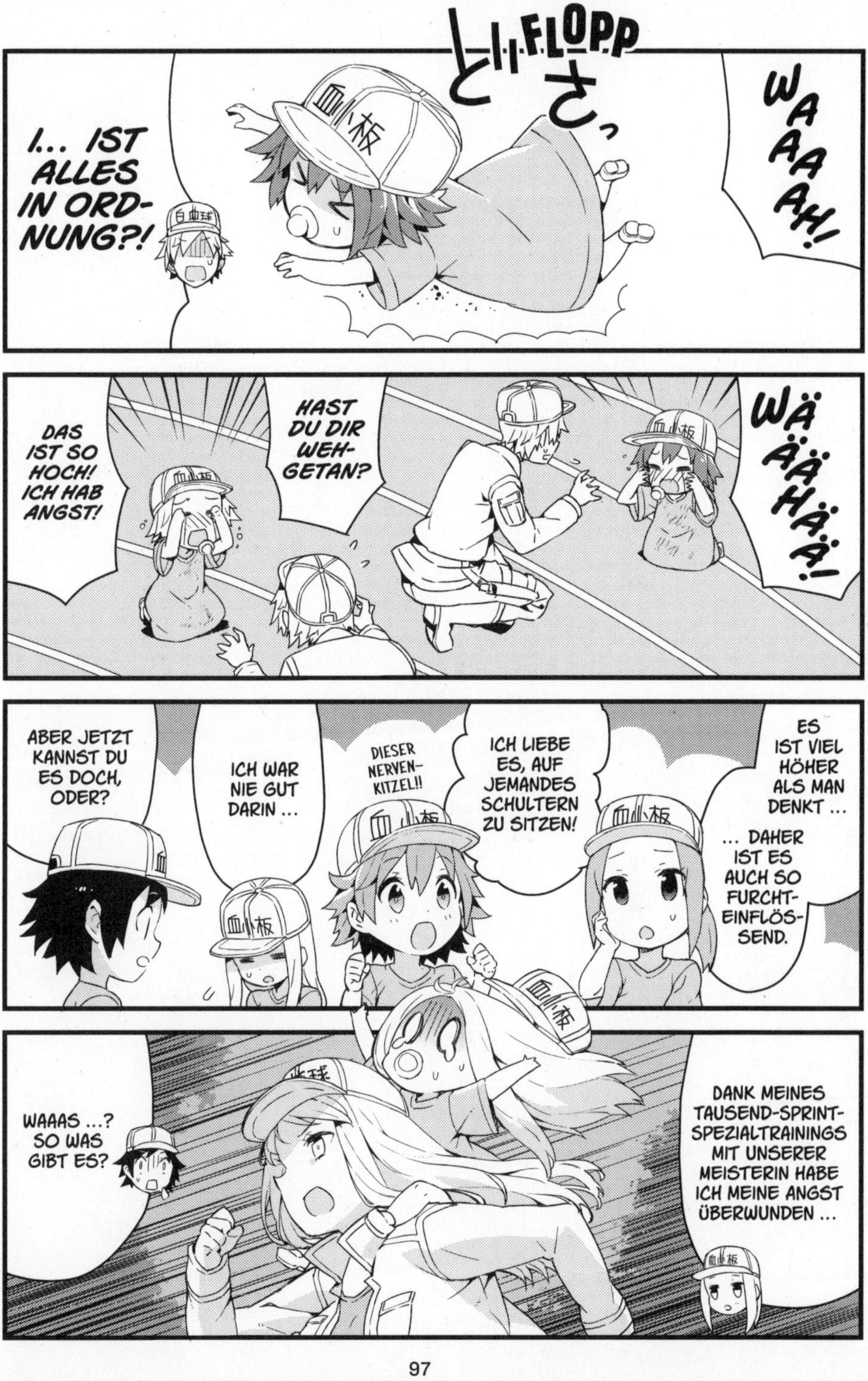
FLOPP
WAAAAAH!
I… IST ALLES IN ORDNUNG?!
WÄÄÄHÄÄ!
HAST DU DIR WEHGETAN?
DAS IST SO HOCH! ICH HAB ANGST!
ES IST VIEL HÖHER ALS MAN DENKT …
… DAHER IST ES AUCH SO FURCHTEINFLÖSSEND.
ICH LIEBE ES, AUF JEMANDES SCHULTERN ZU SITZEN!
DIESER NERVENKITZEL!!
ICH WAR NIE GUT DARIN …
ABER JETZT KANNST DU ES DOCH, ODER?
DANK MEINES TAUSEND-SPRINT-SPEZIALTRAININGS MIT UNSERER MEISTERIN HABE ICH MEINE ANGST ÜBERWUNDEN …
WAAAS …? SO WAS GIBT ES?

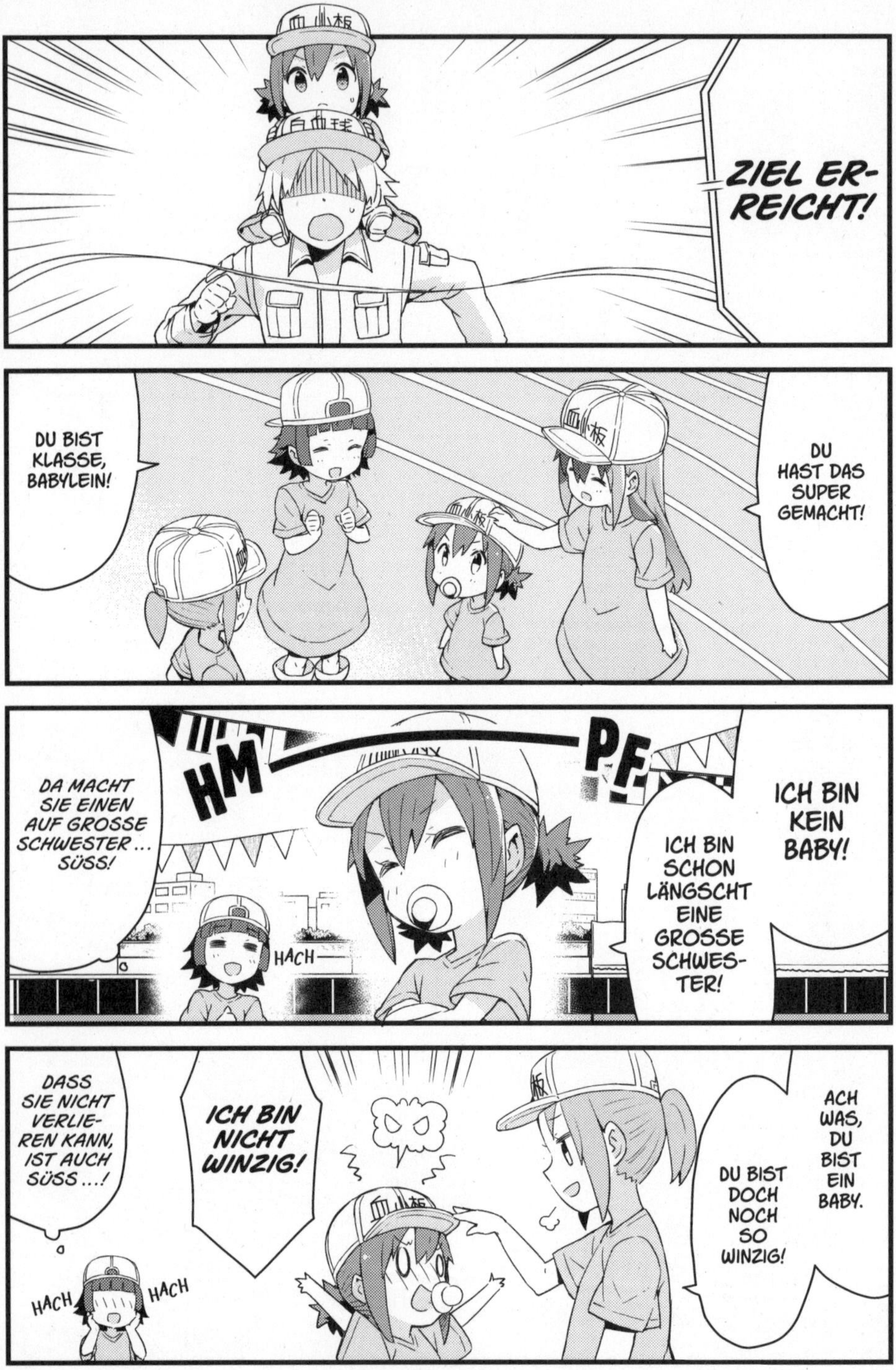
ZIEL ER-REICHT!
DU HAST DAS SUPER GEMACHT!
DU BIST KLASSE, BABYLEIN!
ICH BIN KEIN BABY!
ICH BIN SCHON LÄNGSCHT EINE GROSSE SCHWES-TER!
HM——PF
DA MACHT SIE EINEN AUF GROSSE SCHWESTER … SÜSS!
HACH
ACH WAS, DU BIST EIN BABY.
DU BIST DOCH NOCH SO WINZIG!
ICH BIN NICHT WINZIG!
DASS SIE NICHT VERLIE-REN KANN, IST AUCH SÜSS …!
HACH
HACH

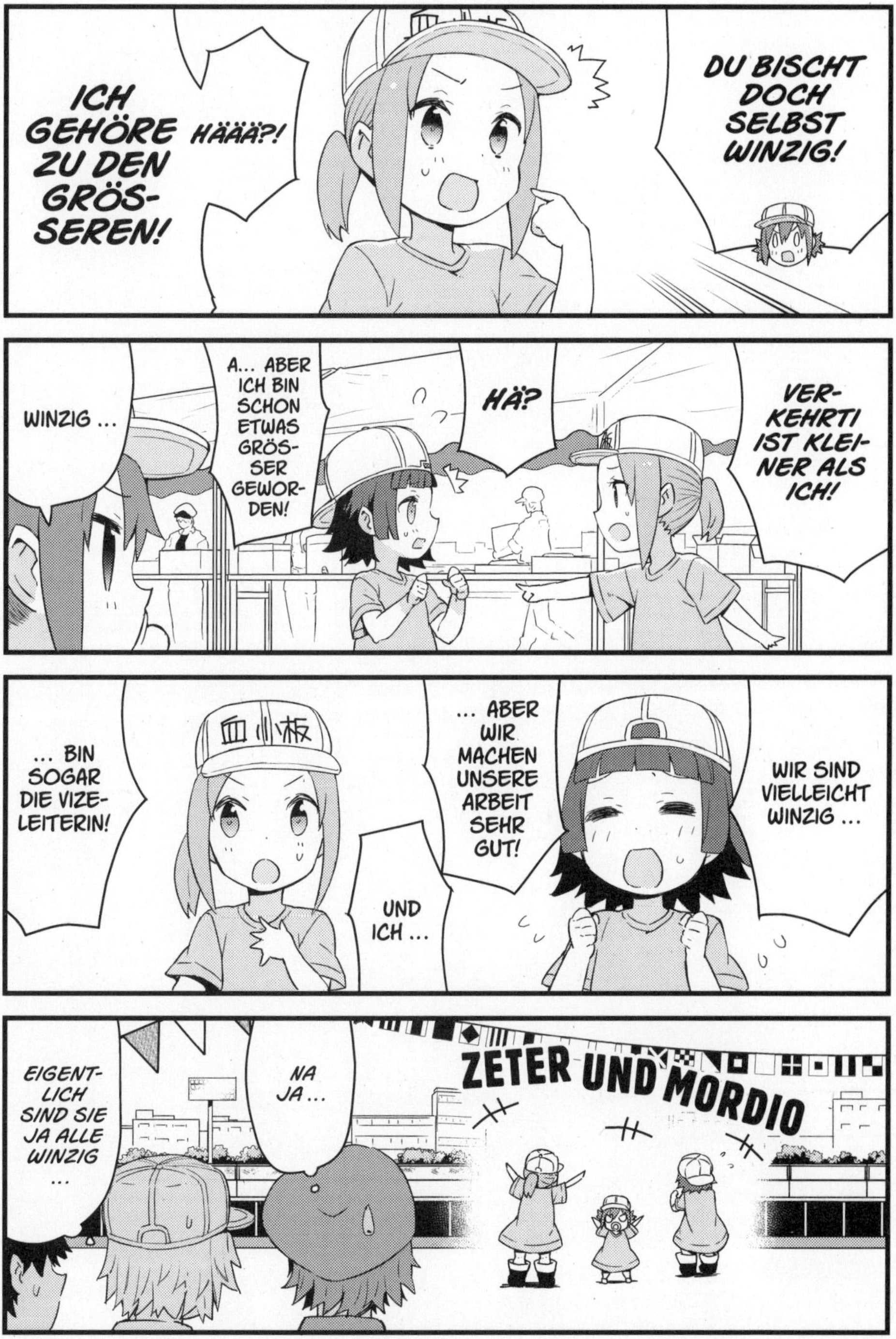
DU BISCHT DOCH SELBST WINZIG!
HÄÄÄ?!
ICH GEHÖRE ZU DEN GRÖS-SEREN!
VER-KEHRTI IST KLEI-NER ALS ICH!
HÄ?
A... ABER ICH BIN SCHON ETWAS GRÖS-SER GEWOR-DEN!
WINZIG ...
WIR SIND VIELLEICHT WINZIG ...
... ABER WIR MACHEN UNSERE ARBEIT SEHR GUT!
UND ICH ...
... BIN SOGAR DIE VIZE-LEITERIN!
ZETER UND MORDIO
NA JA ...
EIGENT-LICH SIND SIE JA ALLE WINZIG ...

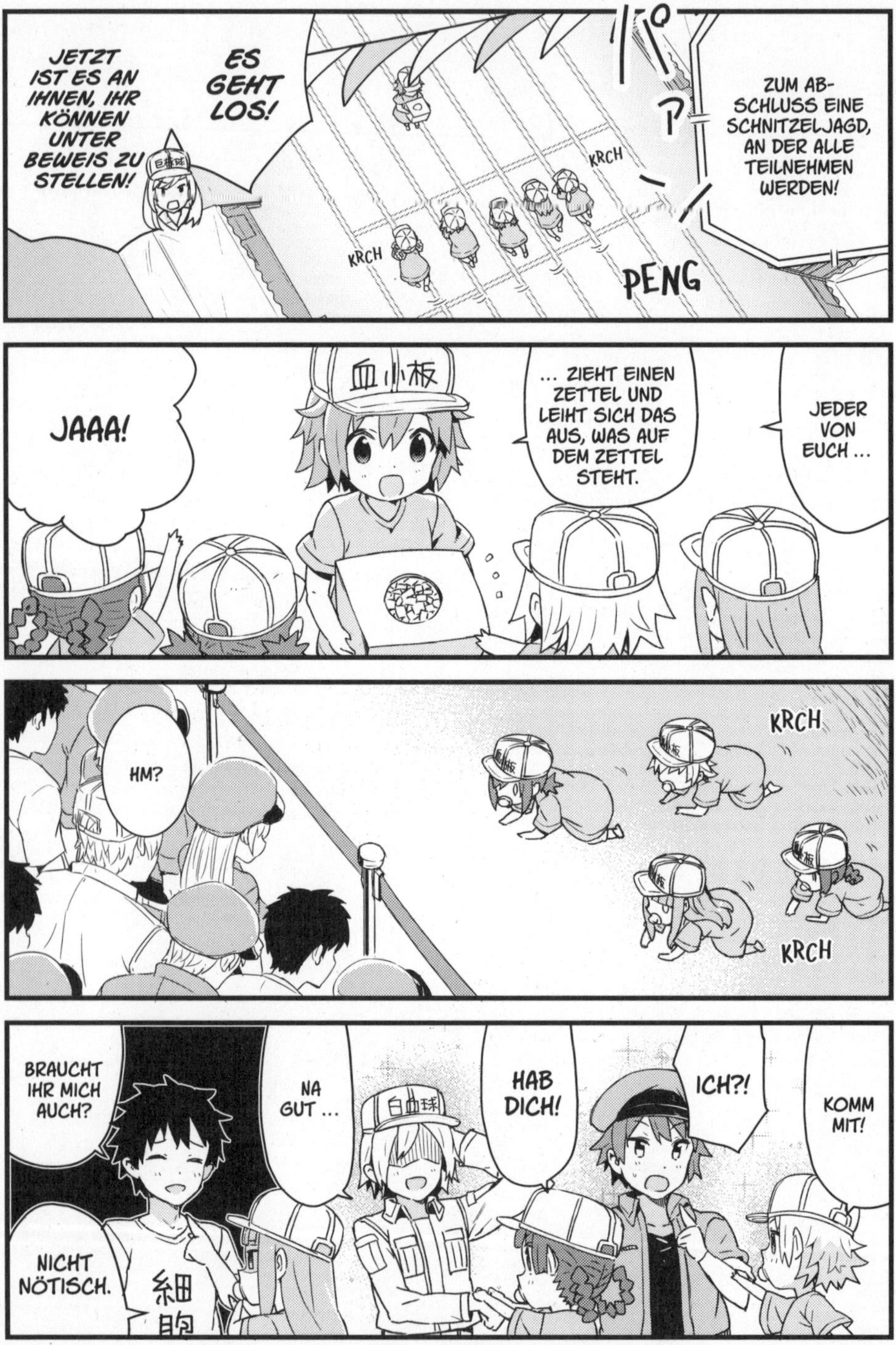
ZUM ABSCHLUSS EINE SCHNITZELJAGD, AN DER ALLE TEILNEHMEN WERDEN!
PENG
ES GEHT LOS!
JETZT IST ES AN IHNEN, IHR KÖNNEN UNTER BEWEIS ZU STELLEN!
KRCH
KRCH
JEDER VON EUCH …
… ZIEHT EINEN ZETTEL UND LEIHT SICH DAS AUS, WAS AUF DEM ZETTEL STEHT.
JAAA!
KRCH
KRCH
HM?
KOMM MIT!
ICH?!
HAB DICH!
NA GUT …
BRAUCHT IHR MICH AUCH?
NICHT NÖTISCH.

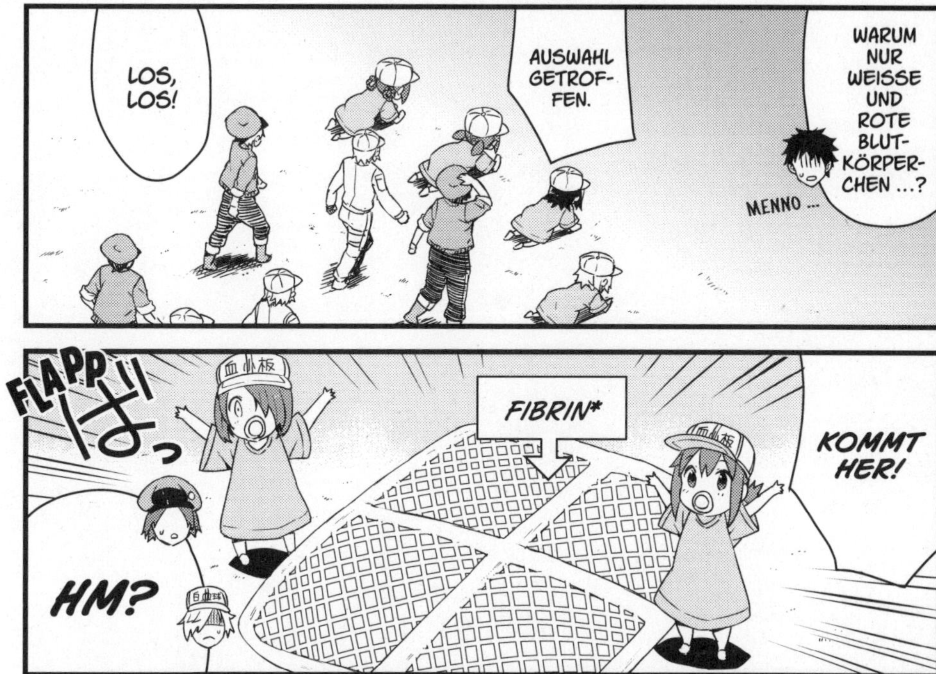

* EIN EIWEISS, DAS ZUR GERINNUNG DES BLUTES BEITRÄGT.

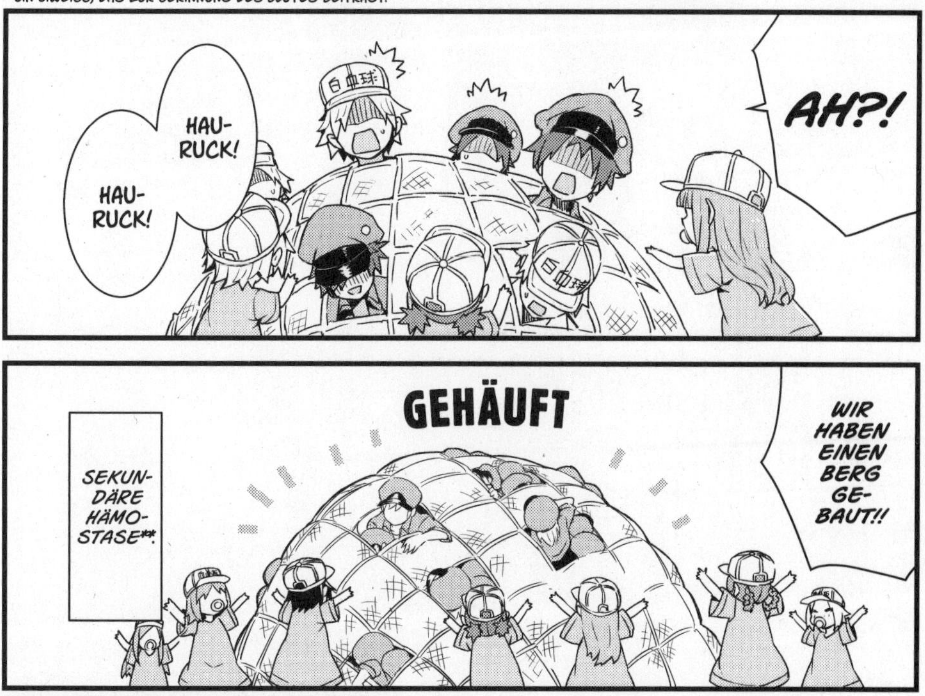

** BLUTGERINNUNG. MITHILFE VON FIBRIN FORMEN BLUTPLÄTTCHEN EIN BLUTGERINNSEL, UM WUNDEN ZU SCHLIESSEN.

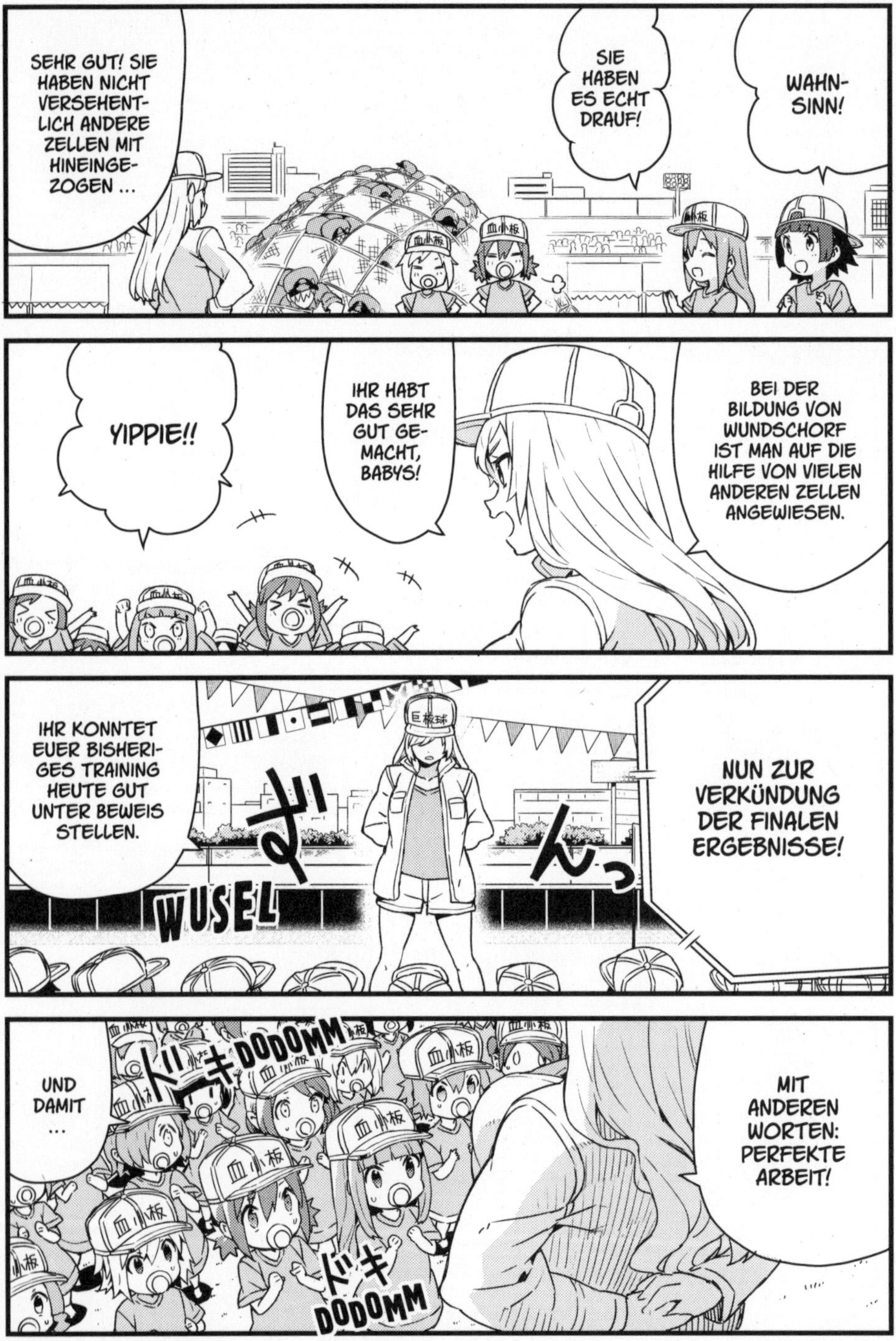
WAHN-SINN!
SIE HABEN ES ECHT DRAUF!
SEHR GUT! SIE HABEN NICHT VERSEHENT-LICH ANDERE ZELLEN MIT HINEINGE-ZOGEN …
BEI DER BILDUNG VON WUNDSCHORF IST MAN AUF DIE HILFE VON VIELEN ANDEREN ZELLEN ANGEWIESEN.
IHR HABT DAS SEHR GUT GE-MACHT, BABYS!
YIPPIE!!
NUN ZUR VERKÜNDUNG DER FINALEN ERGEBNISSE!
ずんっ
IHR KONNTET EUER BISHERI-GES TRAINING HEUTE GUT UNTER BEWEIS STELLEN.
WUSEL
MIT ANDEREN WORTEN: PERFEKTE ARBEIT!
ドキ DODOMM
UND DAMIT …
ドキ DODOMM

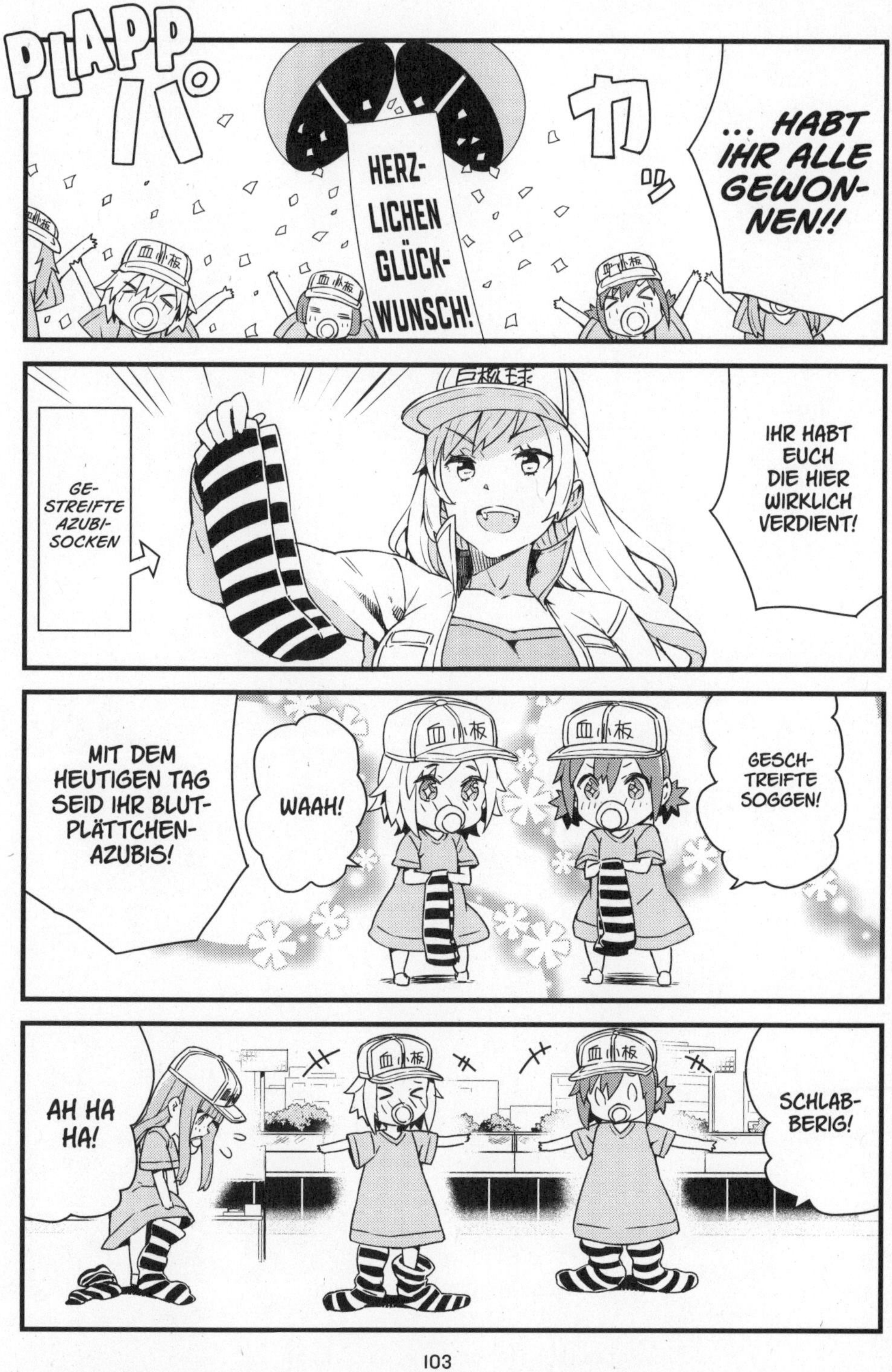
PLAPP
パ
カッ
HERZLICHEN GLÜCKWUNSCH!
... HABT IHR ALLE GEWONNEN!!
IHR HABT EUCH DIE HIER WIRKLICH VERDIENT!
GESTREIFTE AZUBISOCKEN
MIT DEM HEUTIGEN TAG SEID IHR BLUTPLÄTTCHEN-AZUBIS!
GESCHTREIFTE SOGGEN!
WAAH!
SCHLABBERIG!
AH HA HA!

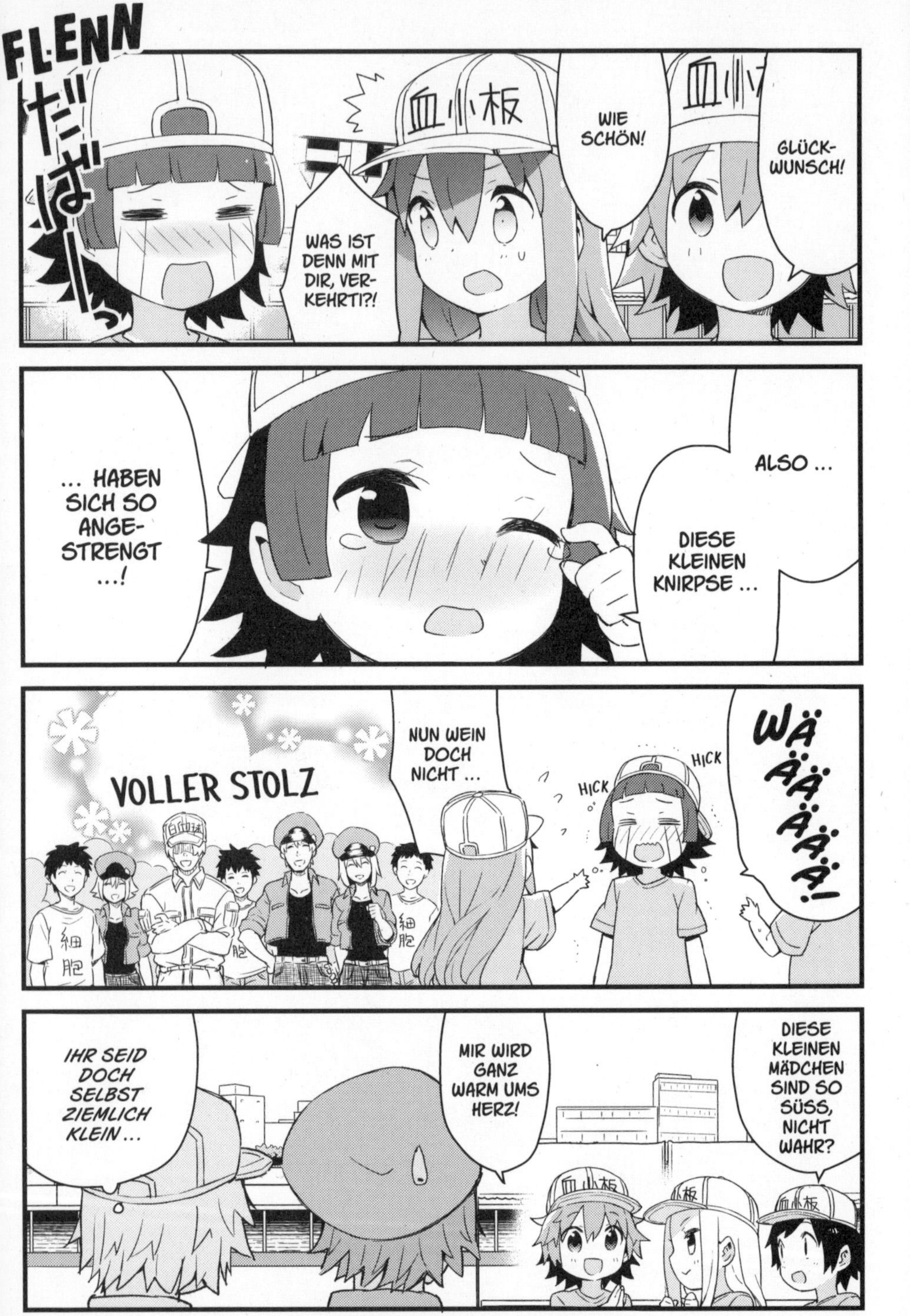

Kapitel 5: Ich bin kein Baby! Ende

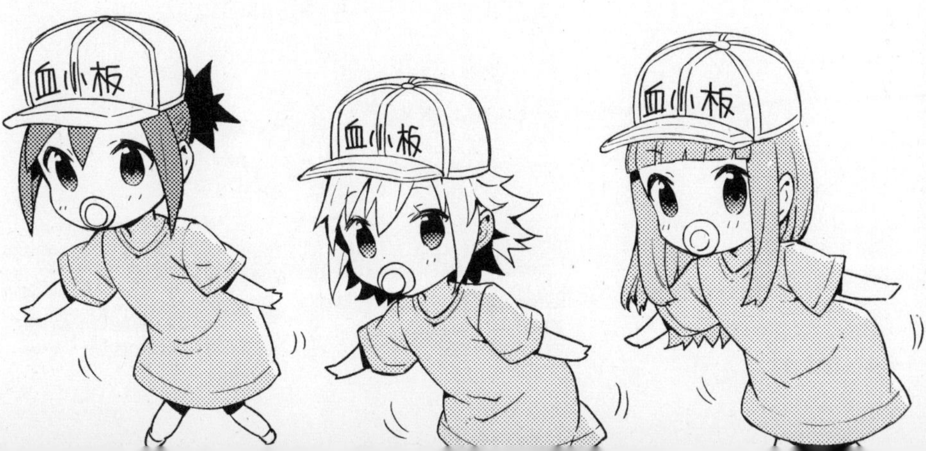
血小板
血小板
血小板

CELLS AT
はたらく細胞 WORK!

AN DIE ARBEIT, BLUT-
PLÄTTCHEN!

Kapitel 6: Eingeladen

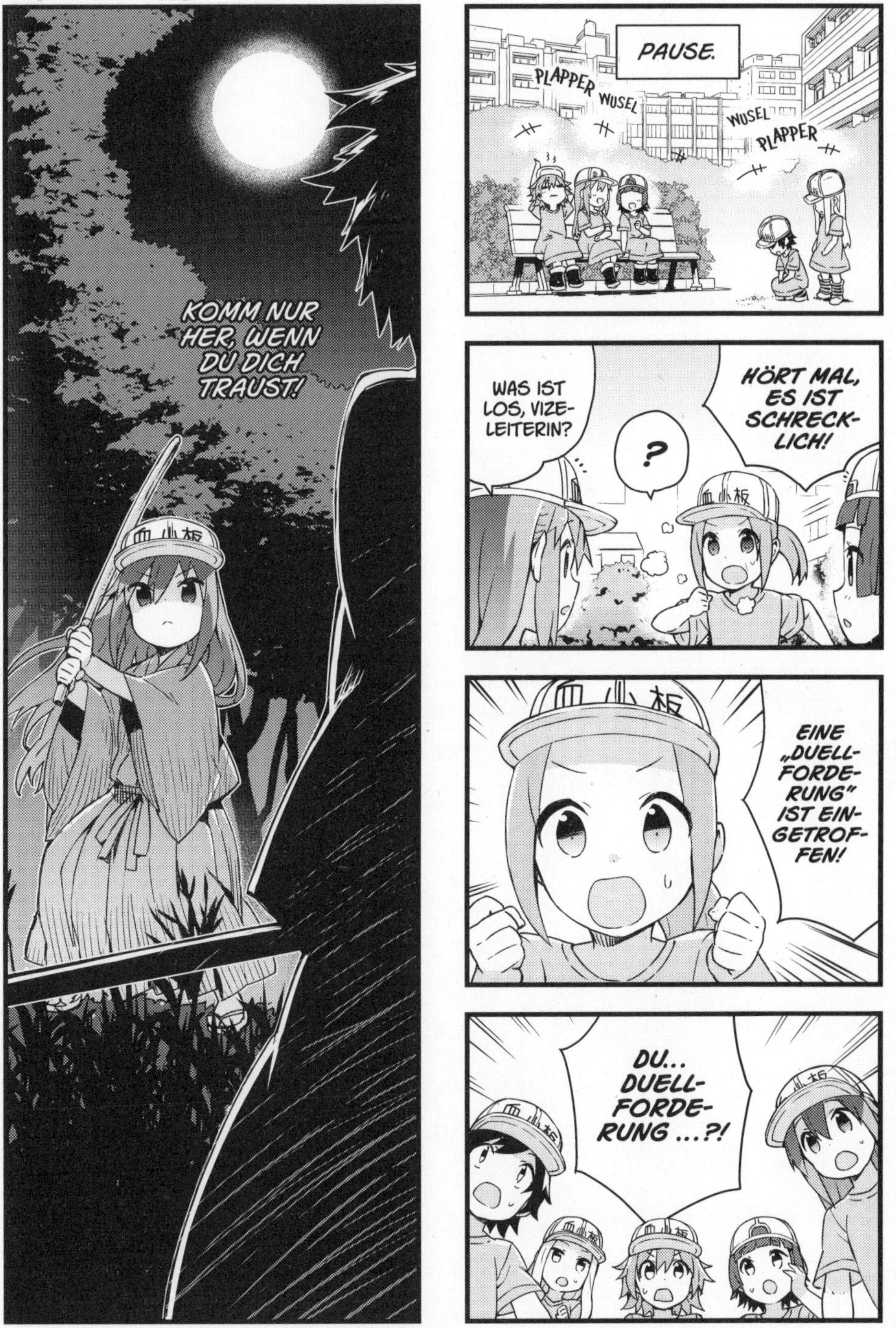

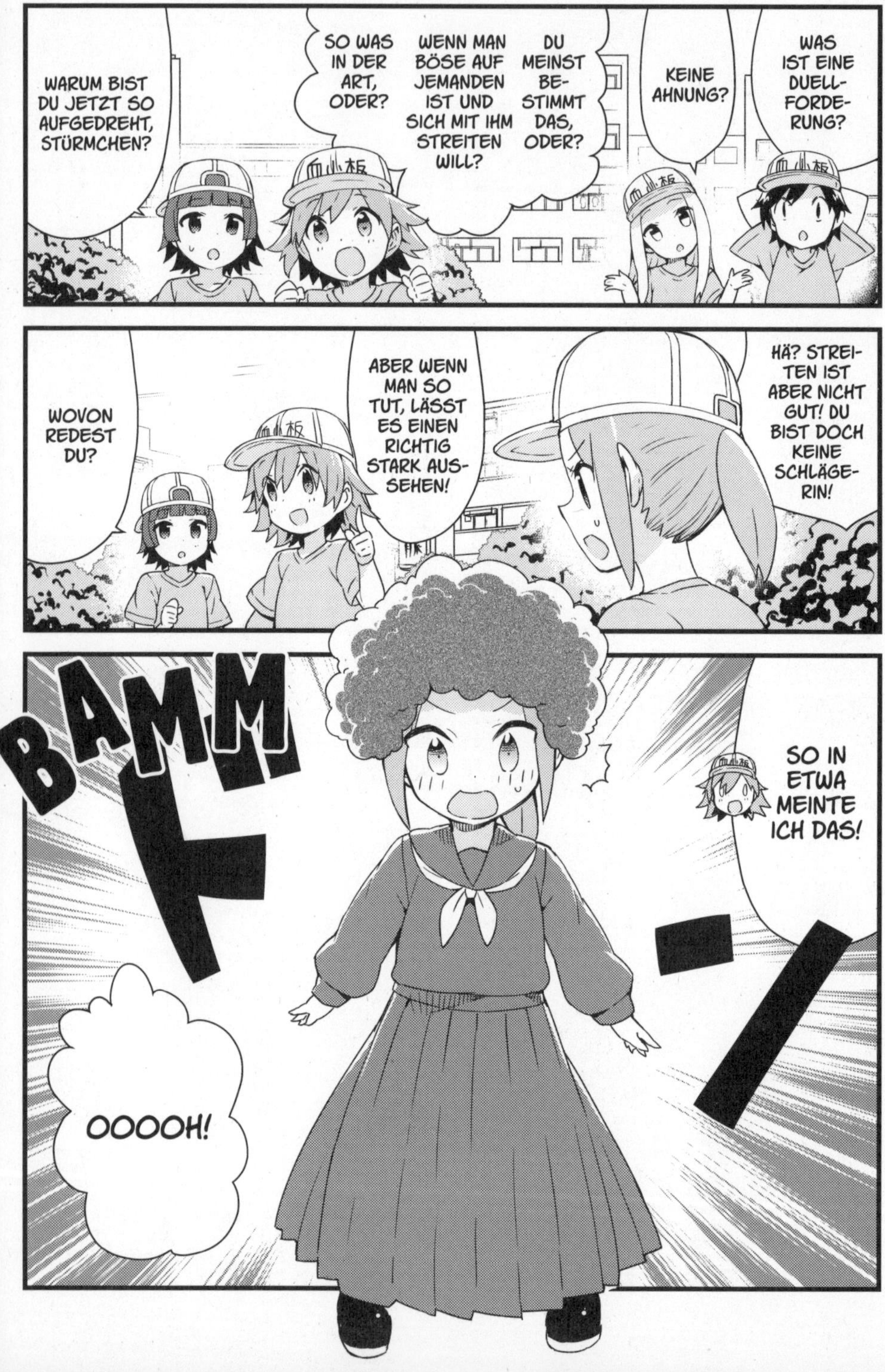
WAS IST EINE DUELLFORDERUNG?
KEINE AHNUNG?
DU MEINST BESTIMMT DAS, ODER?
WENN MAN BÖSE AUF JEMANDEN IST UND SICH MIT IHM STREITEN WILL?
SO WAS IN DER ART, ODER?
WARUM BIST DU JETZT SO AUFGEDREHT, STÜRMCHEN?
HÄ? STREITEN IST ABER NICHT GUT! DU BIST DOCH KEINE SCHLÄGERIN!
ABER WENN MAN SO TUT, LÄSST ES EINEN RICHTIG STARK AUSSEHEN!
WOVON REDEST DU?
SO IN ETWA MEINTE ICH DAS!
BAMM
OOOOH!

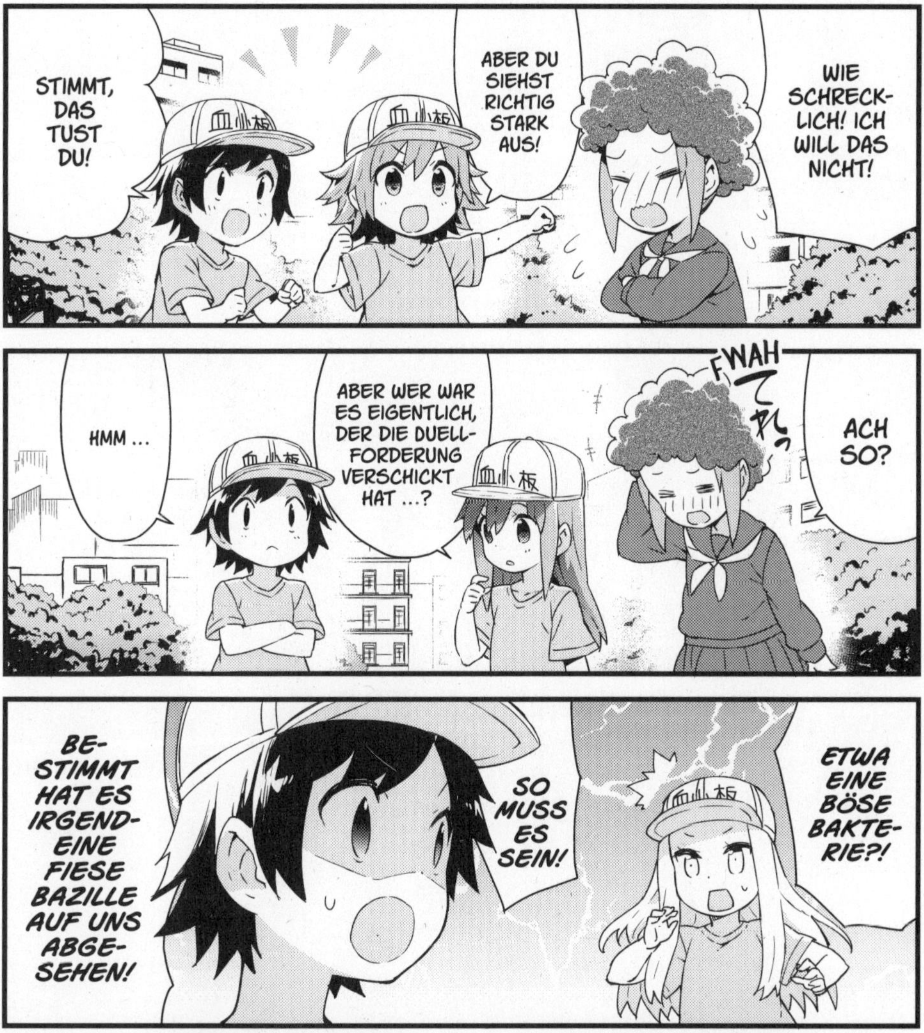
WIE SCHRECKLICH! ICH WILL DAS NICHT!
ABER DU SIEHST RICHTIG STARK AUS!
STIMMT, DAS TUST DU!
ACH SO?
FWAH
ABER WER WAR ES EIGENTLICH, DER DIE DUELLFORDERUNG VERSCHICKT HAT …?
HMM …
ETWA EINE BÖSE BAKTERIE?!
SO MUSS ES SEIN!
BESTIMMT HAT ES IRGENDEINE FIESE BAZILLE AUF UNS ABGESEHEN!
VORSTELLUNG
KOMMT SCHON!
ZEIT FÜR EIN DUELL!!

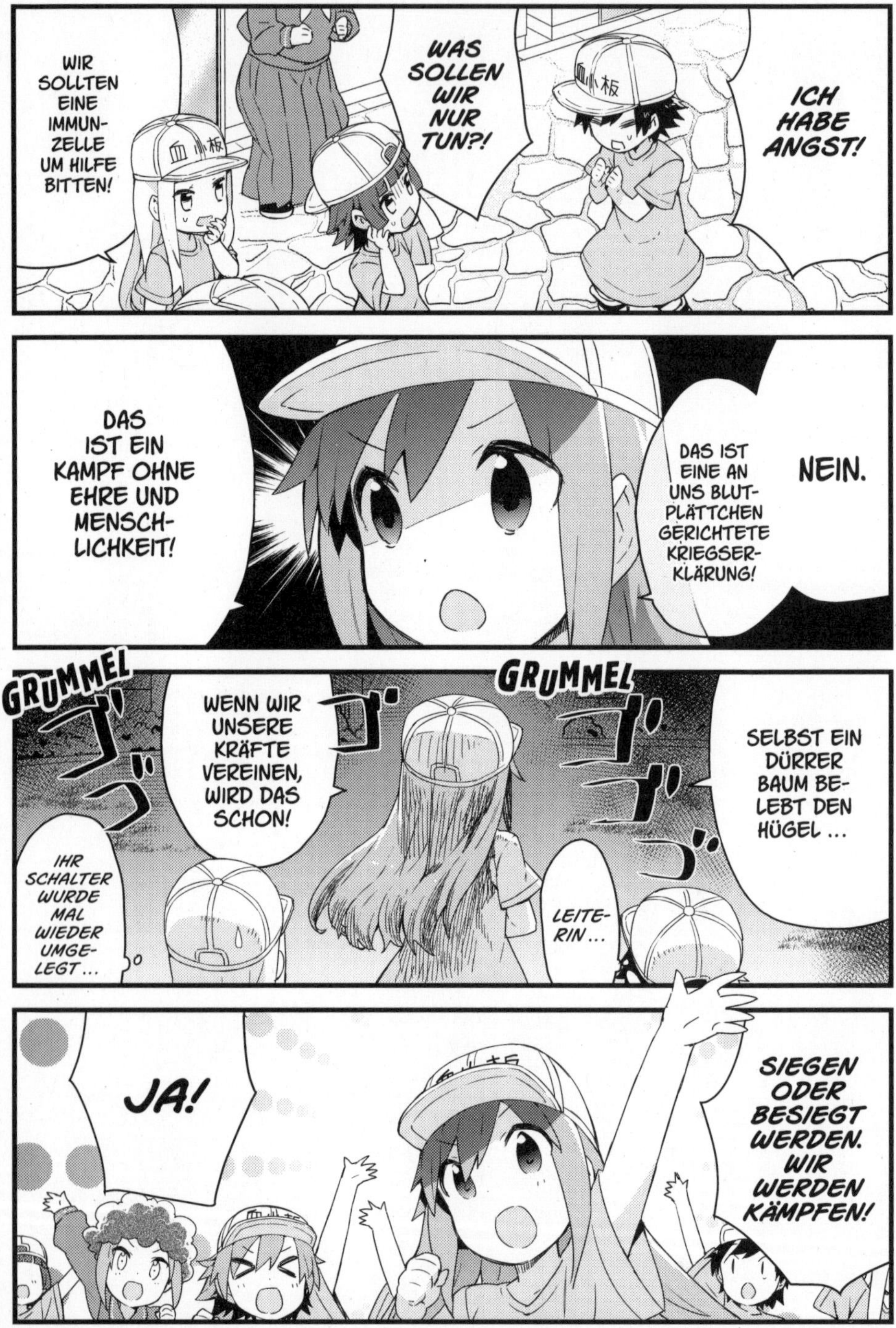
ICH HABE ANGST!
WAS SOLLEN WIR NUR TUN?!
WIR SOLLTEN EINE IMMUNZELLE UM HILFE BITTEN!
NEIN.
DAS IST EINE AN UNS BLUTPLÄTTCHEN GERICHTETE KRIEGSERKLÄRUNG!
DAS IST EIN KAMPF OHNE EHRE UND MENSCHLICHKEIT!
GRUMMEL
SELBST EIN DÜRRER BAUM BELEBT DEN HÜGEL …
LEITERIN …
WENN WIR UNSERE KRÄFTE VEREINEN, WIRD DAS SCHON!
IHR SCHALTER WURDE MAL WIEDER UMGELEGT …
GRUMMEL
SIEGEN ODER BESIEGT WERDEN. WIR WERDEN KÄMPFEN!
JA!

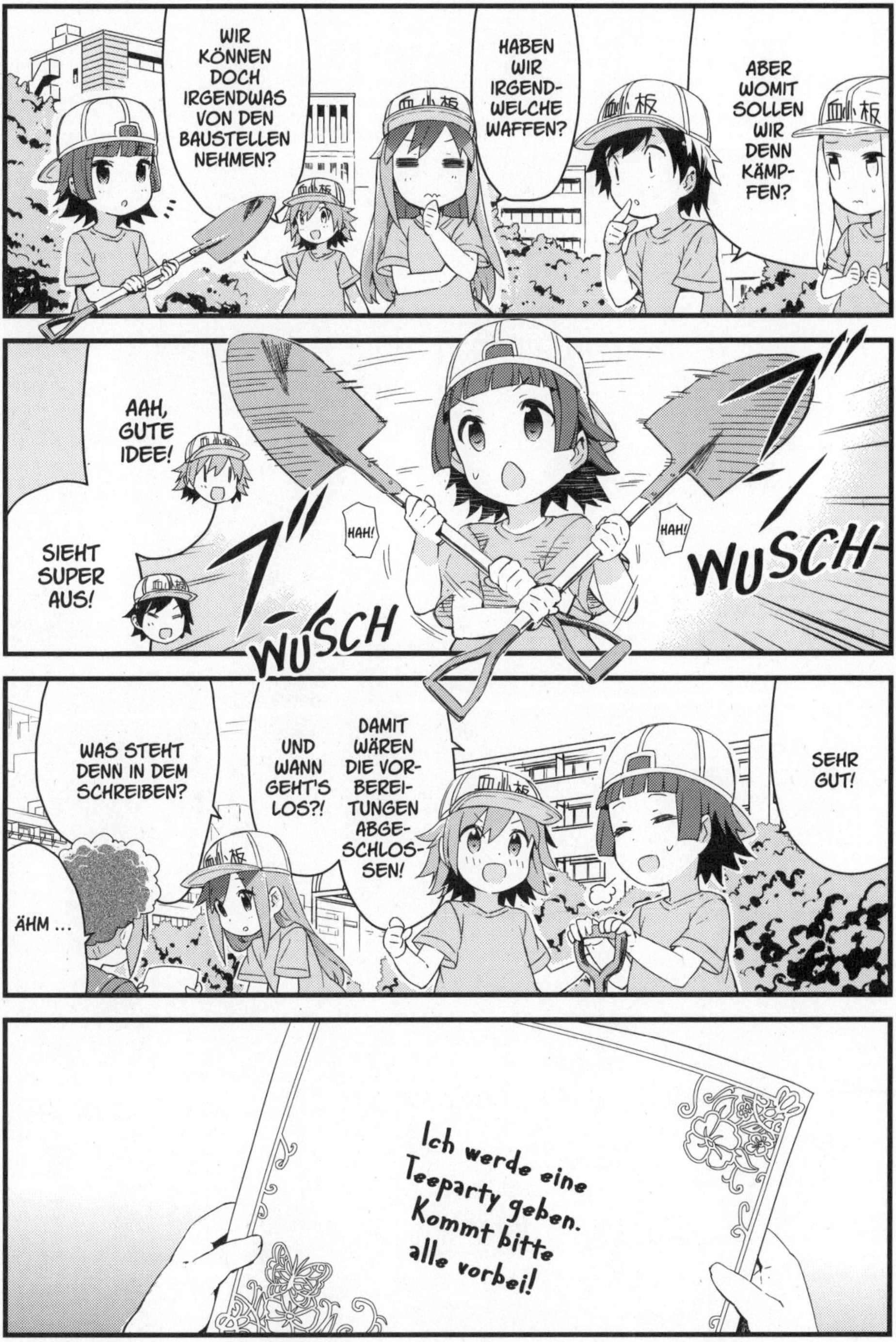
ABER WOMIT SOLLEN WIR DENN KÄMPFEN?
HABEN WIR IRGENDWELCHE WAFFEN?
WIR KÖNNEN DOCH IRGENDWAS VON DEN BAUSTELLEN NEHMEN?
HAH!
HAH!
WUSCH
WUSCH
AAH, GUTE IDEE!
SIEHT SUPER AUS!
SEHR GUT!
DAMIT WÄREN DIE VORBEREITUNGEN ABGESCHLOSSEN!
UND WANN GEHT'S LOS?!
WAS STEHT DENN IN DEM SCHREIBEN?
ÄHM …
Ich werde eine Teeparty geben. Kommt bitte alle vorbei!

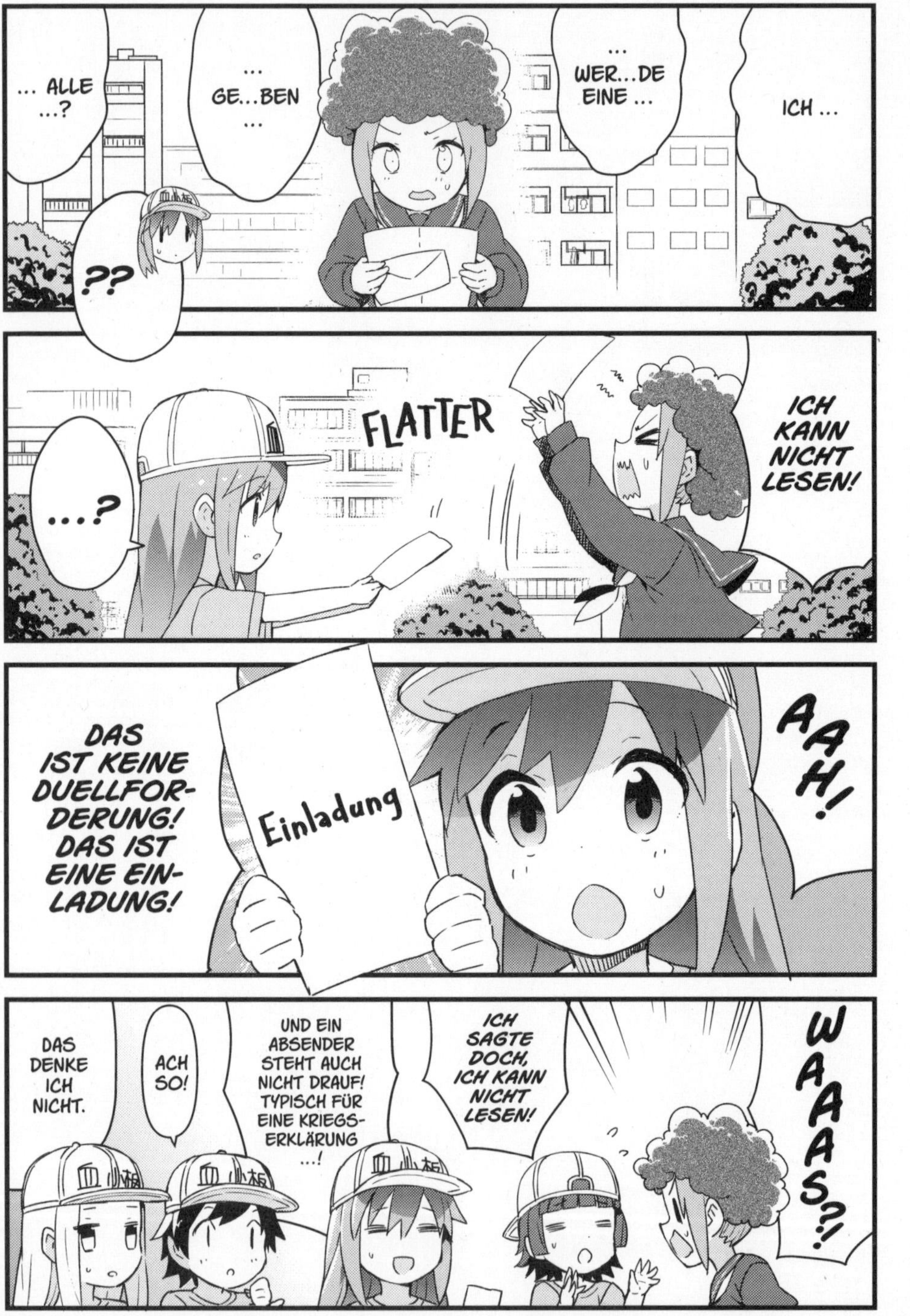
ICH …
… WER…DE EINE …
… GE…BEN …
… ALLE …?
??
ICH KANN NICHT LESEN!
FLATTER
…?
AAH!
Einladung
DAS IST KEINE DUELLFORDERUNG! DAS IST EINE EINLADUNG!
WAAAS?!
ICH SAGTE DOCH, ICH KANN NICHT LESEN!
UND EIN ABSENDER STEHT AUCH NICHT DRAUF! TYPISCH FÜR EINE KRIEGSERKLÄRUNG …!
ACH SO!
DAS DENKE ICH NICHT.

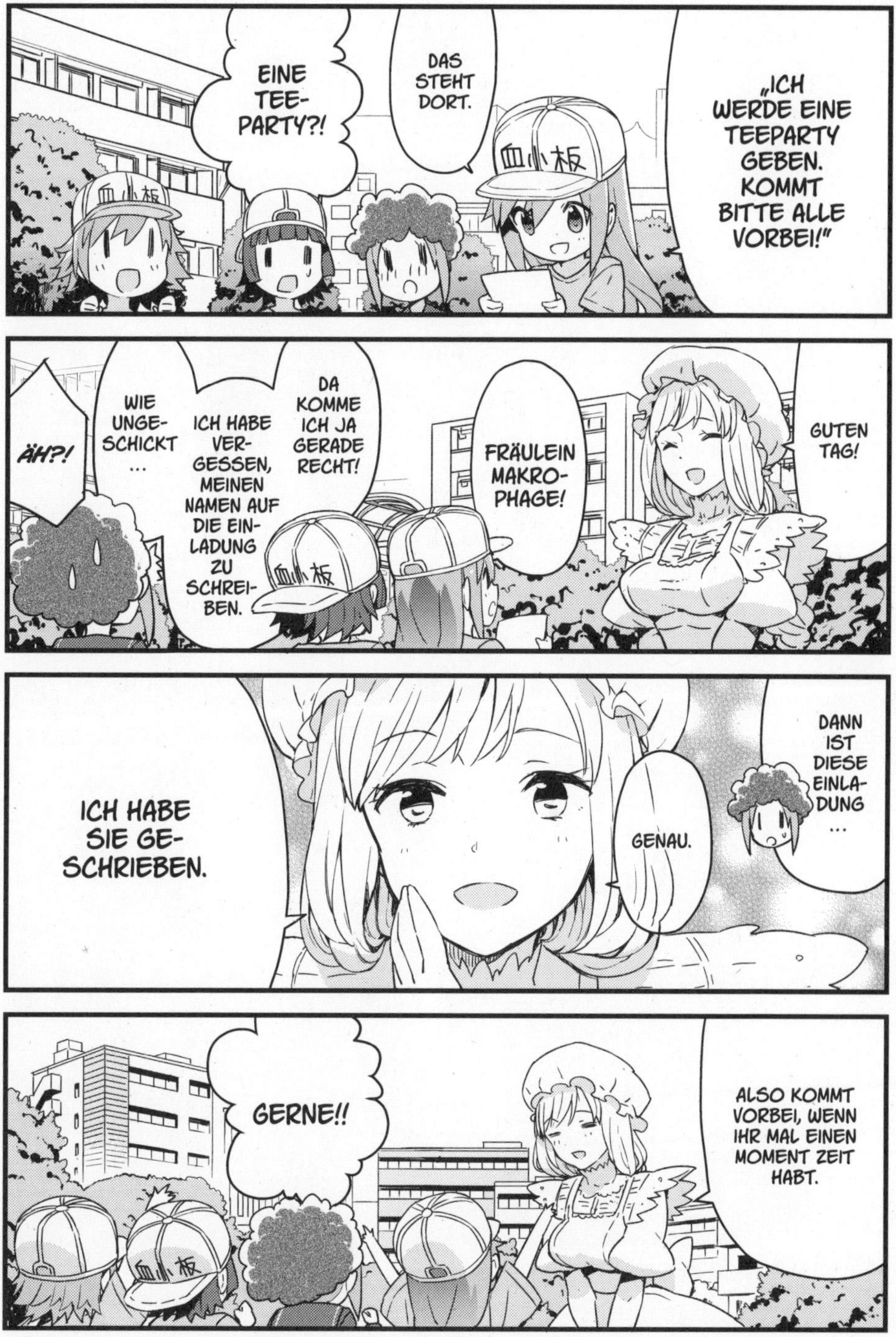
„ICH WERDE EINE TEEPARTY GEBEN. KOMMT BITTE ALLE VORBEI!"
DAS STEHT DORT.
EINE TEE-PARTY?!
GUTEN TAG!
FRÄULEIN MAKROPHAGE!
DA KOMME ICH JA GERADE RECHT!
ICH HABE VERGESSEN, MEINEN NAMEN AUF DIE EINLADUNG ZU SCHREIBEN.
WIE UNGESCHICKT …
ÄH?!
DANN IST DIESE EINLADUNG …
GENAU.
ICH HABE SIE GESCHRIEBEN.
ALSO KOMMT VORBEI, WENN IHR MAL EINEN MOMENT ZEIT HABT.
GERNE!!

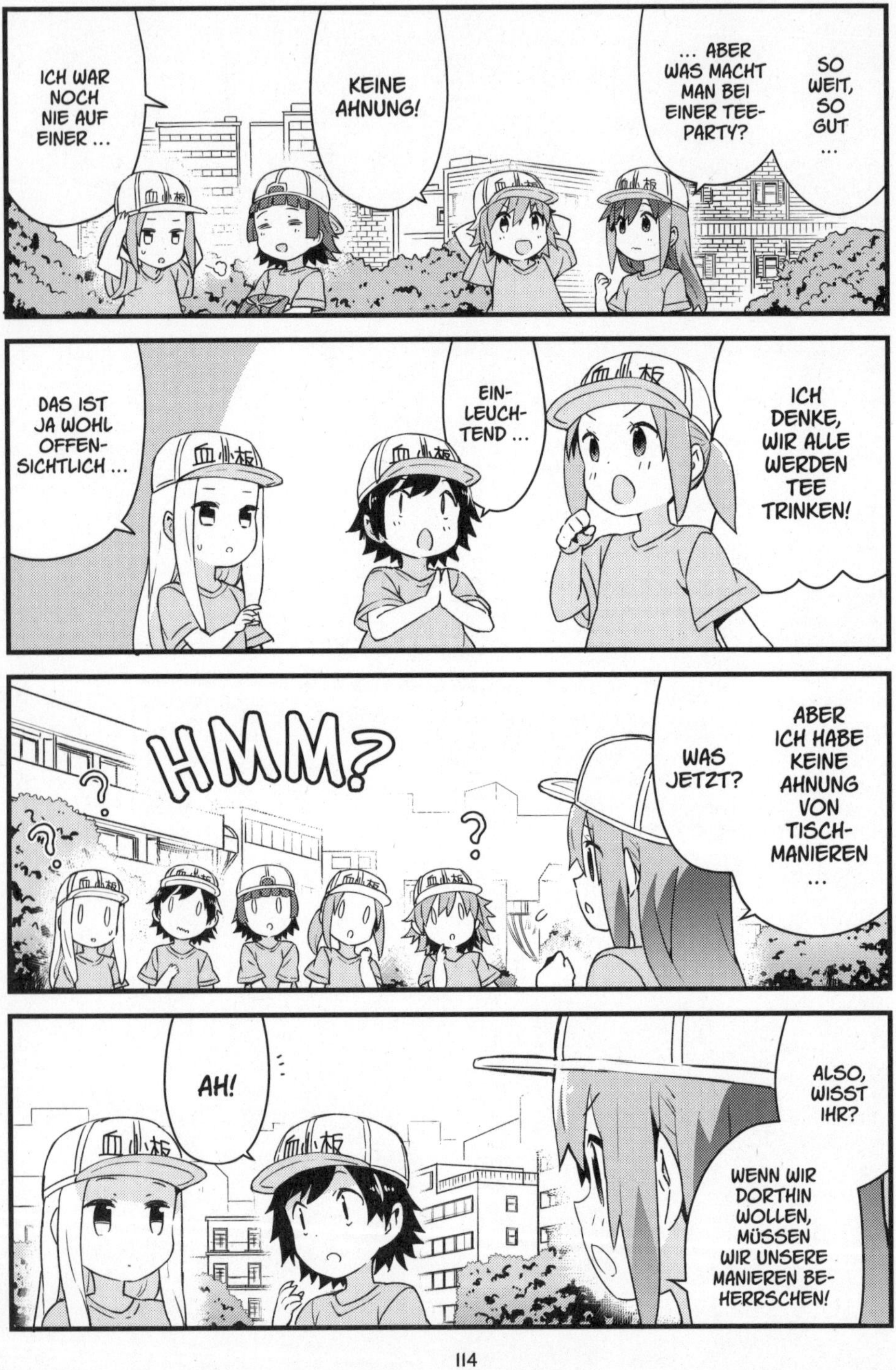
SO WEIT, SO GUT …
… ABER WAS MACHT MAN BEI EINER TEE-PARTY?
KEINE AHNUNG!
ICH WAR NOCH NIE AUF EINER …
ICH DENKE, WIR ALLE WERDEN TEE TRINKEN!
EIN-LEUCHTEND …
DAS IST JA WOHL OFFEN-SICHTLICH …
ABER ICH HABE KEINE AHNUNG VON TISCH-MANIEREN …
WAS JETZT?
HMM?
ALSO, WISST IHR?
WENN WIR DORTHIN WOLLEN, MÜSSEN WIR UNSERE MANIEREN BE-HERRSCHEN!
AH!

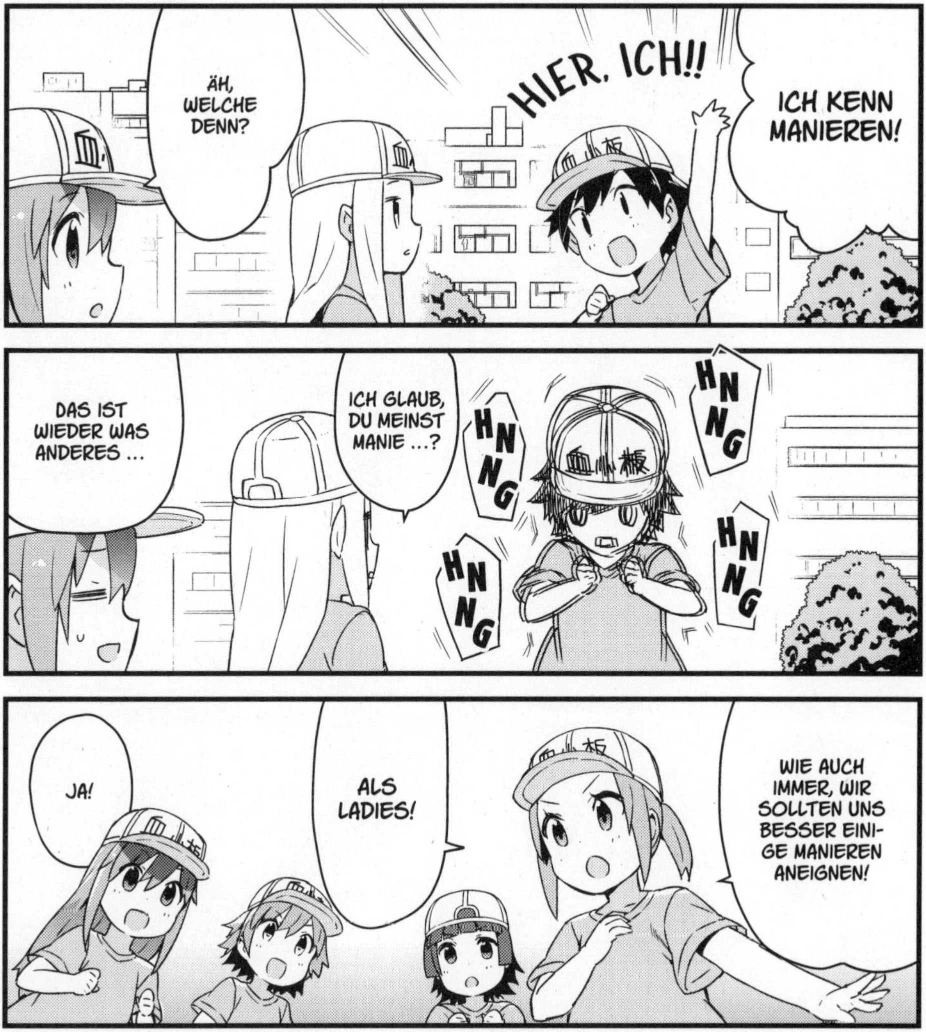
ICH KENN MANIEREN!
HIER, ICH!!
ÄH, WELCHE DENN?
HNNG
HNNG
HNNG
HNNG
ICH GLAUB, DU MEINST MANIE ...?
DAS IST WIEDER WAS ANDERES ...
WIE AUCH IMMER, WIR SOLLTEN UNS BESSER EINIGE MANIEREN ANEIGNEN!
ALS LADIES!
JA!
UND SO BESCHLOSSEN SIE, SICH VON ANDEREN ZELLEN MANIEREN BEIBRINGEN ZU LASSEN.
WEN KÖNNTEN WIR NUR FRAGEN?
HMM ...

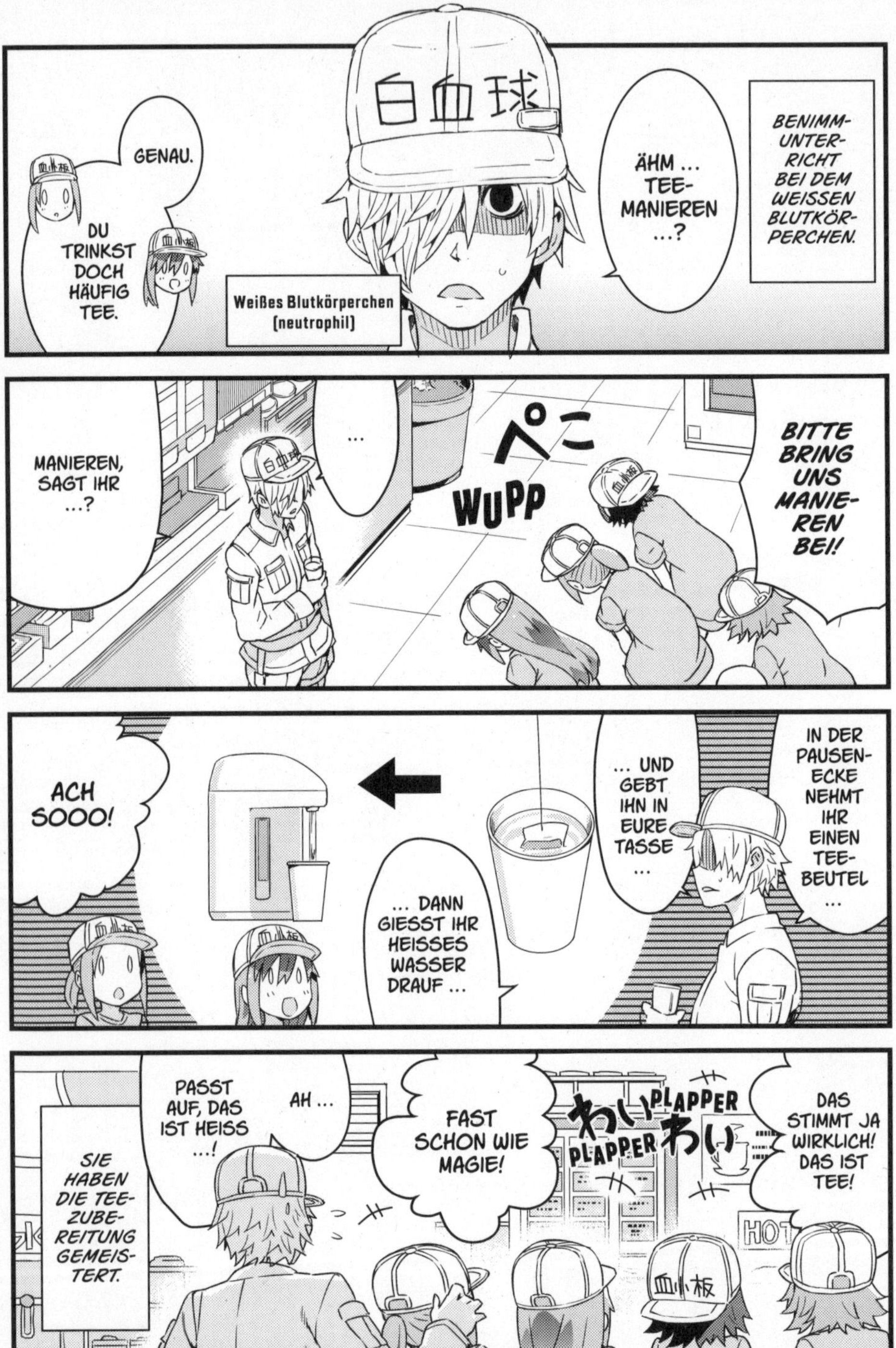
BENIMM-UNTERRICHT BEI DEM WEISSEN BLUTKÖRPERCHEN.
ÄHM … TEE-MANIEREN …?
Weißes Blutkörperchen (neutrophil)
GENAU.
DU TRINKST DOCH HÄUFIG TEE.
BITTE BRING UNS MANIEREN BEI!
ぺこ
WUPP
…
MANIEREN, SAGT IHR …?
IN DER PAUSENECKE NEHMT IHR EINEN TEEBEUTEL …
… UND GEBT IHN IN EURE TASSE …
… DANN GIESST IHR HEISSES WASSER DRAUF …
ACH SOOO!
DAS STIMMT JA WIRKLICH! DAS IST TEE!
わいわい
PLAPPER PLAPPER
FAST SCHON WIE MAGIE!
AH …
PASST AUF, DAS IST HEISS …!
SIE HABEN DIE TEEZUBEREITUNG GEMEISTERT.

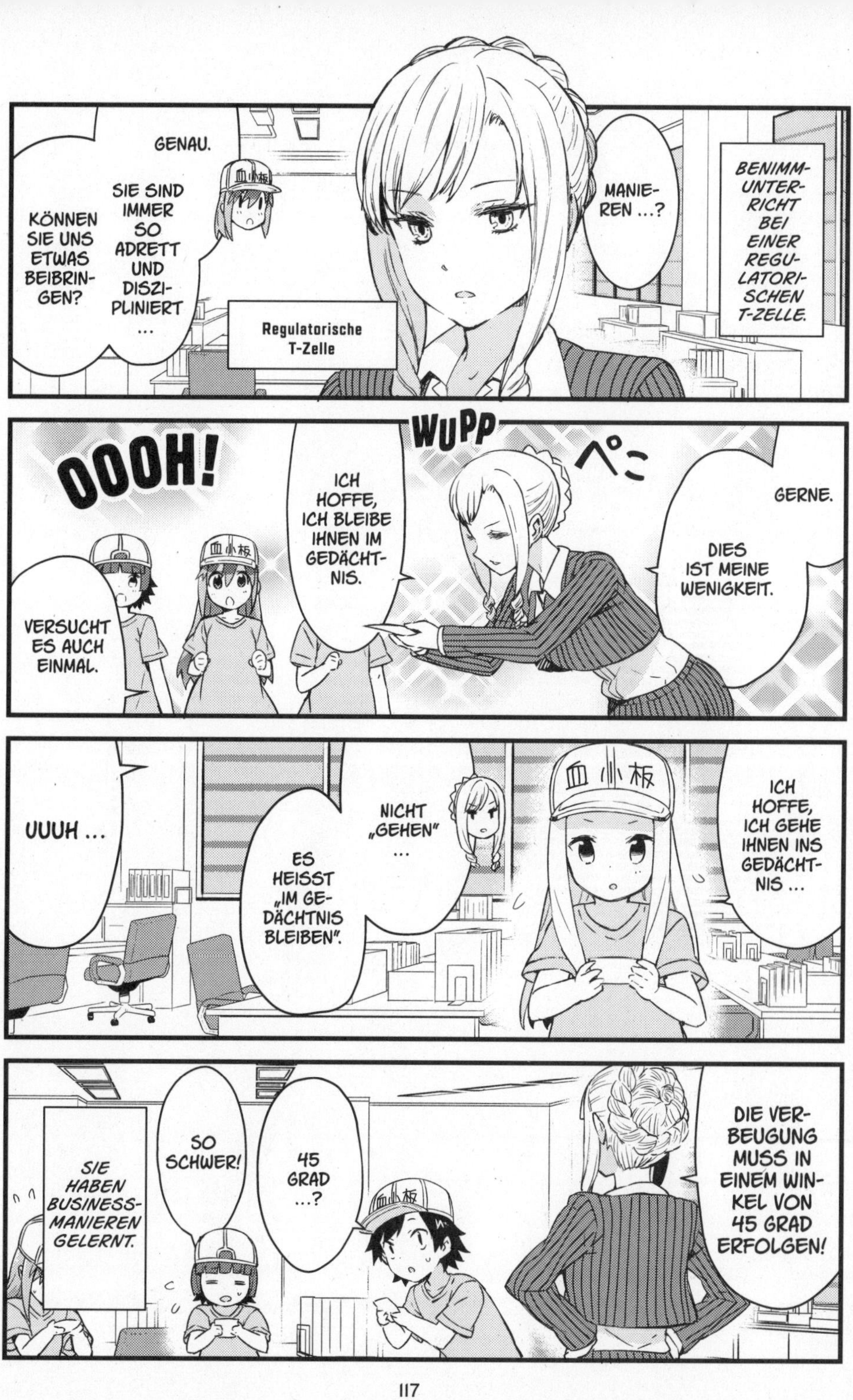
BENIMMUNTERRICHT BEI EINER REGULATORISCHEN T-ZELLE.
MANIEREN …?
GENAU.
SIE SIND IMMER SO ADRETT UND DISZIPLINIERT …
KÖNNEN SIE UNS ETWAS BEIBRINGEN?
Regulatorische T-Zelle
GERNE.
DIES IST MEINE WENIGKEIT.
ぺこ
WUPP
ICH HOFFE, ICH BLEIBE IHNEN IM GEDÄCHTNIS.
OOOH!
VERSUCHT ES AUCH EINMAL.
ICH HOFFE, ICH GEHE IHNEN INS GEDÄCHTNIS …
NICHT „GEHEN“ …
ES HEISST „IM GEDÄCHTNIS BLEIBEN“.
UUUH …
DIE VERBEUGUNG MUSS IN EINEM WINKEL VON 45 GRAD ERFOLGEN!
45 GRAD …?
SO SCHWER!
SIE HABEN BUSINESSMANIEREN GELERNT.

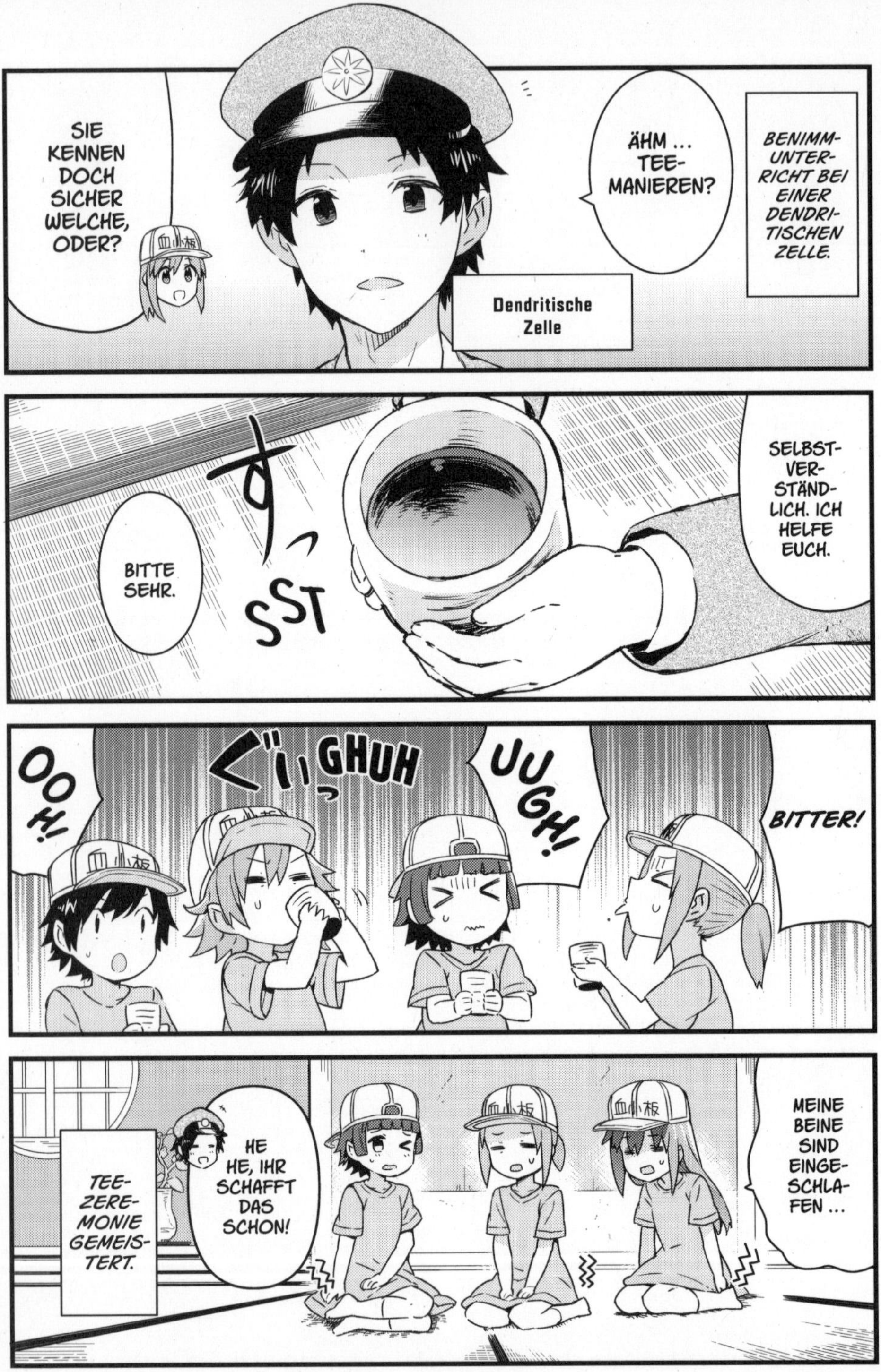
BENIMMUNTERRICHT BEI EINER DENDRITISCHEN ZELLE.
ÄHM ... TEEMANIEREN?
Dendritische Zelle
SIE KENNEN DOCH SICHER WELCHE, ODER?
SELBSTVERSTÄNDLICH. ICH HELFE EUCH.
SST
BITTE SEHR.
BITTER!
UUGH!
GHUH
OOH!
MEINE BEINE SIND EINGESCHLAFEN ...
HE HE, IHR SCHAFFT DAS SCHON!
TEEZEREMONIE GEMEISTERT.

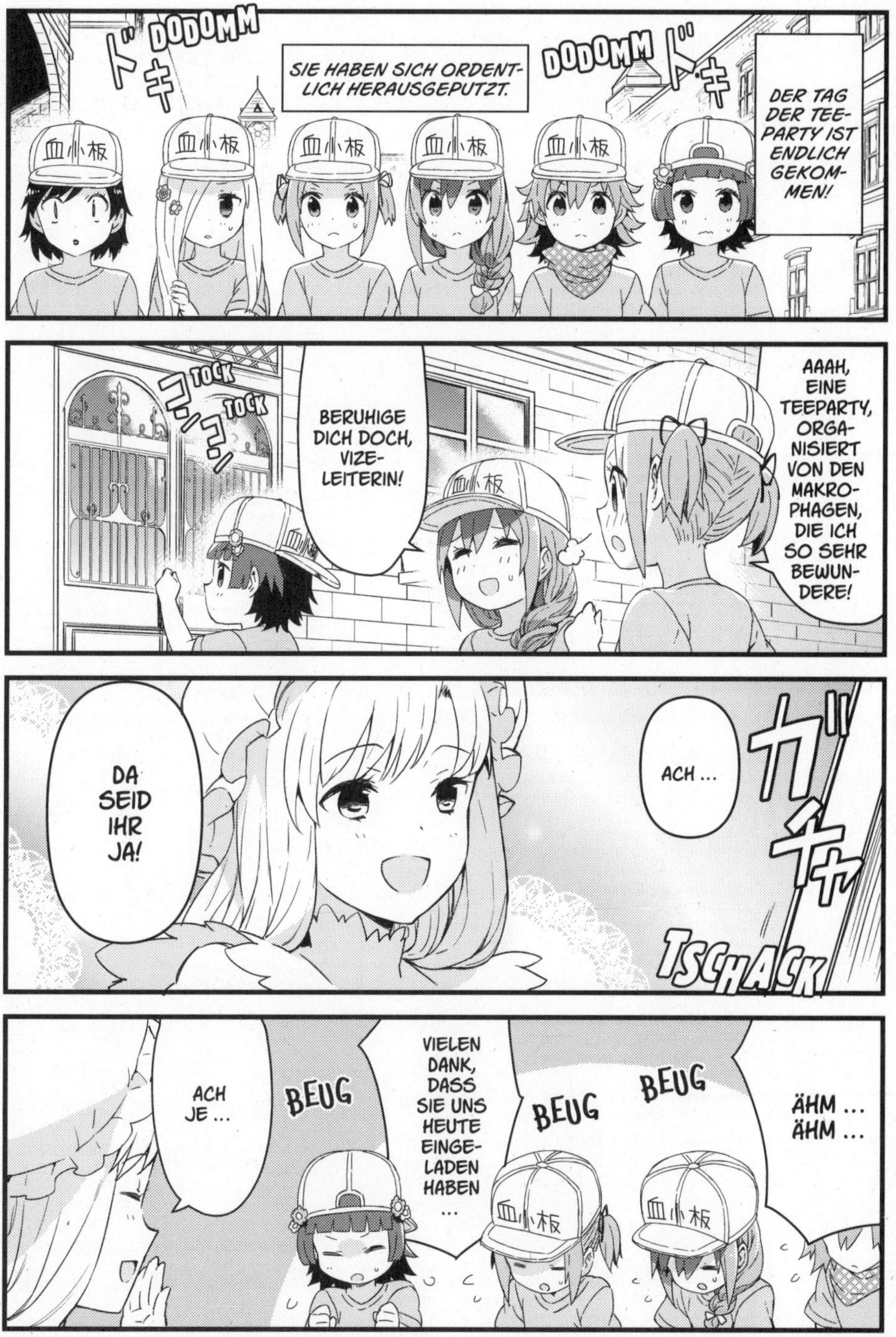
DER TAG DER TEEPARTY IST ENDLICH GEKOMMEN!
DODOMM
SIE HABEN SICH ORDENTLICH HERAUSGEPUTZT.
DODOMM
AAAH, EINE TEEPARTY, ORGANISIERT VON DEN MAKROPHAGEN, DIE ICH SO SEHR BEWUNDERE!
BERUHIGE DICH DOCH, VIZELEITERIN!
TOCK
TOCK
TSCHACK
ACH …
DA SEID IHR JA!
ÄHM … ÄHM …
BEUG
BEUG
VIELEN DANK, DASS SIE UNS HEUTE EINGELADEN HABEN …
BEUG
ACH JE …

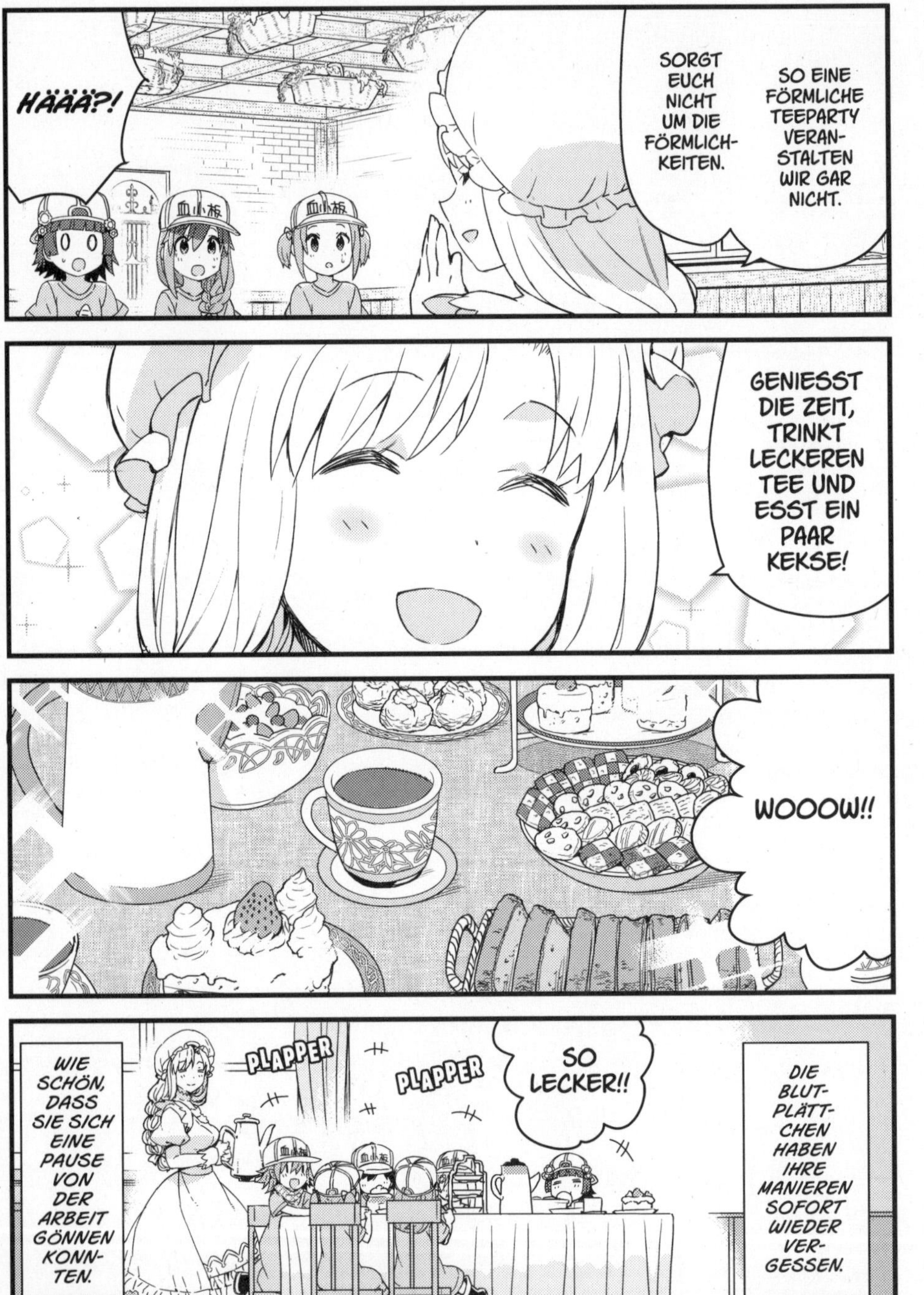

Kapitel 6: Eingeladen Ende

NACHWORT

Vielen Dank an alle, die diesen Manga gelesen haben. Ich bin Frau Shimizu sehr dankbar dafür, dass ich mir ihr Universum leihen und viele Geschichten über die kleinen Blutplättchen schreiben durfte.
Ich freue mich schon auf den Tag, an dem ich Herrn Yasu, der so viele niedliche Bilder gemalt hat, einmal persönlich treffen kann.
Als ich am Anime von „Cells at Work“ gearbeitet habe, hat mir Herr Shibao von der Redaktion sehr geholfen.
Herr Hotta von der Redaktion munterte mich jedes Mal auf, wenn ich ihm eine Mail mit den Worten „Was davon ist schon lustig?!“ schrieb.
Nur dank der Unterstützung aller konnte der erste Band veröffentlicht werden!
Sollte dieser Manga als Anime adaptiert werden, würde ich zu gerne das Drehbuch schreiben!

Yuko Kakihara

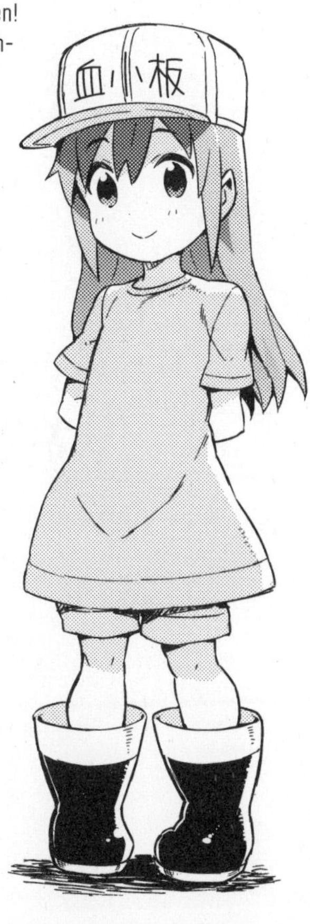

Hallo, ich bin Yasu und durfte diesen Manga zeichnen.
Mir kommt es vor, als wäre die Serialisierung erst gestern losgegangen, aber jetzt ist schon ein ganzer Band herausgekommen. Die Zeit vergeht wie im Flug ...
Während ich mir monatlich meinen Kopf über meine 4-Panel-Comics zerbrochen habe, habe ich nun die Chance bekommen, diese witzigen kleinen Blutplättchen zu malen.

Zur Veröffentlichung des ersten Bandes möchte ich mich bei Frau Akane Shimizu bedanken, die die redaktionelle Leitung übernommen hat. Sie hat wundervolle Charaktere und ein tolles Universum geschaffen.
An die zuständigen Redakteure Herr Shibao, Herr Hotta und Frau Abe, vielen Dank für alles.
Vielen Dank für das tolle Umschlagdesign, SPICE!
Ebenfalls vielen Dank an meine Assistenten Otoha, Kibidango und Daizan, die bei meinem verrückten Zeitplan mitgemacht haben.

Ich danke euch allen so sehr!
Wir sehen uns dann im nächsten Band wieder!

Yasu

Fortsetzung folgt in Band 2 von Cells at Work! An die Arbeit, Blutplättchen!

manga 漫画 cult

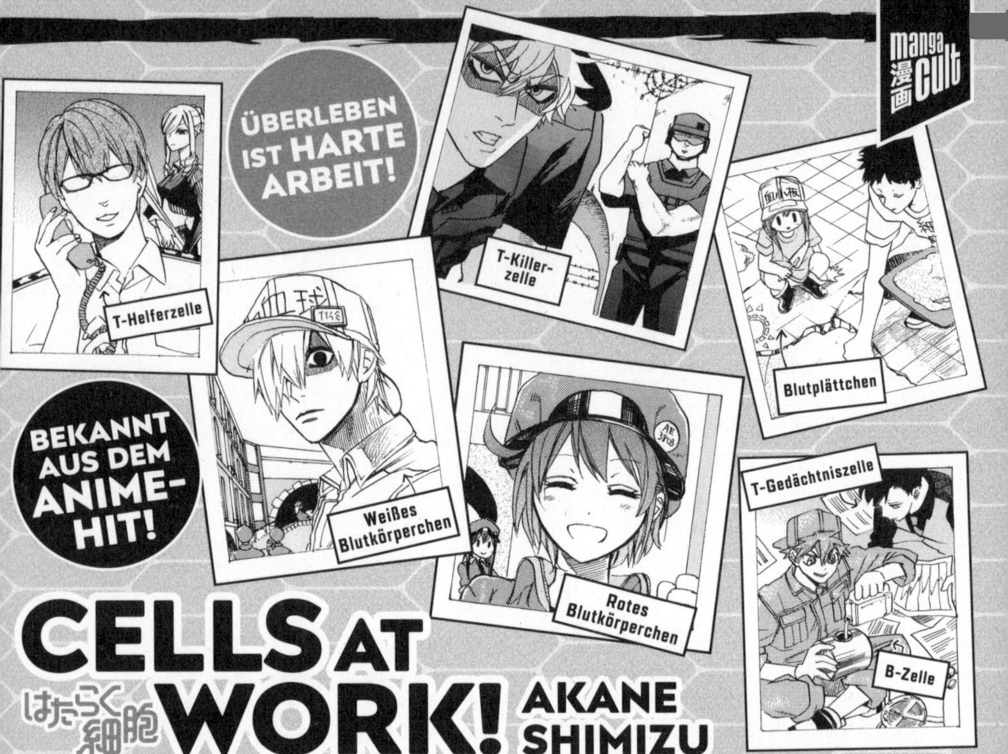

CELLS AT WORK!

はたらく細胞

AKANE SHIMIZU

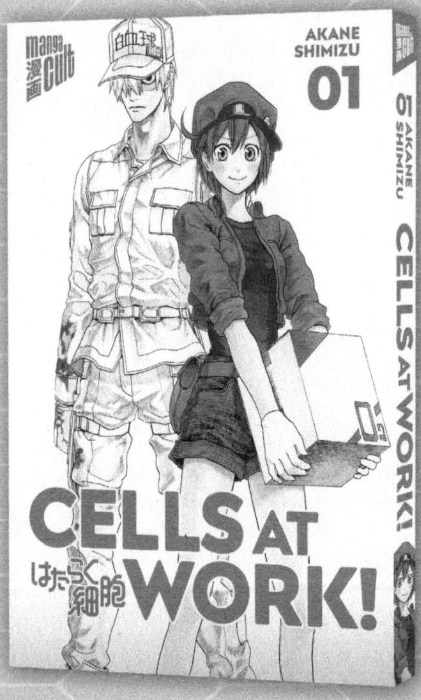

© Akane Shimizu / Kodansha Ltd.

Begleite die Helden deines Körpers in ihrem turbulenten Alltag!

Erythrozyten, Leukozyten, T-Helferzellen! Der menschliche Körper besteht im Schnitt aus 100 Billionen Zellen – und jede einzelne von ihnen arbeitet hart, um den Körper am Leben zu halten! Und bei Husten, Schnupfen und Pollenallergie gibt es wirklich viel zu tun!

Das rote Blutkörperchen AE3803 ist ein kleiner Tollpatsch … und stolpert ständig mitten in all die Gefahren hinein, die es im menschlichen Körper so gibt. Als sie von einem bösartigen Bakterium bedroht wird, kommt ihr das weiße Blutkörperchen U-1146 zur Hilfe. Und damit hat das Abenteuer dieser beiden Zellen gerade erst begonnen …

14x21 | SC mit Klappen | sw
180 Seiten | **€ 10,– (D)**

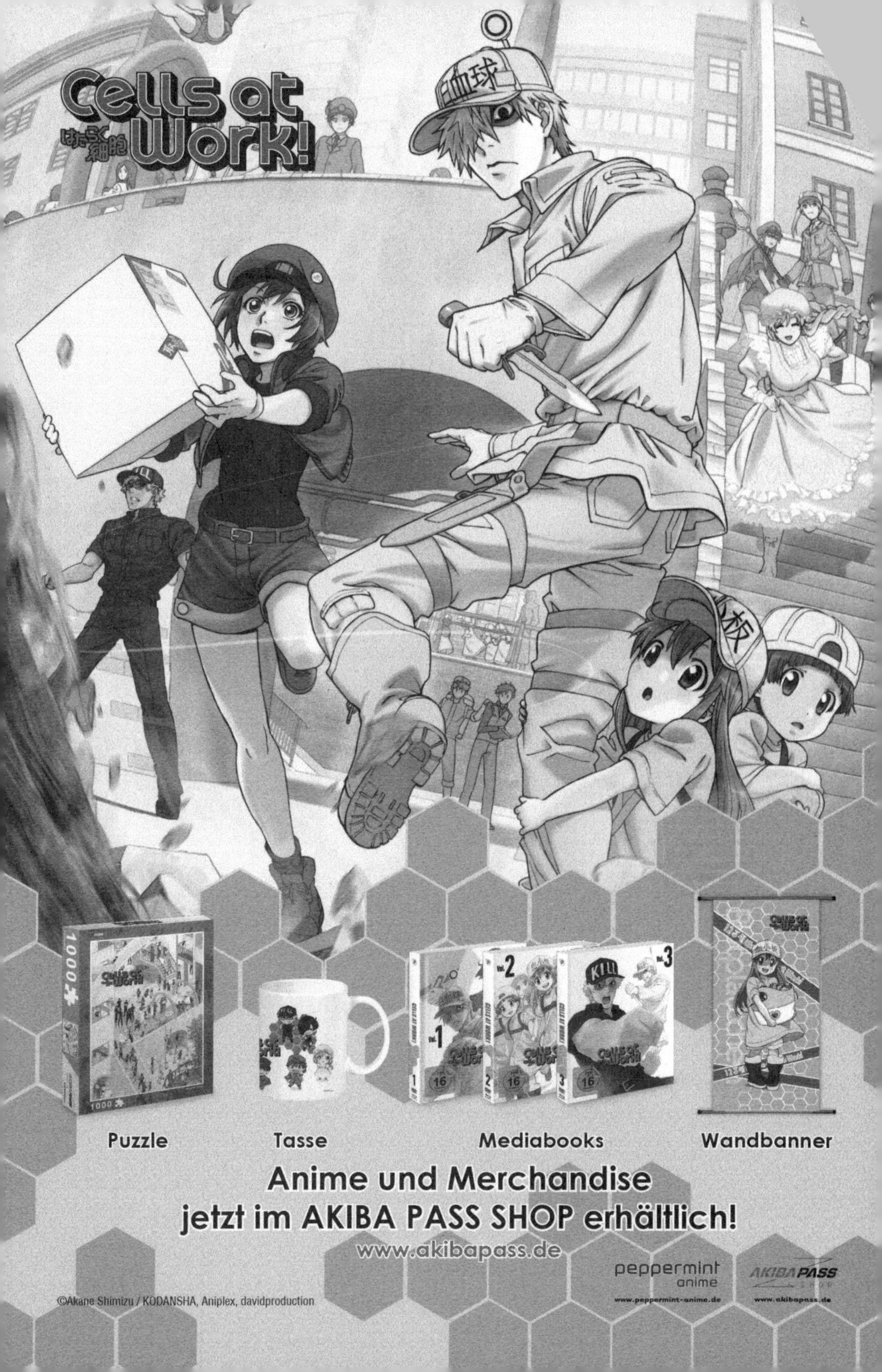
Cells at Work!
はたらく細胞
Puzzle
Tasse
Mediabooks
Wandbanner
Anime und Merchandise
jetzt im AKIBA PASS SHOP erhältlich!
www.akibapass.de
©Akane Shimizu / KODANSHA, Aniplex, davidproduction
peppermint anime
www.peppermint-anime.de
AKIBA PASS SHOP
www.akibapass.de

STOPP! DIES IST DIE LETZTE SEITE!

CELLS AT WORK! AN DIE ARBEIT, BLUTPLÄTTCHEN! ist ein Manga, und einen japanischen Comic liest man von hinten nach vorne. Auch die Lesereihenfolge der Bilder und Sprechblasen auf den Seiten ist anders als gewohnt: von rechts oben nach links unten.

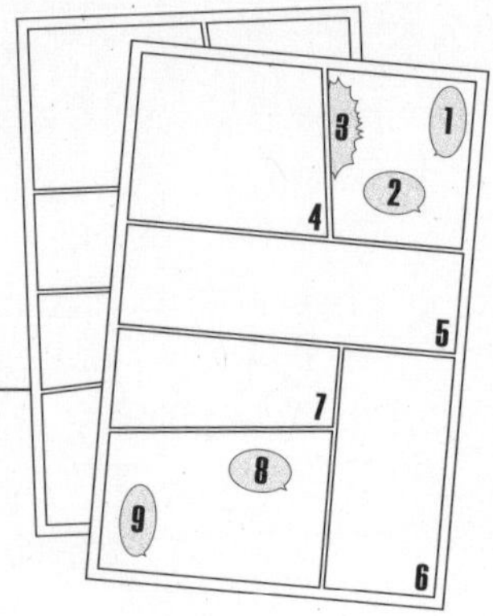

CELLS AT WORK! AN DIE ARBEIT, BLUTPLÄTTCHEN! 1

von
Yuko Kakihara, Yasu und Akane Shimizu

1. Auflage, 2021
Deutsche Ausgabe/German Edition

Aus dem Japanischen von Carina Dallmeier

Programmleitung: Michael Schuster & Lea Heidenreich
Redaktion: Alexandra Grimsehl
Lektorat: Sandra Schmitz
Layout und Lettering: Manga Cult
Druck: GGP Media GmbH, Poessneck

Print-ISBN: 978-3-96433-401-5

www.manga-cult.de | Januar 2021